U0540638

人体基因
编辑技术应用风险
协同治理模式研究

HUMAN GENES
RESEARCH ON COLLABORATIVE GOVERNANCE MODEL OF
EDITORIAL TECHNOLOGY APPLICATION RISK

徐 娟 著

法律出版社 LAW PRESS | 北京

图书在版编目（CIP）数据

人体基因编辑技术应用风险协同治理模式研究 / 徐娟著. -- 北京：法律出版社，2025. -- ISBN 978-7-5197-9548-1

Ⅰ. D922.174

中国国家版本馆 CIP 数据核字第 20242R7W22 号

人体基因编辑技术应用风险协同治理模式研究 RENTI JIYIN BIANJI JISHU YINGYONG FENGXIAN XIETONG ZHILI MOSHI YANJIU	徐 娟 著	策划编辑 李 军 责任编辑 李 军 装帧设计 贾丹丹

出版发行 法律出版社	开本 A5
编辑统筹 法律应用出版分社	印张 10.375　　字数 300 千
责任校对 王语童	版本 2025 年 8 月第 1 版
责任印制 刘晓伟	印次 2025 年 8 月第 1 次印刷
经　　销 新华书店	印刷 北京建宏印刷有限公司

地址:北京市丰台区莲花池西里 7 号(100073)
网址:www.lawpress.com.cn　　　　　　销售电话:010 - 83938349
投稿邮箱:info@lawpress.com.cn　　　　客服电话:010 - 83938350
举报盗版邮箱:jbwq@lawpress.com.cn　　咨询电话:010 - 63939796
版权所有·侵权必究

书号:ISBN 978 - 7 - 5197 - 9548 - 1　　　　定价:68.00 元
凡购买本社图书,如有印装错误,我社负责退换。电话:010 - 83938349

本书为2024年度广东省哲学社会科学规划项目
"脑机接口技术法律规制研究";

2024年度四川省医事卫生法治研究中心及中国卫生法学会联合项目
"智慧养老运行风险协同治理研究"（YF24-Y16）;

2024年度广东省教育厅高校科研项目（社会科学）
"治疗型脑机接口技术法律问题研究"（2024WTSCX150）;

2023年度广东海洋大学人文社会科学研究项目（030301152304）的成果。

目录

绪 论 /1

第一章 人体基因编辑技术概述 /21

  第一节 人体基因编辑技术的历史及发展历程 /21

  第二节 概念界定 /31

  第三节 人体基因编辑的技术基础及应用类型 /39

  第四节 人体基因编辑技术的特殊性 /47

  第五节 人体基因编辑技术的正当性尺度 /50

第二章　人体基因编辑技术引发的社会风险 /56
　　第一节　人体基因编辑技术引发的技术风险 /57
　　第二节　人体基因编辑技术引发的伦理风险 /61
　　第三节　人体基因编辑技术引发的法律风险 /69
　　第四节　人体基因编辑给基因库及人类未来带来的风险 /83

第三章　我国人体基因编辑技术应用风险监管的现状及不足 /87
　　第一节　我国人体基因编辑技术应用风险监管的现状 /87
　　第二节　我国目前人体基因编辑技术应用风险监管的不足 /93

第四章　人体基因编辑技术应用风险域外典型监管模式评析及考察 /100
　　第一节　宽松型监管模式 /102
　　第二节　严格型监管模式 /110
　　第三节　折中型监管模式 /120
　　第四节　域外典型监管模式的启示与考察 /123

第五章　人体基因编辑技术应用风险协同治理的必要性 /130
　　第一节　技术发展的革命性 /131
　　第二节　实施对象的特殊性 /133
　　第三节　潜在风险的复杂性 /135
　　第四节　"伦理倾销"的风险性 /137

第五节 社会影响的全局性/140

第六节 单纯法律规制的无力性/141

第六章 构建我国人体基因编辑技术应用风险的协同治理体系/143

第一节 治理与协同治理/145

第二节 人体基因编辑技术应用风险协同治理的目标与原则/153

第三节 行业自律的共同体约束效用/165

第四节 伦理治理的伦理规范建构功能/167

第五节 法律规制的外发性规范作用/182

第六节 全球治理的共识性协作效能/259

结　论/272

参考文献/279

后　记/323

绪 论

人体基因编辑是人类根据自身需要,对基因组按照人类希望的目标和标准进行筛选或具体设计的一种活动。人体基因编辑技术直接对作为主体的人的基因组进行编辑,不仅影响个体基本权利,还影响社会平等,甚至给传统伦理规则和法律体系带来巨大冲击和挑战,因此亟须对其进行科学、有效的监管。目前,我国人体基因科技立法滞后于技术发展,既有研究成果也多针对人体基因编辑技术中的具体技术或某一种单一监管方式展开,鲜有从体系化角度将人体基因编辑技术监管纳入国家治理体系的框架,也鲜有综合采用多种监管手段对人体基因编辑技术协同治理进行的研究。① 在生命科技时代,人体基因编辑技术的发展是不可逆转的趋势,积极发展人体基因编辑技术离不开法治理论的保障。唯有明确人体基因编辑技术的社会风险、现有监管的不足,深入思考人体基因编辑技术存在的正当性尺度,在保障基因科技健康发展的同时,趋利避害,秉持预防性和灵活性相结合的监管原则,将人体基因编辑技术纳入国家治理体系和治理能力现代化的轨道,构建多元规范相结合的协同治理模式,方可实现人体基因编辑技术治理的科学化、法治化。最终,在平衡技术创新与风险可控的原则下,解决技术监管与责任承担的难题,实现人体基因编辑技术协同治理的理性正义,进而推动科技向善,造福人类。

协同治理理论是一种新的社会治理思想,它通过政府、企业、

---

① 针对人体基因编辑的监管和治理,近年来国内具有代表性的研究有石佳友教授从《民法典》第1009条及其解释出发,对人体基因编辑的民法规制及其多维度治理进行了系统研究。系列文章多围绕《民法典》关于人体基因编辑技术的规范及从宪法、民法、刑法、行政法法律规制内部的协同治理视角对人体基因编辑技术活动的协同规制进行研究。参见石佳友、庞伟伟:《人体基因编辑活动的民法规制:以〈民法典〉第1009条的适用为例》,载《西北大学学报(哲学社会科学版)》2020年第6期;石佳友、刘忠炫:《人体基因编辑的多维度治理——以〈民法典〉第1009条的解释为出发点》,载《中国应用法学》2021年第1期;石佳友、庞伟伟:《人体基因编辑活动的协同规制——以〈民法典〉第1009条为切入点》,载《法学论坛》2021年第4期。有学者从宪法与部门法协同视角研究人体基因科技风险规制问题,参见石晶:《人体基因科技风险规制路径的反思与完善——以宪法与部门法的协同规制为视角》,载《法制与社会发展》2022年第2期。有学者研究人体基因编辑的伦理治理与法律规制,参见朱振:《人类基因编辑的伦理与法律规制》,载《检察风云》2019年第24期;石佳友、刘忠炫:《基因编辑技术的风险应对:伦理治理与法律规制》,载《法治研究》2023年第1期。而涉及伦理治理、法律规制、公民参与和全球治理多元治理的探讨主要集中在中英基因组编辑法律规制研讨会的会议综述中,参见石佳友、刘欢:《基因组编辑的多元治理》,载《中国社会科学报》2022年4月6日,第4版。

公民和其他利益相关者之间的协同努力,达到社会发展的目标,提高社会效率,促进社会和谐以及实现社会发展的可持续性。协同治理理论强调政府、企业、民间社会组织和公民在政治管理中应该建立一个透明的政治管理体系,以确保公共秩序的持久稳定。协同治理是政府与非政府机构之间互动的合作治理模式,即社会力量利用机制。在国家极力推进治理体系现代化的背景下,从人体基因编辑技术发展的革命性、实施对象的特殊性、潜在风险的复杂性、社会影响的全局性以及人体基因编辑技术的发展趋势等方面来看,协同治理都是必然选择。因此,我们亟须深入思考人体基因编辑技术运用的正当性,在保障人体基因编辑技术健康发展的同时趋利避害,秉持预防性和灵活性相结合的监管原则,综合发挥行业自律的共同体约束效用、伦理治理的伦理规范建构功能、法律规制的外发性规范作用、全球治理的共识性协作效能,对人体基因编辑技术进行多层次、全方位的协同治理。最终,在平衡技术创新与风险可控的前提下,实现人体基因编辑技术治理的理性正义。

一、研究背景及意义

(一)研究背景

世界首例"基因编辑婴儿"事件的发生,引致国内外科学界的一致谴责,国家也针对人体基因编辑技术进行了诸多立法完善,体现了我国相关部门对人体基因编辑法律规制工作的高度重视。特别是,2019年7月1日施行并于2024年修订的《人类遗传资源管理条例》,标志着我国对人体基因编辑技术风险的法律规制上升到了行政法规的立法层面。2020年5月通过的《民法典》第一千零九条规定:"从事与人体基因、人体胚胎等有关的医学和科研活动,应当遵守法律、行政法规和国家有关规定,不得危害人体健康,不得违背伦理道德,不得损害公共利益。"该条的三个"不得"原则昭示着我国首次以基本法律的形式对人体基因编辑技术作出专门规定。

作为我国生物安全领域的首部基本法及国家新安全法体系的重要组成部分,2020年10月立法机关通过的《生物安全法》在第六章详细规定了保障人类遗传资源和生物安全方面的内容,进一步加强了对我国人类遗传资源和生物资源采集、保藏、利用、对外提供等活动的管理和监督。这标志着人类遗传资源保护首次上升至国家法律层面,充分彰显了我国保障生物安全的决心与力度。2020年12月,《刑法修正案(十一)》颁布,其中专门增设了非法植入基因编辑、克隆胚胎罪。《刑法》第三百三十六条之一规定:"将基因编辑、克隆的人类胚胎植入人体或者动物体内,或者将基因编辑、克隆的动物胚胎植入人体内,情节严重的,处三年以下有期徒刑或者拘役,并处罚金;情节特别严重的,处三年以上七年以下有期徒刑,并处罚金。"这是国家为了消除基因编辑行为带来的司法窘境提供的直接的刑法根据,也为基因编辑技术刑法规制提供了基本立场。另外,中央全面深化改革委员会2019年7月第九次会议及2021年12月第二十三次会议分别审议通过《国家科技伦理委员会组建方案》和《关于加强科技伦理治理的意见》等重要文件,提出坚持增进人类福祉、尊重生命权利、坚持公平公正、合理控制风险、保持公开透明的原则,健全多方参与、协同共治的治理体制机制,构建覆盖全面、导向明确、规范有序、协调一致的科技伦理治理体系。由此,于2021年12月24日修订通过、自2022年1月1日起实施的《科学技术进步法》以多个条文专门对科技伦理治理作出了规定。这些法律法规的出台,充分彰显了我国相关决策部门高度重视生物安全领域相关立法、构建基因编辑技术协同治理模式的决心。①

在生命科技时代,人体基因编辑技术的发展是不可逆转的趋势,积极发展人体基因编辑技术离不开相关法治理论的保障。在《民法典》确定了对与人体基因有关的医学和科研活动采取协同治理立场的背景下,我们亟须深入思考人体基因编辑技术存在的正当性,在多元规范的协同与国际合作的新治理理念下,对人体基因编辑技术应用风险的协同治理进行深度研究,变革既有的监管理念与模式,最终实现人体基因编辑技术应用风险治理模式从"传统行政管理"到"现代多元治理"的转变。

(二)研究意义

人体基因编辑技术的迅猛发展为人类提供改造和利用自然的新手段的同时,也带来了技术、伦理和法律等不同面向的风险和挑战。本书通过阐释人体基因编辑技术的概念、人体基因编辑

---

① 参见石佳友、贾平等:《人类胚胎基因编辑立法研究》,法律出版社2022年版,"前言"第1~2页。

技术应用风险的类型,在介绍我国目前人体基因编辑技术风险治理的现状及不足,结合我国技术发展的现状和国情的基础上,考察国外典型立法和实践,提出我国人体基因编辑技术风险协同治理的模式构建和路径选择。据此,研究人体基因科技风险协同治理模式具有以下意义。

1. 研究的理论价值

其一,为人体基因编辑技术的健康有序发展提供法治理论保障。在生命科技时代,人体基因编辑技术的发展是不可逆转的趋势,积极发展人体基因编辑技术离不开相关法治理论的保障。唯有明确人体基因编辑技术的正当性、治理逻辑与现实策略,将人体基因编辑技术纳入国家治理体系和治理能力现代化的轨道,方可实现新技术的健康有序发展。

其二,生命科技时代法学理论研究的需要。对人体基因编辑协同治理进行研究,是为了回应生命科技时代特殊的时代背景,力求把握新型社会结构中国家与非国家力量,实现技术、伦理与法律之间的有效沟通,积极回应生命科技时代的新型社会需求。

2. 研究的实际应用价值

首先,为切实提升立法质量提供充分的学理支撑和实践依据。面对我国目前人体基因技术相关立法不足的现状,本书对域外典型国家相关制度和立法进行比较研究和有益参考,为我国未来适时出台的专门的"基因科技法"提供理论基础和理念指引。其次,为人体基因编辑技术健康开展提供规范标准。本书研究成果将为立法完善提供建议,为医疗机构和伦理委员会提供技术操作规范和伦理审查标准,保障人体基因编辑技术健康、规范、有序开展。再次,为生育权、健康权的平等实现提供法治保障。本书针对人体基因编辑技术法律规制进行有效的制度设计,规范人体基因编辑技术的健康实施,保证既关注健康权现实取向(now and reality orientation)的基因治疗,也承认人们拥有"开放性未来的权利"(right to an open future)。实现人体基因编辑技术在造福人类的同时,有效规避技术实施的潜在风险。最后,为生命科技时代人体基因编辑技术的监管提供智库支持。人体基因编辑技术的迅猛发展给人类带来巨大福祉的同时,引发了一系列伦理、法律风险和社会治理难题,也给人类未来带来了前所未有的巨大冲击,亟须决策部门集思广益,进行积极应对和有效规制。

二、国内外研究现状

(一)国内研究现状

世界首例"基因编辑婴儿"事件发生前,国内人体基因编辑技术领域的研究并不多。既有研究认为,应该分别确定法律规制的基本原则和重点措施,实现对人体基因编辑多维风险的法律规制。[1] 有学者从道德与法律哲学的视角对人体基因编辑技术进行思考,认为恢复健康是必要的,增强性的基因修复是不合理的。[2]

---

[1] 参见王康:《人类基因编辑多维风险的法律规制》,载《求索》2017 年第 11 期。
[2] 参见朱振:《反对完美?——关于人类基因编辑的道德与法律哲学思考》,载《华东政法大学学报》2018 年第 1 期。

世界首例"基因编辑婴儿"事件使人类胚胎基因编辑技术迅速成为学界研究的热点。具体研究主要从以下几个方面展开。

1. 生命伦理学和法哲学层面的探讨。(1)在伦理学的分析领域，我国学者就基因编辑技术在生命伦理学领域进行了持续研究。早期关于《基因伦理学》的专著，系统阐述了基因测试、基因诊断、基因治疗等方面的伦理问题。[①] 有学者从伦理学视角分析基因编辑技术的研究和应用，主张应允许运用基因编辑技术在人体细胞中进行基因治疗，禁止在生殖细胞中进行基因治疗，不得将基因编辑技术用于基因增强。[②] 世界首例"基因编辑婴儿"事件发生后，国内在对生殖系基因编辑进行伦理反思的同时，提出了对伦理原则的完善，在自然宗教和人类中心主义的基础上提出"生殖系基因编辑禁止原则"的伦理界限。[③] 国内关于人体基因编辑技术伦理方面的研究较多，有学者认为人类有限度的基因编辑具有合理性。有学者针对人类生殖细胞基因编辑的伦理风险进行

---

① 参见胡庆澧、陈仁彪、张春美主编：《基因伦理学》，上海科学技术出版社2009年版。

② 参见邱仁宗：《基因决定论和基因本质论的证伪——人类外基因组计划的哲学意义》，载《中国医学伦理学》2006年第3期；邱仁宗：《生命伦理学研究的最近进展》，载《科学与社会》2011年第2期；邱仁宗：《基因编辑技术的研究和应用：伦理学的视角》，载《医学与哲学(A)》2016年第7期；邱仁宗：《论"扮演上帝角色"的论证》，载《伦理学研究》2017年第2期。

③ 参见陈晓平：《试论人类基因编辑的伦理界限——从道德、哲学和宗教的角度看"贺建奎事件"》，载《自然辩证法通讯》2019年第7期；高良、杨爱华、朱亚宗：《"基因编辑婴儿"事件的伦理争议与规制原则探微》，载《自然辩证法通讯》2019年第7期；陆俏颖：《人类基因编辑与基因本质主义——以CRISPR技术在人类胚胎中的应用为例》，载《自然辩证法通讯》2019年第7期；邱仁宗、翟晓梅、雷瑞鹏：《可遗传基因组编辑引起的伦理和治理挑战》，载《医学与哲学》2019年第2期。

研究,提出个体安全的风险、挑战人类生命尊严等方面的风险,需要通过更迭伦理观念、重新抉择价值顺序、将伦理规范法制化、强化科研共同体的道德责任予以消解。① 多数学者主张应依靠以科研人员自律为核心的机构伦理治理体系来提高伦理治理水平。② 亦有学者提出,借助风险伦理回应新兴技术的发展和不确定性的挑战。③ 还有学者从道德哲学的角度分析治疗型的基因干预,基于"权利"标准、基于"帕累托改善"标准、基于"机会平等"标准均证明基因干预是善的、正义的。④ (2)在法哲学的分析领域,主要围绕人的尊严和基因增强的合理性展开。有学者主张,为了解决基因科技带来的尊严危机这一实践难题,需要构建一种包含开放性、实质价值推理和互惠性规制的尊严法理。⑤ 学界对非医学目的的基因改良的正当性存在争议:没有理由支持人类改进;⑥人类改进拥有权利的基础。⑦

---

① 参见李石:《论"基因编辑"技术的伦理界限》,载《伦理学研究》2019年第2期。

② 参见李建军、王添:《人类胚胎基因编辑研究引发的伦理关注和规制策略》,载《自然辩证法研究》2016年第11期;陶应时、王国豫、毛新志:《人类胚胎基因编辑技术的潜在风险述介》,载《自然辩证法研究》2018年第6期;杨怀中、温帅凯:《基因编辑技术的伦理问题及其对策》,载《武汉理工大学学报(社会科学版)》2018年第3期;艾凉琼:《对基因编辑技术伦理争议的思考》,载《科学与社会》2016年第3期;艾凉琼:《挑战和应对:人胚胎基因编辑的国家治理》,载《中国科技论坛》2019年第2期。

③ 参见张成岚:《新兴技术发展与风险伦理规约》,载《中国科技论坛》2019年第1期。

④ 参见姚大志:《基因干预:从道德哲学的观点看》,载《法制与社会发展》2019年第4期。

⑤ 参见郑玉双:《人的尊严的价值证成与法理构造》,载《比较法研究》2019年第5期。

⑥ 参见陈景辉:《有理由支持基因改进吗?》,载《华东政法大学学报》2019年第5期。

⑦ 参见马驰:《人类基因编辑的权利基础》,载《华东政法大学学报》2019年第5期。

2.基因编辑技术领域新兴权利的研究。关于基因权利的研究,具有代表性的观点包括宪法权利说、民法权利说、新兴权利说。有学者将基因权利作为一项基本人权,认为基因权利是一个权利束,对基因权利的保障方式主要包括宣言保障、立法保障、司法保障。① 有学者提出基因权利是民法权利的观点,主张通过私法规范建构民事基因权利的方式予以应对。② 此外,还有学者主张通过新兴权利的方式应对基因科技给人类带来的挑战。③ 亦有学者从代际权利和共同体权利角度对基因编辑领域的新兴权利进行研究。代际权利视角主张,对权利的阐释不应当仅限于一种历时性视角回顾权利,还应当重视权利在共时性视角下应对现实乃至未来问题和风险的意义。④ 共同体权利视角主张,基于多元化的基因利益主张从基因权利的个体维度转向共同体维度,提出根据权利集体化加强基因群体权利的立法保护。⑤

3.基因编辑技术应用风险法律规制领域的研究。早期有学者认为人类胚胎的有限度基因编辑具有合理性,需要进行法律规制,⑥

---

① 参见张小罗:《基因权利研究》,武汉大学 2010 年博士学位论文。
② 参见王康:《基因权的私法规范》,中国法制出版社 2014 年版。
③ 参见刘志明:《基因信息权是一种独立的权利》,载《探索与争鸣》2001 年第 4 期;郭明龙:《人类基因信息权益的本权配置》,载《法学》2012 年第 2 期。
④ 参见钱继磊:《论作为新兴权利的代际权利——从人类基因编辑事件切入》,载《政治与法律》2019 年第 5 期。
⑤ 参见吴梓源:《从个体走向共同体:当代基因权利立法模式的转型》,载《法制与社会发展》2021 年第 1 期。
⑥ 参见田野、刘霞:《基因编辑的良法善治:在谦抑与开放之间》,载《深圳大学学报(人文社会科学版)》2018 年第 4 期;王康:《"基因编辑婴儿"人体试验中的法律责任——基于中国现行法律框架的解释学分析》,载《重庆大学学报(社会科学版)》2019 年第 5 期。

需要通过宪法规范人类胚胎基因编辑技术。① 就人体基因编辑的立法规制而言,有学者主张,完善人体基因编辑技术的国内立法过程应秉持尊重人类尊严、人类安全、严格监管等原则,强化对人体基因编辑技术临床试验的监管,细化伦理委员会的事前和事后监管,并在必要时设定民事或刑事责任来规范该技术的试验和使用。② 我国现行法律并没有关于人体基因编辑人体试验的专门规范,在整体法秩序上存在法律漏洞,应当通过对既有立法予以解释的方式确定法律责任、实现立法规制,因此需要在未来"加快科技安全预警监测体系建设",在基因编辑领域"加快推进相关立法工作",通过专门的法律规范形成完善的责任机制。③ 我国宪法学者专门针对人体基因科技和克隆人的立法规制进行研究。有学者认为,人体基因科技对法律的挑战表现在价值、主体、权利和秩序等方面,通过分析人体基因科技立法规制的伦理基础和法理基础,参考国外人体基因科技立法规制模式和内容,总结我国人体基因科技立法规制的不足,据此提出我国人体基因科技规制法律体系的建构,并形成了"人体基因科技基本法"的草拟内容。④ 就人体基因科技风险的规制而言,学界将基因编辑产生的多维风险分为技术上的不确定性风险、伦理性风险、公平性风险以及合法性风险,而我国目前关于人类基因技术问题的法律规范体系不健

---

① 参见韩大元等:《基因编辑的法律与伦理问题》,载《法律与伦理》2019 年第 1 期。
② 参见杨建军、李姝卉:《CRISPR/Cas9 人体基因编辑技术运用的法律规制——以基因编辑婴儿事件为例》,载《河北法学》2019 年第 9 期。
③ 参见王康:《"基因编辑婴儿"人体试验中的法律责任——基于中国现行法律框架的解释学分析》,载《重庆大学学报(社会科学版)》2019 年第 5 期。
④ 参见沈秀芹:《人体基因科技立法规制研究》,山东大学 2010 年博士学位论文。

全,表现为基因权利立法基本阙如、法律监管和伦理控制相对宽松,需要制定"基因技术规制法""基因资源管理法""基因权利保护法"等法律规范,尤其强调需要在《民法典》中确立基因权利来进行法律规制。① 有学者聚焦部门法领域对基因编辑的部门法规制进行研究。还有学者聚焦《民法典》第一千零九条和《刑法修正案(十一)》第三十九条的微观层面,研究基因编辑技术的风险规制;人体基因编辑的多维度治理;人体基因编辑活动的协同规制。② 亦有学者在对人体基因科技风险规制路径进行反思和完善的基础上,提出需要对人体基因编辑科技风险进行宪法与部门法

---

① 参见王康:《人类基因编辑多维风险的法律规制》,载《求索》2017年第11期;徐娟:《基因编辑婴儿技术的社会风险及其法律规制》,载《山东大学学报(哲学社会科学版)》2020年第2期。

② 参见石佳友、庞伟伟:《人体基因编辑活动的民法规制:以〈民法典〉第1009条的适用为例》,载《西北大学学报(哲学社会科学版)》2020年第6期;石佳友、刘忠炫:《人体基因编辑的多维度治理——以〈民法典〉第1009条的解释为出发点》,载《中国应用法学》2021年第1期;石佳友、庞伟伟:《人体基因编辑活动的协同规制——以〈民法典〉第1009条为切入点》,载《法学论坛》2021年第4期。姚万勤:《基因编辑技术应用的刑事风险与刑法应对——兼及〈刑法修正案(十一)〉第39条的规定》,载《大连理工大学学报》2021年第2期;李雁飞:《非法植入基因编辑、克隆胚胎罪的解释学审视——对立法批判论的回应》,载《医学与哲学》2024年第3期;李淼:《滥用基因编辑技术的刑法应对与司法认定——以〈刑法〉第336条之一为视角》,载《武陵学刊》2024年第1期;宋浩、李振林:《人类基因编辑行为的刑法规制》,载《中国卫生法制》2024年第1期;张晓肖:《生殖系基因编辑视角下后代人的伦理与法律协同保障机制研究》,载《自然辩证法通讯》2023年第12期;石经海、林需需:《非法植入基因编辑罪中"情节严重"的司法认定研究》,载《医学与社会》2023年第8期;郑延谱、薛赛赛:《人类基因编辑行为的刑法规制及思考》,载《法律适用》2023年第7期;张荣钊、吴小帅:《非法植入基因编辑、克隆胚胎罪的教义学阐释》,载《中国卫生法制》2023年第5期;郑二威:《刑法介入基因编辑技术的限度——以〈刑法修正案(十一)〉为视域的考察》,载《科学与社会》2023年第3期;黎宏:《〈刑法修正案(十一)〉若干要点解析——从预防刑法观的立场出发》,载《上海政法学院学报(法治论丛)》2022年第2期。

协同规制的观点。① 更有学者从行政法视角对基因编辑产生的社会风险予以规制,社会风险的内容包括伦理风险、异化风险、极化风险、法律风险和责任风险,主张制定"人类基因编辑管理办法"进行行政立法规制,并构建"政府+×"的合作规制主体,优化对基因编辑的技术规制。② 与之相反,有学者认为科技风险规制可能造成行政权的扩张,据此提出,科技风险的回应需要在程序法治范式的指导下推进科学系统的自我规制。③

除此之外,应在人体基因编辑技术风险应对领域突出风险预防原则的重要性。有学者主张,风险预防原则并不需要付出高昂的代价,也并非在事实上不可行,得出了预防原则应当成为政府应对科技风险的主要法律原则的结论。④ 还有学者将风险预防作为宪法上的国家义务,主张宪法是各种社会子系统的统一规范平台与链接,国家应当肩负起风险预防的义务,该义务要求法律系统不断地向其他社会系统学习并与之沟通。同时,风险预防活动必须接受合宪性审查,以防止国家滥用剩余风险的分配权或借助风险预防侵犯公民基本权利。⑤

---

① 参见石晶:《人体基因科技风险规制路径的反思与完善——以宪法与部门法的协同规制为视角》,载《法治与社会发展》2022年第2期。
② 参见杨杰:《基因编辑的社会风险规制》,载《科技与法律》2019年第3期。
③ 参见张青波:《自我规制的规制:应对科技风险的法理与法制》,载《华东政法大学学报》2018年第1期。
④ 参见陈景辉:《捍卫预防原则:科技风险的法律姿态》,载《华东政法大学学报》2018年第1期。
⑤ 参见王旭:《论国家在宪法上的风险预防义务》,载《法商研究》2019年第5期。

（二）国外研究现状

针对人体基因编辑技术，波斯纳、罗纳德·德沃金等著名学者均有论述。国外人体基因编辑技术问题相关研究主要围绕以下领域展开。

1. 生命伦理学和生命哲学层面的探讨。德国学者库尔特·拜尔茨在反思人类是否真正获得了控制自身进化的能力，是否允许人像对待外部自然界那样操纵和改变人类自身的基础上，探讨对于人类繁殖技术化应当采取何种道德立场，以及如何理解日益受到威胁的"人的本质"等问题。① 有学者对英国自20世纪80年代以来生物伦理学的发展作了梳理，阐述了英国的生命伦理学引发了政治议程与制度、科学技术专业和个人关注之间的相互作用，这种相互作用的方式逐渐在英国成为一种生命伦理学备受关注的方法，由此逐渐形成公共价值转向。② 其他生命伦理学家们也曾对应该如何影响我们对分配公正、机会均等、作为父母的权利和义务、残疾的含义以及人性概念在伦理理论和实践中的作用等问题进行深入探讨。③

2. 法哲学层面的反思。德国最具影响力的哲学家和社会思想家尤尔根·哈贝马斯（Jürgen Habermas）在其著作中从人性论和主体间性的角度论证了如何在基因时代保持人的尊严，并对其

---

① 参见[德]库尔特·拜尔茨：《基因伦理学》，马怀琪译，华夏出版社2000年版。
② See Ruth Chadwick & Duncan Wilson, *The Emergence and Development of Bioethics in the UK*, Medical Law Review, Vol. 26:2, p. 183 – 200(2018).
③ See Allen Buchanan, Dan W. Brock, Norman Daniels & Daniel Wikler, *From Chance to Choice: Genetics and Justice*, Cambridge University Press, 2000.

进行了细致的哲学审视。由此得出,每个人的天赋基因都是其开始未来生活的首要条件,不应受到他人的控制。[①] 美国学者迈克尔·桑德尔(Michael J. Sandel)主张,对子女进行基因改良违反了自主和平等的自由原则。基于将孩子视为一种馈赠,这种馈赠是与生俱来、不能被父母操控的理由,其主张禁止基因增强。[②] 美国学者德沃金从自主性和超越性的维度对人体基因科技进行了法理学阐释。一方面,德沃金从自主的角度证成人体基因科技的正当性,认为在没有确凿的危险的证据时,禁止阻碍科学家和医生的这种努力。[③] 另一方面,他又认为,"每个人的生命都是不可侵犯的""任何人类生命,即使是最不成熟的胚胎,都是神性创造或演化创造的胜利"。[④] 还有学者对生命伦理和生命法中"人的尊严"的概念进行了法哲学解读。[⑤]

3. 法律规制层面的研究。美国目前尚未明确通过制定法律规制基因编辑技术带来的风险,而是通过发布行业报告提出相关政策建议。2017年,美国国家科学院、国家工程院和国家医学院联合发布了基因编辑技术治理的报告(《人类基因编辑:科学、伦

---

① See Jürgen Habermas, *The Future of Human Nature*, Polity Press, 2003.

② See Michael J. Sandel, *The Case Against Perfection: Ethics in the Age of Genetic Engineering*, The Belknap Press of Harvard University Press, 2007. 参见[美]迈克尔·桑德尔:《反对完美:科技与人性的正义之战》,黄慧慧译,中信出版社2013年版。

③ See Ronald Dworkin, *Sovereign Virtue: The Theory and Practice of Equality*, Harvard University Press, 2000, p. 427–452. 参见[美]罗纳德·德沃金:《至上的美德:平等的理论与实践》,冯克利译,江苏人民出版社2007年版,第455~482页。

④ [美]罗纳德·M.德沃金:《生命的自主权:堕胎、安乐死与个人自由的论辩》,郭贞伶、陈雅汝译,中国政法大学出版社2013年版,第103页。

⑤ See Deryck Beyleveld, Roger Brownsword, *Human Dignity in Bioethics and Biolaw*, Oxford University Press, 2001.

理和监管》)。此报告区分了以治疗为目的的基因编辑和以增强为目的的基因编辑,体细胞非遗传的基因编辑和遗传性的基因编辑。该报告对人类基因编辑采取类型化的治理方式,对不同类型的基因编辑技术进行不同程度的监管,但同时强调公众参与的重要性。该观点试图在生命科技及其临床应用的语境中重新解释宪法基本权利、人的尊严等内容,这些内容均需要在法律与生命的互动中被赋予新的内涵。①

英国在人体基因科技风险规制领域也通过行业报告提出了相关政策建议。2018 年,英国纳菲尔德生命伦理学理事会发布了关于基因编辑技术治理的相关报告,即《基因编辑和人类生殖:社会伦理问题》。该报告从人权的概念范畴对个人、社会和人类利益进行考察,并就基因编辑问题分别向英国科研机构、英国政府和其他政府提出了相关建议。英国科学界对于基因编辑技术持宽容的态度,即使不以治疗为目的的生殖细胞基因编辑也未被完全禁止。② 日本学界也就人体基因科技的规制问题进行了讨论。日本科学技术创新委员会生物伦理学专家小组(CSTI)现阶段就人体基因编辑技术规制的核心观点是,基因编辑技术可以用于一些基础研究,但不能用于临床研究。日本科学技术创新委员会试图使学术团体制定规章制度,发挥"研究人员的自我管理",但研究人员的自我管理能力是有限的,学术团体的自我规制观点遭到了学术团体的反驳,日本正面临制定一个健全和深思熟虑的基本

---

① 参见石晶:《人体基因科技风险的国家预防义务》,吉林大学 2021 年博士学位论文。

② See Nuffield Council on Bioethics, *Genome Editing and Human Reproduction: Social and Ethical Issues*, 2018, p. 160.

政策的挑战。①

(三)国内外研究现状简要述评

尽管学界对基因编辑技术的研究已经取得较大进展,为人体基因编辑技术监管提供了丰富的智识贡献和有力的理论支持。但总体而言,世界范围内基因编辑科技日新月异的发展,也凸显了理论研究、制度设计和立法的滞后。世界各国关于人体基因编辑技术的学术研究与立法总体尚处于发展之中,理论不成熟,立法滞后于实践。国内学界相关研究缺乏系统、综合的分析,鲜有关于人体基因编辑多元规范协同治理方面的研究,且多集中在"问题式"的研究,"命题式"的理论提炼相对薄弱。相关研究成果多诉诸立法手段对人体基因编辑技术及其引发的风险进行法律规制,亦有学者对人体基因科技立法的名称、框架乃至具体内容提出了基本方案,但目前学界普遍采取立法方式回应人体基因科技的规制问题,这样仍面临科技发展与立法内容滞后之间的张力、立法的价值立场难以确定、单纯法律规制的无力等方面的风险。同时,相关成果亦存在部门法的思路、缺乏宪法统筹、新型权利的设置立法中可操作性不足、风险预防原则缺乏明确的宪法规范依据和国家预防义务的理论渊源等方面的困境。②

因此,本书将人体基因编辑的有效监管置于国家治理体系和

---

① See Eisuke Nakazawa, Keiichiro Yamamoto et al., *Regulations on Genome Editing of Human Embryos in Japan: Our Moral Moratorium*, Cambridge Quarterly of Healthcare Ethics, Vol. 27:3, p. 360 – 365(2018).

② 参见石晶:《人体基因科技风险的国家预防义务》,吉林大学2021年博士学位论文。

治理能力现代化的现实背景下,突出全局性与系统性,以"为什么要对人体基因编辑进行协同治理""设计什么样的协同治理模式""如何提升协同治理水平"三大问题为主线展开研究,旨在构建人体基因编辑协同治理的理论模式与实践体系。

三、研究方法

研究方法是在研究中发现新现象、新事物,或提出新理论、新观点,揭示事物内在规律的工具和手段,是运用智慧进行科学思维的技巧。在新兴且富有争议的生命科技领域,人体基因编辑技术本身及其应用的潜在风险均具有高度不确定性,基于其对人性的内在挑战、对人类基因多样性及人类未来的巨大挑战,本书拟综合运用实证研究法、比较研究法、理论分析法及交叉研究法,确保研究的科学、规范及有效。

(一)实证研究法

鉴于研究对象自身的特点,本书拟运用社会学理论解释人体基因编辑技术及其引发的案件或事件背后的逻辑;运用社会学方法分析人体基因编辑技术法律问题,为未来我国基因科技专门立法提供社会学专业的理论基础和指导。本书拟采取社会调查、个案解剖、实证分析等多种实证研究方法,获取第一手资料,提升研究的客观性和科学性。

(二)比较研究法

比较研究法是法理学研究的基本方法。比较研究法是关注人与人、事物与事物之间的相似性和差异度并进行研究和判断,从而探求多个相互关联事物之间的普遍规律与特殊规律的研究方法。本书拟对域外典型国家基因编辑技术规制模式及权威法律文件进行比较研究，为未来我国基因科技立法寻求有益参考。比较研究法的技术路线分为两种：一是采取文献比较法，即对国外人体基因编辑技术的相关研究文献和法律文件进行比较研究；二是采取制度比较法，对国外人体基因编辑技术的规制模式进行比较分析。具体考察域外典型国家在人体基因编辑技术监管方面的经验教训，同时针对美国、欧盟、日本等典型国家和地区的人体基因编辑技术治理进行详尽的考察分析，从而得出比较性的分析结论，为探索符合我国国情的人体基因编辑技术治理体系及其法治化策略，提供全面的、客观的、可靠的有益参考。

（三）理论分析法

与经验分析方法相对，理论分析法是在感性认识的基础上通过理性思维认识事物的本质及其规律的一种科学分析方法。理论分析属于理论思维的一种，是科学分析的一种高级形式。多种治理理论的综合运用是新兴技术应用风险治理实现系统化、科学化和法治化的保障。鉴于研究对象自身的特点，本书拟综合运用法治理论、治理理论、经济分析理论、社会控制理论、社会风险理论等对人体基因编辑技术的治理问题进行深入研究，从而提出人体基因编辑技术风险治理法治化机制的实践方案和策略。

（四）交叉研究法

基因科学的发展史离不开学科交叉，人体基因编辑技术治理问题更是涉及人类生活的多个面向和多学科的交叉融合。本书拟从伦理学、法学、医学、人类学、社会学等多学科的交叉视角进行深度的综合性研究,从这些学科中寻找理论支持,以期得出更有价值的研究成果,更好地引领技术创新发展,增进人类福祉。

第一章　人体基因编辑技术概述

作为一种能够改变人类未来的科技，基因编辑技术被称为"上帝的手术刀"。基因编辑是一种功能强大的新工具，可以对基因组进行精确的添加、删除和改变。人体基因编辑技术在治疗和预防疾病方面的巨大前景，令人们为之欢欣鼓舞。对于这项可能影响人类命运的技术，我们需要对历史上影响深远的人体基因编辑试验进行一个简要梳理，把握人体基因编辑技术的发展脉络，并在此基础上思考面对基因编辑技术人类应该何去何从。

第一节　人体基因编辑技术的历史及发展历程

科学认识世界，技术改变世界。科技发展史就是人类孜孜以求争取对命运认知和改变的自由与权利的历史。基因科技的发展历史也是人类认识生命的伟大历程,回顾人体基因编辑技术发展的历史,让我们更加深刻认识生命的过去、现在和未来。

一、人体基因编辑技术的历史

人体基因编辑技术源于预防和治疗疾病,技术研发是同情和帮助弱者这一人类共同价值的体现。正是这一共同而又初始的人道主义目标价值决定了人体基因编辑技术理应是一种向善的技术,这也成为人体基因编辑技术发展的价值驱动。但人体基因编辑技术发展的历史充满了巧合和不确定性。

(一)"柏林病人":世界首个被治愈的艾滋病患者

1995年在德国留学和工作的美国人蒂莫西·雷·布朗(Timothy Ray Brown,1966年3月11日至2020年9月29日)染病,他被认为是世界首个艾滋病治愈患者。1995年,布朗在德国柏林居住时被诊断出艾滋病,在接受抗病毒治疗后,他体内的艾滋病病毒被有效控制,并重新开启正常生活。2006年,布朗又一次被病魔击中,他被诊断出患有急性骨髓性白血病。为治疗他的白血病,德国医生格勒·许特尔(Gero Hütter)决定使用骨髓造血干细胞移植的方法,为布朗更换一套全新的、健康的造血系统。幸运的是,这次在骨髓库里居然找到了267个配型合适的捐献者。这个难得的机会让许特尔医生决定采取一个稍微有些不同的策略。CCR5 - Δ32是帮助艾滋病病毒侵入免疫细胞的重要基因,如果这些合适的捐献者中碰巧携带了CCR5 - Δ32基因突变,并能够找到并移植这样的骨髓,许特尔医生猜测,也许可以一举两得,同时治愈布朗的白血病和艾滋病。奇迹发生了,医生真的找到了一位配型合适、同时携带 CCR5 基因突变的捐献者。巨大的机缘巧合使医生尝试了既能清除布朗体内的艾滋病病毒,又能替换已经癌变的骨髓细胞——进行携带 CCR5 - Δ32 缺陷型基因的骨髓移植治疗方法。2007 年,在经历两轮骨髓移植后,布朗的白血病通过骨髓移植被治好,而艾滋病也被 CCR5 基因缺陷治愈。通过骨髓移植手术,布朗获得了携带 CCR5 基因突变的免疫细胞,HIV 无法识别和进入这些细胞,布朗彻底摆脱了艾滋病的困扰。此后,两种疾病均从他体内消失。① 不得不说,"柏林病人"的成功案例实在太过复杂和机缘巧合了,但即便是唯一一次的成功也非常鼓舞人心。

(二)"伦敦病人":全球第 2 例被治愈的艾滋病患者

2020 年 3 月 10 日,医学杂志《柳叶刀·艾滋病病毒》发表了英国剑桥大学医学系教授格普拉等人的最新成果,公布了全球第 2 例被治愈的 HIV 感染者——40 岁男子亚当·卡斯蒂列霍。这名病人自 2012 年开始接受药物治疗,并在同一年被查出患有淋巴癌。为治疗癌症,卡斯蒂列霍在 2016 年接受骨髓移植。非常幸运的是,卡斯蒂列霍受赠的骨髓具有一种保护能力极强的突变基因,由于基因突变,CCR5 基因编码区域第 185 号氨基酸发生了 32 碱基缺失。而 CCR5 是人体能够帮助艾滋病病毒侵入免疫细胞的基因。阴差阳错之间,卡斯蒂列霍体内移植的具有 CCR5 - Δ32

---

① 参见王立铭:《基因编辑婴儿:小丑与历史》,湖南科学技术出版社 2020 年版,第 6~7 页。

缺失的基因杀死了他体内的艾滋病病毒。在停止抗艾滋病药物治疗 30 个月后，其体内没有检测到有活性的 HIV 病毒，研究认为该"伦敦病人"已被治愈。格普拉的研究团队称，尽管骨髓移植疗法在"伦敦病人"身上取得了"长期缓解"的效果，但在作为艾滋病治疗方法大范围推广前，"仍有一些障碍需要克服"。[1]

二、人体基因编辑技术的发展历程

（一）国外人体基因编辑技术的发展历程

1. 圣加蒙公司"锌指蛋白核酸酶"的基因编辑技术

在 2014 年美国圣加蒙公司主导的一项早期临床试验中，医生抽取了 12 名艾滋病患者体内的淋巴细胞，利用一种名叫"锌指蛋白核酸酶"的基因编辑技术，破坏了这些细胞中的 CCR5 基因。然后，医生再将这些经过改造的细胞重新输回患者体内。手术完成后，医生发现，至少几周时间内，患者体内的艾滋病病毒的数量下降，而免疫细胞的数量显著增加，这项研究取得了初步成功。

2. TALEN 改造 T 细胞

2015 年 11 月，英国女孩莱拉的父母在所有其他的疗法都不奏效的情况下，允许医生用一种新疗法来治疗女儿的癌症。2014 年 6 月出生的莱拉，被诊断患有婴儿急性淋巴细胞性白血病。作为最恶劣的病例之一，在经历了化疗和骨髓移植之后，莱拉的病情依然无法得到控制。在家长的恳求下，医院考虑尝试只在小鼠

---

[1] 参见天目新闻：《"伦敦病人"身份公开！全球第二例艾滋病患者被治愈》，载网易网 2020 年 3 月 11 日，https://www.163.com/dy/article/F7FHIFMF05118HA4.html。

中试验过的基因组编辑的方法。该研究是把供体的 T 细胞——免疫系统的核心成分取出,用 TALEN 对它加以改造,防止它攻击婴儿自身的细胞,并对化疗药物产生耐受性,然后赋予它攻击癌细胞的能力。2 个月后,莱拉的癌细胞被彻底清除了,医生给她做了第 2 次骨髓移植,替换她的整个血液和免疫系统。3 个月后,她恢复得很好,可以出院了。[①]

3. 全球首例"三亲婴儿"

2016 年 4 月,美国华人医生张进等人首次利用纺锤体核移植技术帮助一对中东夫妇诞下了拥有三个父母遗传信息的婴儿,俗称"三亲婴儿"。通俗地讲,"三亲婴儿"就是婴儿身上携带有三人的遗传物质,除了这对中东夫妇,还有来自一位健康女性捐赠者的线粒体 DNA。也就是说,在基因层面,新生儿有两位母亲(一个提供核基因,一个提供线粒体基因),一位父亲(核基因),因而称为"三亲婴儿"。这位中东妇女患有莱伦氏综合征,有 1/4 的线粒体携带有亚急性坏死性脑病的基因,以致曾 4 次流产,2 个子女相继去世。线粒体病是儿童期常见的遗传代谢病之一。"三亲婴儿"的原理就是为了避免将母亲的线粒体携带的患病基因遗传给后代,医生们在保证绝大部分的遗传物质来自父母的情况下,用另一个母亲的细胞质来体外培育受精卵,即使用健康供体母亲的线粒体来帮助携带患病基因的母亲生育健康婴儿。在技术操作上,医生会取母亲的卵子、父亲的精子和另一位女性捐赠者的卵子,在每个受精卵变成胚胎前去除其细胞核,然后舍弃捐

---

① 参见[英]约翰·帕林顿:《重新设计生命:基因组编辑技术如何改变世界》,李雪莹译,中信出版集团 2018 年版,第 169~170 页。

献者的细胞核,并用生育母亲的细胞核将其代替。如同人体基因编辑技术的众多具有影响力的试验一样,此次试验也引发了生殖医学领域的巨大争议。一些专家认为这开启了生殖医学的新时代;而另一些人则怀疑张进团队手术的目的,并认为必须加强对相关技术的监督。①

4. 单细胞胚胎基因编辑

2017年7月,美国俄勒冈健康与科学大学研究人员为了证明是否可以通过基因编辑技术消除或更正导致地中海贫血等遗传性疾病的基因,利用CRISPR技术对大批单细胞胚胎的DNA进行了基因编辑。这次试验也属于对人类生殖系细胞进行的基因编辑,基因的编辑或修改也将遗传给后代,给人体基因池带来很大风险及不可控的影响。

(二)中国人体基因编辑技术的发展历程

1. 全球首例人类胚胎基因编辑实验

中山大学副教授黄军就2015年首次在实验室编辑人类胚胎基因时,在全球引发巨大争议。这项研究由中国中山大学的黄军就领导,论文显示黄军就的团队用CRISPR/Cas9修正了导致β-地中海贫血症的基因缺陷。β-地中海贫血症是一种致命性的血液病,它编码的蛋白是血液中携带的血红蛋白的组分之一。为了试图回避潜在的伦理学异议,黄军就团队使用了将会被医院废弃的通过体外受精方法制造产生的、无法正常发育的受精卵。这样

---

① 参见赵熙熙:《世界首例三亲婴儿诞生有科学家质疑其伦理问题》,载《中国科学报》2016年10月25日,第2版。

的胚胎可以进行一些早期的发育过程,但永远无法发育成活的婴儿。这是人类历史上首次尝试对人类的生殖细胞进行精确编辑。这项研究表明 CRISPR/Cas9 可以改正胚胎的基因缺陷,但效率和准确性都比较低——只有部分处理过的胚胎被成功修改了基因,还有很多误改了基因组中其他基因的"脱靶效应"。"如果想在正常胚胎中做这件事,所要求的成功率要达到 100%",黄军就说,"所以我们停手了,我们觉得它还是太不成熟了"。① 这一消息在被热烈关注的同时,也引发了生命科学界关于"人类是否应该修改自身的基因"的巨大争论。在多数国家普遍禁止人类生殖系基因编辑的背景下,是否应该运用生殖系基因编辑帮助遗传病患者避免家族性疾病的遗传,成为困扰科学界的难题。

2. 世界首例基因编辑婴儿

2018 年 11 月,全球首例人体基因编辑婴儿出生。2018 年 11 月 26 日,南方科技大学贺建奎副教授向全世界宣布,他的团队找到了在人体基因上动手术,让人从出生起就对艾滋病免疫的新方法。2017 年 3 月至 2018 年 11 月,贺建奎实验室通过伪造伦理审查书,利用安全性、有效性不确定的 CRISPR/Cas9 技术在 7 对艾滋病夫妇志愿者受精卵中修改了名为 CCR5 的特定基因,并将其植入人体子宫内。需要注意的是,这 7 枚胚胎的母亲不是艾滋病患者,只有父亲是艾滋病病毒携带者,医学实践中这种情况不进行基因治疗也不会影响孩子的生存寿命。志愿者中一对夫妇的一对双胞胎女儿已经出生。在这两个被贺建奎称为"露露"和"娜

---

① 参见[英]约翰·帕林顿:《重新设计生命:基因组编辑技术如何改变世界》,李雪莹译,中信出版集团 2018 年版,第 110 页。

娜"的女孩体内,帮助艾滋病病毒进入免疫细胞的 CCR5 基因已经被永久性破坏。由于我国现行刑法中并没有对实施生殖系基因编辑并植入母体的行为进行规范,2019 年 12 月法院判决贺建奎及其团队主要成员构成非法行医罪,分别被依法追究刑事责任。

3. 重复"柏林病人"和"伦敦病人"的奇迹

2019 年 9 月 11 日,北京大学邓宏魁、首都医科大学附属北京佑安医院吴昊、解放军总医院第五医学中心陈虎,率先报道了在患者身上重复"柏林病人"和"伦敦病人"的尝试。他们也遇到了一位同时患有艾滋病和急性淋巴细胞白血病的男性患者,医生们也尝试了用造血干细胞移植的办法治疗患者的白血病。与"柏林病人"和"伦敦病人"不同的是,虽然这群科学家找到了配型合适的骨髓捐献者,但是由于 CCR5 - Δ32 基因缺陷突变在中国人群罕见,所以不够幸运的是,这位捐献者不携带 CCR5 - Δ32 基因缺陷。在没有现成的配型成功且不存在 CCR5 - Δ32 基因缺陷的捐献者的情况下,专家们退而求其次,利用了 CRISPR/Cas9 基因编辑技术,自己动手修改了骨髓捐献者捐出的干细胞,然后再将这些修改过的细胞移植到患者体内。整个操作过程是将骨髓移植和基因编辑两项技术结合起来,类似于"'伦敦病人'+圣加蒙公司"的临床研究。[1] 结果如人所料,干细胞移植彻底治愈了患者的白血病,在两年多的观察期中,白血病没有任何复发的迹象。而基因编辑这项新加入的操作看起来也确实安全可控,被编辑过基

---

[1] 参见王立铭:《基因编辑婴儿:小丑与历史》,湖南科学技术出版社 2020 年版,第 30~31 页。

因的细胞在患者的体内稳定地扎根下来,稳定地分裂产生各种类型的免疫细胞,也没有带来什么健康方面的风险。但如果关注艾滋病治疗的效果,结果就不那么乐观了。这次实验造血干细胞进行基因编辑的效率实在太低了,数据显示只有5%~10%的骨髓细胞,只有大约2.5%的外周血淋巴细胞被成功编辑了CCR5基因。这么少量的细胞实在是不足以让患者获得对艾滋病病毒的抵抗力。实验数据显示,患者仍然需要持续接受药物治疗才能压制体内的艾滋病病毒,一旦停药,艾滋病病毒的数量就会急剧增加。事实上,也有人怀疑给患者停药这项操作可能根本就不需要进行,因为如此低的基因编辑效率,理论上不可能产生对艾滋病病毒的抵抗力。这项临床研究固然证明了基因编辑操作的安全性,但还远不足以说明这项技术真的可以帮助更多的艾滋病患者对抗疾病。关于基因编辑技术更多的研究,特别是如何提高基因编辑效率是基因编辑科研领域亟须解决的问题。

人类已然进入新兴科技迅猛发展的时代。源于微生物学基本研究的基因编辑,由于能够应用于人类,给人类健康及人体基因带来巨大影响,而成为众多新兴科技中对人类影响极大,也极富争议的生物科技。技术是一把"双刃剑",在给人类带来巨大福祉的同时,其潜在风险也不容忽视。基因编辑技术更是如此,尤其当基因编辑技术应用于人类自身,技术的不成熟带来的脱靶效应可能影响正常基因。更重要的是,人体基因编辑使基因与作为整体的人体之间形成一个复杂的系统,这一系统又会影响周围环境、人类基因池,甚至人类未来世代的生存和发展,引发很多目前未知的和不确定的风险。①

与过去的技术相比,目前广泛研究和运用的 CRISPR/Cas9 系统是一种更加高效、灵活、精准且成本低的基因编辑方法,同时因其能够干预人类细胞而饱受争议。按照干预靶细胞的不同,人体基因编辑可以分为体细胞基因编辑和生殖系细胞基因编辑两种。② 体细胞基因编辑技术干预的只是人类体细胞,这种干预并不整合到受体细胞染色体中,这样受试者(患者)遗传信息的改变仅限于其有生之年,不会遗传给后代。体细胞基因编辑又称为非遗传性基因编辑。而生殖系细胞基因编辑则是对人体配子、受精卵或者胚胎进行的基因编辑,通过替换生殖细胞中的遗传基因,改变生殖细胞中的病态遗传物质,从而根治遗传病,或者通过基因改良,达到使人类性状增强的目的。生殖系细胞基因编辑又称为可遗传基因组编辑。人体基因编辑不仅指通过胚胎植入前基因诊断技术(preimplantation genetic diagnosis, PGD)③进行的以优生为目的的基因筛选、为救治患有遗传性疾病孩子的组织配型、

---

① 参见石佳友、贾平等:《人类胚胎基因编辑立法研究》,法律出版社2022年版,第1页。

② 生殖细胞指存在于进行有性繁殖的多细胞生物体内能繁殖出下一代的细胞,其他细胞则都称为体细胞。

③ 也有学者称其为"胚胎植入前遗传学诊断技术",参见沈东:《生育选择引论——辅助生殖技术的社会学视角》,辽宁人民出版社2010年版,第289页。涂玲、卢光琇:《植入前遗传学诊断"知情同意"的影响因素与对策》,载《中国医学伦理学》2006年第2期;杨珺、张云山:《对植入前遗传学诊断的不同接受程度及伦理争论》,载《国际生殖健康/计划生育杂志》2012年第5期;刘东云、黄国宁:《国外植入前遗传学诊断指南解读》,载《中国实用妇科与产科杂志》2016年第3期;柏海燕、师娟子:《16例中途胚胎植入前遗传学诊断/筛查病例报道及文献复习》,载《生殖医学杂志》2018年第10期等。我国《人类辅助生殖技术规范》(卫科教发〔2003〕176号)将其称为"植入前胚胎遗传学诊断"。

以预防和治疗疾病为目的的医学目的的基因治疗,还包括以增强人类性状为目的的非医学目的的基因改良。①

第二节 概念界定

随着生命科技的迅猛发展,通过基因编辑技术预防和治疗疾病、获得特定基因的胎儿、延长寿命,甚至克隆人都成为现实。基因编辑技术已然成为现代社会的一个当然命题,但法律与法学研究中并未针对其本质特征进行定义。2017 年,人体基因编辑研究委员会发布研究报告,将基因编辑划分为三种类型:基础研究基因编辑、体细胞基因编辑和生殖(可遗传)细胞基因编辑。基础研究基因编辑是在实验室开展的基础科学实验研究,实验对象包括体细胞、干细胞系和生殖细胞。体细胞基因编辑和生殖细胞基因编辑主要应用于临床治疗。根据医学应用的目的,基因编辑可以分为治疗、预防和增强三种情形。② 作为法律概念的基因干预仍需明确,尤其需要明确医学目的的基因编辑和非医学目的的基因增强的概念,从伦理和法律哲学的角度探求基因增强技术存在的正当性基础,明确医学目的的基因编辑和非医学目的的基因增强的区别是技术哲学意义上的,还是技术实质意义上的。

一、基因编辑的概念

带有遗传信息的 DNA 片段称为基因,是遗传信息的基本物

---

① 参见张春美:《基因技术之伦理研究》,人民出版社 2013 年版,第 99~101 页。
② 参见邱仁宗:《基因编辑技术的研究和应用:伦理学的视角》,载《医学与哲学(A)》2016 年第 7 期。

质单位。[①] 生物体的生、长、衰、病、老、死等一切生命现象都与基因有关，它也是决定生命健康的内在因素。因此，基因具有双重属性：物质性（存在方式）和信息性（根本属性）。基因组是指包含在生物体中的 DNA（部分病毒是 RNA）中的全部遗传信息，又称基因体，包括基因和非编码 DNA。更精确地讲，一个生物体的基因组是指一套染色体中的完整的 DNA 序列。相应地，人体基因是人类遗传信息的基本物质单位，是携带人类遗传信息的 DNA 片段。"基因组"一词可以特指整套核 DNA（例如，核基因组），也可以指包含自己 DNA 序列的细胞器基因组，如线粒体基因组或叶绿体基因组。1920 年，德国汉堡大学植物学教授汉斯·温克勒（Hans Winkler，1877～1945 年）首次使用"基因组"这一名词。人体基因组，又称人体基因体，是人类所有基因合在一起的组合。人体基因组由 23 对染色体组成，其中包括 22 对常染色体，1 对性染色体。

通过对人体基因组和基因的研究，人们逐步解码了其中的遗传信息，从而逐步拥有了干预和改变遗传进程的能力，也让基因诊断、基因治疗成为可能。随着基因编辑工具的迭代发展，全新的、强大的基因编辑工具 CRISPR/Cas9 系统，是目前最重要的基因编辑工具之一。CRISPR/Cas9 是一个操作便捷、编辑高效和使用广泛的基因编辑工具，可以快速而精准地阐明基因组的结构和功能，在遗传变异和生物表型之间建立因果联系。经过遗传工程改造后的 CRISPR/Cas9 已经作为一种新型的基因编辑工具被用于多种

[①] 参见石佳友、贾平等：《人类胚胎基因编辑立法研究》，法律出版社 2022 年版，第 1 页。

生物的基因组编辑。作为微生物防御系统的CRISPR/Cas9基因编辑系统使人类可以采用某种手段来"迷惑"细菌和"再编程",对人体基因组进行定向、高效的基因修饰。人类由此进入基因编辑时代。

通俗意义上讲,"基因编辑",又称基因组编辑或基因组工程,是一种新兴的、比较精确的、能对生物体基因组特定目标基因进行修饰的一种基因工程技术。基因编辑技术能够让人类对目标基因进行定点"编辑",实现对特定DNA片段的修饰。

从生命科学的角度讲,基因编辑技术主要是通过删除、插入、替换等方式对遗传物质进行修改,从而实现对特定DNA片段修饰的技术。基因编辑是遗传工程的一种,是指在活体基因组中进行DNA插入、删除、修改或替换的一项技术。其与早期遗传工程技术的不同之处在于,早期的遗传工程技术是在宿主的基因、基因组中进行随机插入基因物质,而基因编辑是在特定位置插入基因片段。基因组编辑是一种功能强大的新工具,可对基因组(机体的一套完整的遗传材料)进行精确的添加、删除和改变。英国纳菲尔德生命伦理学理事会在其2016年一份名为《基因组编辑:一个伦理审视》的报告中,对基因组编辑作出的定义是:"在DNA或RNA功能的分子水平上进行有针对性的干预,故意改变生物实体的结构或功能特征的做法。这些生物实体包括复杂的生物,如人类和动物、培养中的组织和细胞以及植物细菌和病毒。"

基因编辑技术大大改进了人们的生产和生活。比如,在农业相关的生产领域,基因编辑可以通过改变作物性状的方式提高产量和生产效率,从而有望解决粮食短缺的问题;通过基因编辑,研究人员已经研制出无籽西红柿、不含谷蛋白的小麦等,从而满足了不同人的食物需求。在医学领域,基因编辑技术也显现巨大的应用潜力:鉴于成千上万的遗传性疾病可以代代相传,而通过重写病人细胞中致病的DNA,基因编辑技术有望成功治疗甚至预防人类疾病。美国国家科学院和国家医学院在其2017年发布的《人体基因组编辑:科学伦理治理》的报告中指出,基因组编辑是一个强大的新工具,可以用于精确地添加、删除和改变基因组——一个有机体的全套遗传物质。[1]

近年来,基因编辑技术发展愈加成熟。虽然基因组编辑工具的工作原理基本相同,但基因编辑工具经历了快速的代际发展。从一开始的使用甲基核酸酶,到锌指核酸酶(zinc finger nucleases,ZFNs),到类转录激活因子效应物核酸酶(transcription activator-like effector nucleases,TALENs),再到近年来的CRISPR技术,基因组编辑技术的发展使基因组编辑比以前更精确、有效、灵活。[2] 该新方法涉及大范围核酸酶的应用,与过去的策略相比,这是一种更加精准、高效、灵活且廉价的人体基因编辑方法。[3] 伴随这种技术进步,无论是进行基础研究,还是通过治疗或预防疾病来促进人类健康,人类对人体基因编辑技术的应用潜力均表现出日益高涨的兴趣,但法律与法学研究中并未对其本质特征进行定义。

---

[1] See National Academies of Social, and Medicine, *Human Genome Editing: Science, Ethics, and Governance*, The National Academies Press, 2017, p.1.

[2] See Kelly E. Ormond et al., *Human Germline Genome Editing*, The American Journal of Human Genetics Vol.101, p.167(2017).

[3] 参见美国国家科学院、美国国家医学院主编:《人类基因组编辑:科学、伦理和监管》,马慧等译,科学出版社2019年版,第1页。

二、人体基因编辑的概念及分类

基因编辑技术的主要目标在于进行基因功能研究,并以此为基础通过对生物体的基因改造实现人类的特定目的与需求。有研究表明,当前基因编辑技术大多被潜在应用于人类的医学治疗、预防、增强以及异种移植,而非着眼于对非人生物的任何可能的应用。[1] 顾名思义,人体基因编辑,即通过对人体基因进行修饰(包括删除、插入、替换等方式),对遗传物质进行修改,从而实现对特定 DNA 片段修饰的技术。按照不同的标准可以对人体基因编辑进行不同的分类,具体如下。[2]

(一)根据被修饰细胞或组织类别的不同进行的分类

根据被修饰细胞或组织类别的不同可以将人体基因编辑划分为人类体细胞基因编辑和人类生殖系基因组基因编辑。其中,以生殖为目的的生殖系基因组基因编辑被称为可遗传基因组编辑。人类体细胞基因编辑是在体细胞中进行的,这些细胞中基因组的改变不会遗传给后代。人类生殖系基因组基因编辑是指对生殖细胞进行的基因组编辑,此类细胞基因组发生的改变可以通过生殖活动传递给后代。生殖系基因组基因编辑包括实验室研究和以生殖为目的的基因组编辑,后者被称为人类可遗传基因组编辑。

---

[1] 参见邱仁宗:《基因编辑技术的研究和应用:伦理学的视角》,载《医学与哲学(A)》2016 年第 7 期。

[2] 参见石佳友、贾平等:《人类胚胎基因编辑立法研究》,法律出版社 2022 年版,第 10~11 页。

对于遗传性疾病来说,可遗传基因组编辑可能提供了一种潜在的手段,使后代不受遗传疾病的影响。由于可遗传基因组编辑可将基因组的改变传递给后代,其影响可能是多代的,潜在的利益和危害都可能成倍增加,并对风险—受益分析提出挑战。除了体细胞和生殖系基因组编辑之外,生殖系的异常改变还包括线粒体替代疗法(mitochondrial replacement techniques,MRT)。

如前所述,2017 年,人体基因编辑研究委员会发布研究报告,将基因编辑划分为三种类型:基础研究基因编辑、体细胞基因编辑和生殖(可遗传)细胞基因编辑。基础研究基因编辑是指在实验室开展的基础科学实验研究,实验对象包括体细胞、干细胞系和生殖细胞。体细胞基因编辑和生殖细胞基因编辑主要应用于临床治疗。

(二)根据医学应用目的的不同进行的分类

根据医学应用目的的不同基因编辑可以分为治疗、预防和增强三种情形。① 该种分类也称为根据基因组编辑的目标进行的分类。根据基因组编辑的目标可以将基因编辑分为治疗、预防疾病或引入额外新的性状。这些目标可以通过将其致病 DNA 变异修改为存在于人体基因库中的已知非致病的突变来实现,或者通过将基因修改为已知现有人类基因以外的序列来实现。

目前围绕基因组编辑的讨论主要集中于如何运用此类技术治疗或预防疾病和失能,这是为大多数人接受的、引发争议不大

---

① 参见邱仁宗:《基因编辑技术的研究和应用:伦理学的视角》,载《医学与哲学(A)》2016 年第 7 期。

的基因组编辑手段。而基因增强则是通过基因组编辑,改善人类某一方面的性能,使身体特性和能力具有超出标准健康水平的可能性。基因增强的运用远远超出了基因治疗的单纯的科技和事实的范畴,引发了对平等公正、社会秩序、个人自主性及政府角色的重要社会议题的讨论。基因增强由此演变为一场生命科技时代社会总体文化价值和权利冲突的集中表达。

如何确定"增强"的含义和范畴就成为区分基因治疗和基因增强的关键。一般来说,维持人体性能在正常范围内就是治疗,使人体性能在"正常"范围内变得更加强壮或完善,就被视为"增强"。对于已知病理且具备普通能力的个体来说,基因组编辑仅仅是为了使其在"正常"范围内变得更加强壮,因此会被视为"增强"手段。[①] 利用基因组编辑技术达到"增强"效果会加剧社会不平等现象,或使用人们不愿意选择的技术会造成社会压力。正是在主观因素的强烈影响下难以评估"增强"手段为个体带来的益处,因此需要公众参与讨论分析监管风险或利益,从而为开展研究项目的审批提供决策基础。公众讨论还有利于了解实际和预期的社会影响,以便针对基因增强制定相应的监管政策。

(三)根据基因编辑是否在人体内实施进行的分类

根据基因编辑是否在人体内实施可以将人体基因编辑分为体外的基因编辑和体内的基因编辑。体外的基因编辑,即对离体细胞进行编辑,然后将细胞移植到人体内。体内的基因编辑,即

[①] 参见美国国家科学院、美国国家医学院主编:《人类基因组编辑:科学、伦理和监管》,马慧等译,科学出版社 2019 年版,第 6 页。

直接对人体进行基因编辑。

(四)根据基因修饰的精确性进行的分类

根据基因修饰的精确性可以将基因编辑分为对致病突变或风险相关等位基因突变的简单修饰;或更复杂的变化,如内源性基因的破坏或异位/过度表达;或增加一种新的功能,以增强生物反应或建立对疾病或病原体的抵抗力等。

需要说明的是,也有学者将人类基因科技的类型概括为基因检测、基因诊断、基因治疗。基因治疗又分为体细胞基因治疗、生殖细胞基因治疗和增强细胞基因治疗。基因检测,是一种分析、检验人体染色体、DNA 产物的技术,通过分析有无基因失序,判定有无患基因疾病的倾向或可能性。基因诊断不同于以疾病的表型改变为依据的传统疾病诊断,是指通过直接探查基因或基因组的存在和缺陷来对人体的状态和疾病作出判断,又称 DNA 诊断、分子诊断。其目的并非单纯地预测疾病的罹患风险而是确定疾病是否已经发生,是利用分子生物学技术,对基因缺陷进行修复或补偿缺陷功能的手段,也就是将正常的基因直接或间接地送入细胞中,以更正或修补错误的基因,让其恢复正常,即有意改变人体细胞的遗传物质,以预防或治疗疾病。①

---

① 参见杜珍媛:《人类基因权利研究——科技发展动态之维考察》,光明日报出版社 2021 年版,第 16~17 页。

第三节 人体基因编辑的技术基础及应用类型

人体基因编辑是通过基因编辑技术对人体细胞进行编辑实现的。人体基因编辑技术从广义上讲,既包括人体基因治疗技术也包括人体基因增强技术。[①] 人体基因治疗主要是达到优生目的,通过剔除携带遗传性疾病的基因,使患有遗传病的夫妇能够生育健康孩子,还有为了救治已存的患病兄姐组织配型设计的"救命宝宝"。同时,基因组编辑技术在癌症治疗和关于肿瘤形成的分子基础的研究中的潜力也不容小觑。人体基因增强是"将处于正常状态的人的能力提升到更佳的程度",也称为"基因改进"。[②] 总之,生物科技时代,基因编辑技术除能够预防和治疗疾病外,还能定向调整大脑,延缓衰老,定格青春,通过药物研发和基因介入进行基因改进,还能通过设计器官与克隆人类,打造全新的生命形态。[③]

一、人体基因编辑的技术基础

在今天的技术条件下,能够对基因进行编辑的主要技术包括重组核酸酶介导的归巢核酸内切酶、锌指核酸酶技术,类转录激活因子效应物核酸酶技术,CRISPR 技术以及通过碱基引导编辑

[①] 参见张春美:《基因技术之伦理研究》,人民出版社 2013 年版,第 111 页。
[②] 陈景辉:《有理由支持基因改进吗?》,载《华东政法大学学报》2019 年第 5 期。
[③] 参见[英]约翰·帕林顿:《重新设计生命:基因组编辑技术如何改变世界》,李雪莹译,中信出版集团 2018 年版,"目录"第 3 页。

的单碱基编辑和先导编辑五种形式。① 其中CRISPR技术是当前主流的技术,其通过与现代信息通信技术、大数据、人工智能技术的完美融合,提高了未来爆发式发展的可能。② 人体基因编辑从技术实施的目的来说主要分为治疗和预防遗传性疾病进行的基因治疗和优化功能而进行的基因增强。从基因治疗技术角度讲,基因编辑婴儿需要辅助生殖技术(特别是体外受精—胚胎移植技术)和PGD技术的结合。从基因增强角度讲,基因编辑婴儿需要辅助生殖技术(包括体外受精—胚胎移植技术和PGD技术两种)和基因工程的结合。③ 以预防某类遗传疾病为目的的人体基因编辑必须在对致病基因进行预先诊断和筛选之后才可以进行真正的人体基因编辑。这一过程需要把某一致病或携带遗传疾病的基因片段"敲除",将健康基因进行植入,以实现基因修复。这在技术上是完全可能的。

二、人体基因编辑技术的应用类型

CRISPR/Cas9系统让生物学家对基因组DNA进行自由编辑梦想成真。人工改造的CRISPR/Cas9基因编辑系统比天然的CRISPR/Cas9系统具有更高的DNA切割活性、更强的特异性以及更小的体积,它们形成了一个强大的工具集,可用于DNA

---

① 参见陈媛媛:《基于技术路线图的北京基因编辑产业发展战略研究》,载《科技管理研究》2023年第4期。
② 参见[美]乔伊·王、[美]詹妮弗·杜德纳:《CRISPR十年:基因编辑技术初露锋芒》,传植编译,载《世界科学》2023年第5期。
③ 参见沈东:《生育选择引论:辅助生殖技术的社会学视角》,辽宁人民出版社2011年版,第105页。

序列的敲除、替换、表观遗传编辑甚至基因表达的激活和抑制。CRISPR/Cas9 基因编辑技术不仅是基因功能研究的强大工具,其在疾病治疗靶点的发现、病原体的核酸诊断与肿瘤等疾病的临床治疗方面也展现出巨大的潜力。当然,CRISPR 技术在实际应用中仍然存在许多潜在的问题,如其在体内的高效递送、免疫原性和脱靶效应等。随着 CRISPR 技术的进一步改进,它将以更加完善和精确的方式在人类疾病的预防和治疗中发挥更大的作用。①

(一)医学目的的基因筛选、诊断和治疗

传统意义医学目的的基因筛选,指出于优生目的,通过胚胎植入前基因筛选,使患有遗传疾病的父母能够生育健康的孩子。这是 PGD 技术实施最重要的目的,也是该技术获得广泛运用和社会认同的基础和原因。PGD 技术不仅用于试管婴儿技术开展过程中胚胎植入前对健康胚胎的筛选,也用于针对患有遗传性疾病父母的胚胎筛选,剔除携带遗传疾病基因的体外胚胎,将健康胚胎植入母体,生育健康的孩子。② CRISPR 的大规模基因功能筛选是通过一个集合的靶向多基因文库来完成的。CRISPR/Cas9 技术已经成为大规模基因功能筛选的强大工具。随着 CRISPR 大规模功能筛选的广泛使用,与肿瘤等各种疾病发生发展相关的新靶点会被大量发现。③

---

① 参见巩琦凡、郑晓飞、付汉江:《CRISPR 基因编辑技术的发展及应用》,载《中国生物化学与分子生物学报》2023 年第 3 期。
② 参见张春美:《基因技术之伦理研究》,人民出版社 2013 年版,第 99 页。
③ 参见巩琦凡、郑晓飞、付汉江:《CRISPR 基因编辑技术的发展及应用》,载《中国生物化学与分子生物学报》2023 年第 3 期。

医学目的的基因编辑除了借助 PGD 技术进行的医学目的的基因筛选之外，也有可能在未来给癌症病人的治疗提供新的选择。基因组编辑技术在癌症治疗和关于肿瘤形成的分子基础的研究方面都有巨大潜力，甚至基因编辑技术还可以帮助人类发现致癌基因和"抑制"癌症形成的基因中的新突变，并帮助人类认识这些突变如何启动或如何加速癌症的形成。CRISPR 技术的另一重要应用是基因诊断领域。CRISPR 诊断系统是基于 Cas12a 的核酸检测系统开发的。2017 年，Gootenberg 等发布了第 1 项基于 Cas13 的诊断工具（SHERLOCK）。SHERLOCK 系统以 Cas13a 为效应蛋白质，基于 RNA 编辑进行检测。经过后期改进的 SHERLOCK 系统既可以用于定性分析，也可以用于定量检测，且灵敏度也大大提高了。CRISPR/Cas9 系统不仅可以用于基因功能研究，识别各种疾病的潜在治疗靶点，还能直接用于肿瘤等疾病的临床治疗。除编辑 T 细胞用于肿瘤免疫治疗外，CRISPR 基因编辑技术还能直接用于修正致病基因突变，进行疾病治疗。镰刀型红细胞贫血（SCD）和 β-地中海贫血是两种常见的基因缺陷性疾病。研究人员发现，利用 CRISPR/Cas9 技术编辑自体 CD34+细胞修正突变的致病基因，可以增加胎儿血红蛋白表达量，能有效治疗镰刀型红细胞贫血和 β-地中海贫血。CRISPR/Cas9 基因疗法还被直接用于人体治疗遗传性眼病。[1]

---

[1] 参见巩琦凡、郑晓飞、付汉江：《CRISPR 基因编辑技术的发展及应用》，载《中国生物化学与分子生物学报》2023 年第 3 期。

(二)为组织配型设计的"救命宝宝"

为了救治已存的患有通过传统医疗方法无法治愈的兄姐的遗传性疾病而诞生的"救命宝宝"是人类基因编辑技术运用的一个重要领域。PGD 技术也用于诊断早期胚胎是否能够和已存的患病兄姐的组织配型。利用 PGD 为组织配型设计"救命宝宝",引发了伦理困境。虽然目前设计出的"救命宝宝"多是为治疗其他患病兄姐,但这一技术并非没有使不存在血缘关系的第三人受益的可能。这项技术运用最典型的就是罹患白血病或者致命贫血病的兄姐,父母可以通过 PGD 技术对现有的体外冷冻胚胎进行筛选和诊断,由此得到一个携带健康基因并能够与已存兄姐组织配型成功的体外胚胎。运用该项技术出生的婴儿也被大家称为"救命宝宝"。[1] "救命宝宝"引发了永远不能将人只看作手段这一由来已久的哲学命题的非难。一方面,"只要父母同意就可以为患病兄姐捐献脐带血,甚至捐献对身体具有侵入性危害的骨髓或者其他人体组织,这是严重侵犯'救命宝宝'健康权的做法,也侵犯了'救命宝宝'的自主选择权"。另一方面,父母为了救治患病兄姐作出什么决定都可以理解,也是其为人父母的职责,但是"救命宝宝"不应该一出生就被赋予如此沉重的道义负担。从家庭利益出发而设计婴儿,在某种意义上是一种道德绑架。[2] "救命宝宝"凸显了人类基因筛选编辑可能引发的典型伦理困境。

---

[1] 参见张春美:《基因技术之伦理研究》,人民出版社 2013 年版,第 99 页。
[2] 参见徐娟:《通过宪法保护人类基因编辑中的生命尊严》,载《南海法学》2019 年第 3 期。

(三) 非医学目的的基因增强

非医学目的的基因增强主要包括人类认知能力的增强、身体能力的增强和情感能力的增强。[1] 从技术上来说,治疗疾病和增强功能之间的边界往往很模糊。有些基因编辑不仅可以预防和治疗疾病,也能增强人类的某一方面功能。[2] 从伦理学的意义上讲,治疗和增强差别较大。治疗又称"医学目的的增强",是通过增加遗传物质,或将之重构、将缺失或异常的功能进行纠正,甚至通过基因编辑对滋生病毒有辅助作用的基因进行干扰,减少疾病发生的过程,[3]以减少痛苦,达到幸福和快乐。增强又称"非医学目的的增强",意在改变非病理的人类性状,在人体功能正常的基础上增加更多的幸福和快乐。[4]

人体基因编辑技术应用的三种类型中,胚胎筛选和治疗、"救命宝宝"都是医学目的的基因编辑,技术运用方面引发的伦理争议相对较小。以上应用类型在技术开展过程中应该注意严格明确和控制不同技术的适应症,遵守相关伦理规范和准则,不可随意打着预防和治疗疾病的幌子进行人体基因编辑。非医学目的的基因增强技术是引发伦理争议最大的,技术实施前需要进行严格的风险评估。

---

[1] 参见张春美:《基因技术之伦理研究》,人民出版社2013年版,第111页。

[2] 例如,研究人员表明GRIN2B基因与孤独症谱系障碍有关,因此体内GRIN2B蛋白突变量的增加与认知能力的提高有关,修饰该基因可以防止孤独症的发生,也可能使受助者的能力强于一般人群。参见范月蕾、王慧媛、于建荣:《基因编辑的伦理争议》,载《科技中国》2018年第6期。

[3] 世界首例"基因编辑婴儿"事件中贺建奎团队就是通过对体外胚胎的CCR5这一辅助HIV入侵感染人体的基因进行编辑,实现人体对艾滋病的免疫。从这个意义上讲,此次事件中的"基因编辑婴儿"技术属于医学目的的基因增强。

[4] 参见张春美:《基因技术之伦理研究》,人民出版社2013年版,第117~118页。

随着近年来基因编辑技术的迅猛发展,基因编辑技术在基因测序、基因诊断和基因治疗领域开始普遍使用,使成本大大降低的同时,也让完成人体基因永久性、可遗传的定向修饰的基因增强成为可能。然而,人类遗传信息通过人体基因组计划进入公共领域,同时基因编辑技术,特别是人体生殖系细胞基因编辑技术引发了巨大的技术、伦理和法律风险及挑战。这就需要我们在对基因编辑技术复杂的社会风险进行研究的基础上,兼顾技术创新和风险可控,构建基因编辑技术协同监管模式,实现基因编辑技术治理的法治化和体系化,并为公共政策的选择提供理论基础和理念指引。

需要说明的是,鉴于自然科学术语与社会科学术语,特别是法律用语的差异性,前述生物技术被一般社会公众和社科学者称为"基因编辑"。一般意义上,"基因编辑"和"基因组编辑"是通用的概念。由于基因编辑技术运用的很多领域都是对特定的基因进行修饰,而不是对集体的、一整套完整的遗传材料、基因组进行添加、删除或改变。比如,在世界首例"基因编辑婴儿"事件中,贺建奎团队就是通过修改能够帮助艾滋病病毒进入免疫细胞的 CCR5 基因,从而达到让人从出生起就对艾滋病免疫的目的。目前,医学遗传学的知识表明,通过使用遗传学和生殖选择,运用人类可遗传基因组编辑技术生育出与自己有生物学关联,且不会遗传单基因疾病①的孩子已经成为可能。

---

① "单基因疾病"是单个基因的一个或两个拷贝(或等位基因)的突变引起的,通常是通过改变基因的蛋白质编码序列,或者在更罕见的情况下通过改变调节基因活性的 DNA 片段而实现。

但是,现实中人类遗传物质与环境的关系异常复杂,且隐含的遗传病基因会不会致病受环境因素,如饮食和生活方式及很多难以预测的情况的影响。因此,关于多基因疾病,人类可遗传基因组编辑在学界尚无法做到安全有效。因为预防与多基因相关的基因变异可能需要对几十个或数量更多的不同基因进行编辑,且很多时候基因编辑对健康的影响是不利的。同时,科学界目前对改变非医学性状或基因增强均没有足够的知识和把握进行操作。主要原因在于,对某一特定基因进行编辑的预期利益往往可能被诱发其他疾病的风险所抵消。实践中多是从对某一特定基因进行编辑这个意义上讲,本书认为将该技术称为"基因编辑"技术相较"基因组编辑"技术,较为准确。同时,由于《民法典》也采用了"人体基因"的概念和立法用语,为了尊重社会认知和社科法学研究的一贯做法,也是为了与现行立法保持一致,本书采用场景化色彩的概念,实践中一般是在严格意义上,特别是在技术层面,我们严格使用"人体基因编辑"的规范术语,有些地方也会概括用"人类基因编辑"的表述。本书尊重现有的社会认知和法律研究习惯,在概括和抽象意义上,部分地方以"基因编辑"作为整体性和一般性的描述概念。同时,体细胞基因编辑应用的潜在风险较小,争议较小,相比之下,人体生殖系基因组编辑具有可遗传性,能够引发巨大的技术、伦理和法律风险及争议,这些是本书关注的重点。同时,为了保证对基因编辑技术整体及其协同治理手段介绍的完整性,本书在重点关注人体可遗传基因编辑技术的基础上,对其他类别的人体基因编辑技术也有所涉及。

第四节 人体基因编辑技术的特殊性

基因编辑技术的诞生,使生命密码如同电脑文件一样容易修改。借助 CRISPR 基因编辑技术,人类拥有了操纵自然的力量,能够精确地、有效地、简便地对任何物种的基因进行编辑,开启人类设计生命的新纪元。CRISPR 基因编辑技术在为多种严重疾病提供医学解决方案和缓解粮食危机的同时,不可避免地对社会生活产生深刻影响。① 早在 PGD 技术出现之时便有人提出基因编辑婴儿的概念。所谓"基因编辑婴儿"是指人类根据生育选择的需要,对婴儿按照人类希望的目的和标准进行具体的、"完美的"设计,即按照最佳的基因组合(the best combination of genes)所形成的符合人类期望的完美婴儿。② 人体基因编辑在帮助人类实现生殖目的的同时,使生育的孩子与父母有基因联系,并携带或不携带某种特定的基因特征。③ 广义的人体基因编辑,即一般意义上的人体基因编辑,不仅包括医学目的的基因治疗,还包括非医学目的的基因增强。但严格来讲,人体基因编辑不同于一般意义上的基因编辑技术,而应该特指基因增强或基因改良意义上对人类胚胎进行的基因编辑。人体基因编辑相较其他的基因编辑技术具有其自身的特殊性。

---

① 参见蒋莉:《人类基因编辑国际法律治理研究》,载《生命科学》2023 年第 10 期。
② 参见沈东:《生育选择引论:辅助生殖技术的社会学视角》,辽宁人民出版社 2011 年版,第 103 页。
③ 参见蒋莉:《基因编辑和人类生殖:社会伦理及法律规制》,载《苏州大学学报(法学版)》2018 年第 4 期。

一、人体基因编辑需要辅助生殖技术和基因工程的结合

传统观点认为,人体基因编辑需要辅助生殖技术(特别是体外受精—胚胎移植技术)和 PGD 技术的结合,事实上人体基因编辑需要辅助生殖技术(包括体外受精—胚胎移植技术和 PGD 技术两种)和基因工程的结合。以预防某类遗传疾病为目的的人体基因编辑必须在对致病基因进行预先诊断和筛选之后才可以进行真正的人体基因编辑。这一过程需要通过把某一致病或携带遗传疾病的基因片段"切除",将健康基因进行连接,以实现基因修复。这在技术上是完全可能的。所谓辅助生殖技术与基因工程的结合,就是在分子水平上提取(或合成)健康的(或优良的)DNA 片段,对其进行体外切割、拼接、重组,然后把重组的 DNA 分子引入生殖细胞内,使这种外源 DNA(基因)在受体细胞中进行修复和表达,按照人类的需求设计和培育更健康、更聪明、更长寿的后代,并将性状稳定地遗传下去,为人类的生育繁衍开辟新的道路。PGD 技术的广泛使用可以准确地了解胚胎所携带的致病基因或受损基因,从而可以进行"设计胚胎"(design embryo)。这个胚胎中的所有携带遗传性疾病的基因均被健康的 DNA 置换重组。人类甚至可以按照满意的标准对孩子进行"整体上的设计"。当然,人类要设计这样一个新的、健康的、长寿的"完美婴儿",除需要技术的成熟和完善、生物学的成功临床试验外,还需要社会的、伦理的、法律的准备和完善。[①]

[①] 参见沈东:《生育选择引论:辅助生殖技术的社会学视角》,辽宁人民出版社 2011 年版,第 107 页。

二、人体基因编辑涉及人体生物性的改变

人体基因编辑技术不仅是人体功能的拓展,还涉及人体生物性的改变。这也是人体生殖系细胞基因编辑在伦理上普遍不被认可,临床试验被各国法律普遍禁止的原因。基因编辑技术出现之初多用于医学目的的基因治疗,在维持人体正常性状的基础上治疗疾病,减轻人类的痛苦,并不涉及人体生物性的改变。随着基因编辑技术的深入发展和基因增强技术的出现,人类开始试图改变非病理的人类性状,按照自己意愿中的理想标准在人体功能正常的基础上增加更多的幸福和快乐。

三、人体基因编辑的最大隐忧是最坏风险不可控

根据基因编辑靶细胞的不同,人体基因编辑可以分为针对体细胞进行的基因编辑和针对生殖系细胞进行的基因编辑。体细胞基因编辑导入的外源基因并不整合到受体细胞染色体中,受试者(患者)遗传信息的改变仅限于其有生之年,不会遗传给下一代。而生殖系细胞基因编辑则是对配子、受精卵或胚胎进行的基因编辑,遗传信息的改变和基因编辑带来的不确定性会遗传给其后代。[①] 基因编辑婴儿是对早期人类胚胎[②]进行的基因编辑。早

---

① 参见张春美:《基因技术之伦理研究》,人民出版社 2013 年版,第 91 页。
② 我国学界也称"人体前胚胎"或"植入前胚胎"等。根据英国的报告,该报告把非通过自然生殖方式条件下出生前的生命分为三个阶段:早期人类胚胎阶段、胚胎阶段、胎儿阶段。第一阶段,早期人类胚胎阶段,称为受精卵阶段或准胚胎阶段、前胚胎阶段。精卵受精后的 14 天,是受精卵在试管中保存的极限时间。在 14 天之前,早期人类胚胎没有任何生命体征、没有形成神经冠、没有痛感。早

期人类胚胎属于生殖系细胞。由于前胚胎阶段的细胞仍处在持续的分裂增生中,修改一个细胞就意味着成千上万的后代细胞也都自动获得了新的遗传性状。被编辑者自身体内携带的被修改过的基因,将会慢慢融入人类群体,成为人体基因库的一部分,这里面包括被基因编辑脱靶误伤的基因。从这个角度来说,人类很可能需要很多年、很多代才能发现基因编辑的后果。由此可见,基因编辑婴儿的最大隐忧就是其带来的最坏风险不可控。

第五节 人体基因编辑技术的正当性尺度

源于自然法传统且作为法哲学概念的正当性与以法律规范性为标准且作为法律实证主义概念的合法性之间是对立统一的关系。正当性是合法性的基础,合法性表达了一定意义上的正当性,而正当性是终极意义上的合法性。[①] 自从分子生物学诞生以来,能够对人类的基因进行直接干预,以获得人们想要的生物性状的人体基因编辑逐渐从科学幻想变成现实,"这同时也是人类应该如何接受自然赋予(the given by the nature)的问题"。关于人体基因编辑技术的正当性,目前存在两种截然相反的观点,一是以欧盟议会为代表的完全反对派,二是以自由主义优生学(liberal eugenics)为代表的完全赞成派,其中德沃金基于伦理个人主义(ethical individualism)理论的论证尤显深刻。针对人体基因编辑技术的正当性,我们需要从伦理学和法律哲学角度进行理

---

① 参见刘杨:《正当性与合法性概念辨析》,载《法制与社会发展》2008 年第 3 期。

性的思考。

一、以欧盟议会为代表的完全反对派

人体基因编辑技术对人体基因的编辑改变了几千年来人类自然进化的过程,颠覆了自康德哲学以来奠定的人的主体地位。人体基因编辑技术通过基于特定的目的,直接、刻意地将新的指令引入生物体的基因,并使其遗传给后代,"使进化从一个偶然而缓慢的进程转变成一个快速的、由人控制的过程"。由此,人体基因编辑技术被认为"也许是人类迄今为止取得的最大的成就"。[①] 由于基因编辑技术对人的主体性的侵犯,以欧盟议会为代表的完全反对派认为,相较运用于其他生物,基因编辑技术运用于作为主体的人类违反了伦理道德,侵犯了人性尊严和基本人权。有些生物伦理学者也表达了类似的担忧,暗示生殖系细胞基因编辑改变了人性的本质,改造人类的基因组最终改变了人性本身。[②] 这种认为人体胚胎本身具有内在价值,编辑胚胎侵犯了人体胚胎独立尊严的反对派观点弥漫着强烈的道义论色彩。而以空洞的价值观来回避对问题的论证显然是价值观至上,而非权利或人权至上。站在人权保障的立场,技术应该造福于人类,基因编辑技术确实能够实现治疗和预防疾病的目的,若技术允许就不应该忽略或选择性歧视存在基因缺陷的人的生育权和患有严重疾病的人的生存权和健康权。

[①] 参见[墨]胡安·恩里克斯、[墨]史蒂夫·古兰斯:《重写生命未来》,郝耀伟译,浙江教育出版社2021年版,第115页。

[②] 参见[美]珍妮佛·杜德娜、[美]塞缪尔·斯滕伯格:《破天机:基因编辑的惊人力量》,傅贺译,湖南科学技术出版社2020年版,第227页。

在生物科技时代,基因编辑技术确实实现了除能够预防和治疗疾病外,还能通过药物研发和基因介入进行基因增强,甚至通过设计器官与克隆人类,打造全新的生命的目标。① 在此情况下,若仅仅从道义论的角度不区分基因编辑是为了治疗和预防疾病,还是为了使人类在正常性能的基础上变得更好,仅仅强调保障人体胚胎的内在尊严和基本权利而禁止技术的运用,无疑会侵犯可以通过基因编辑技术治疗和预防具有遗传基因缺陷或者患有疾病的人的生存权和健康权,这也不符合科技向善的伦理要求。

二、以自由主义优生学为代表的完全赞成派

自由主义优生学为代表的完全赞成派主张"不限制孩子自主性的非强迫基因改进",即实现一种通用性改进(general-purpose means)。这一策略在人体基因编辑正当性的争论中将国家置于中立地位,通过胚胎植入前基因诊断(或称基因选择)技术的实施将存在基因缺陷或不符合要求的胚胎直接丢弃,避免弱势群体受到绝育等不公正对待。其中德沃金基于伦理个人主义理论的论证尤显深刻。但这种优生学在确保国家中立性的同时,也容易产生是否将进行基因编辑的选择权转移给父母的问题。这就容易出现富裕家庭的父母按照自己的要求和标准"定制婴儿"的情况,导致不平等的决定论现象,人类可能会创造出新的"基因鸿沟"。"美好人生"已经事先被决定了,更可怕的是,阶层和基因的关联

---

① 参见[英]约翰·帕林顿:《重新设计生命:基因组编辑技术如何改变世界》,李雪莹译,中信出版集团2018年版,"目录"第3页。

会随着代际传递而逐渐固化。先天的、绝对的、不可逆的不平等违反了关于道德自主(moral autonomy)和平等价值的至善主义承诺。生殖系细胞基因编辑代代相传的特性可能把社会的经济和阶层固化的不平等写进我们的遗传密码,这不可避免地会打破社会公平。生殖系细胞基因编辑有可能进一步恶化目前对少数群体的歧视,而被认为与历史上臭名昭著的优生学是一丘之貉。鉴于基因编辑领域取得的最新进展,联合国教科文组织表示,虽然像 CRISPR 这样的技术应当用于预防或治疗威胁生命的疾病,但旨在影响未来人类的计划势必"威胁所有人类内在的、平等的尊严,甚至可能假借'实现人类潜能,创造更美好、更进步的人类'而复活优生学"。[1] 基于此,哈贝马斯从破坏个人完整性的内在自主和限制自主选择的外在自主两个方面,在对人类生殖基因改进技术进行批评的基础上,[2]主张"允许治疗但不允许改进"。[3]

三、应该支持消极的基因平等

按照平等主义者真正关切的问题,可以将基因平等分为"积极的基因平等"和"消极的基因平等"。把平等本身作为目的,通过基因编辑使所有人都拥有同样的基因,这属于"积极的基因平等";把帮助基因缺陷的人作为目的,通过基因编辑纠正缺陷的基

---

[1] 参见[美]珍妮佛·杜德娜、[美]塞缪尔·斯滕伯格:《破天机:基因编辑的惊人力量》,傅贺译,湖南科学技术出版社 2020 年版,第 227 页。
[2] 详细论述,参见王凌皞:《自然主义基因改进观与个人自主的两个方面——哈贝马斯的批评及其失败》,载《中国法律评论》2022 年第 1 期。
[3] Jürgen Habermas, *The Future of Human Nature*, Polity Press, 2003, p. 61 – 63.

因让人恢复正常状态,这属于"消极的基因平等"。① 从惯常的伦理视角、法哲学/政治哲学视角及如何界定改造人类遗传物质的界限的角度来看,人类应该支持消极的基因平等,反对积极的基因平等。

首先,从惯常的伦理视角看,基于权利的标准,父母想生育含有遗传关系的子女的生育权和通过基因编辑排除基因缺陷的孩子的健康权,是治疗意义上的人体基因编辑关涉的两种重要人权。基因编辑可以使带有遗传基因缺陷的父母生育健康的孩子,可以治疗疾病,让病人恢复健康。基于此,显然人体基因编辑是正确的,起码不是错误的;基于科技能够使受术者获益,而不使任何相关者受损,人体基因编辑也是一件好事,而不是坏事;基于机会平等的标准,人体基因编辑无疑也是正义的。总之,有足够的伦理道德理由支持人体基因编辑。

其次,从法哲学或政治哲学视角看,人体基因编辑不应该追求积极的基因平等,以彻底克服天赋的不平等。其理由是,无法知道生物学上的基因平等能否导致政治学意义上的平等;基因平等与自由可能是冲突的;基因平等会面临"拉平反驳",即"把更好群体的基因拉平到更差群体的水平"。②

最后,如何界定改造人类遗传物质的界限。治疗针对的是疾病或缺陷,通过基因编辑改造缺陷基因,使有基因缺陷的人过上正常的生活;改进针对的是能力或特性,通过基因编辑让人类在

---

① 参见姚大志:《基因平等:从政治哲学的观点看》,载《哲学研究》2019 年第 11 期。
② 参见姚大志:《基因平等:从政治哲学的观点看》,载《哲学研究》2019 年第 11 期。

正常的基础上变得更好。由此,可以看出治疗和增强的界限是"正常状态"(normality),"正常状态"作为一个规范性概念,其并不是一个一成不变的数值,而必须在一定时空,综合考虑文化、伦理及社会发展等多种因素的影响。因而,"正常状态"始终处于动态性和相对性之中。[1] 我国宜在相关基因科技立法中支持把帮助不利者作为目的的"纠正某些人的基因缺陷"的消极的基因平等。既关注健康权现实取向的基因治疗,也承认人们拥有"开放性未来的权利"。这才是社会基本善(primary social goods)的要求。

---

[1] 参见杨琼、李帅:《增强与治疗之间——人类增强技术的应用困境》,载《自然辩证法研究》2019年第4期。

第二章 人体基因编辑技术引发的社会风险

人体基因编辑技术应用风险是生物科技发展背景下具体化的风险形态。对人体基因技术风险进行分析，有利于系统反思生命科技带来的负面效应，了解技术存在的弊端，从而为科技风险规制提供前提性支撑，同时是矫正科技风险和法律规制之间的不均衡状态的需要。毋庸置疑，人体基因编辑技术的发展和应用可以推动现代医学的发展，实现疾病的早期预防以及对患者的精准治疗目标，对人类福祉大有裨益。人体基因编辑不仅涉及人体胚胎的法律地位，还涉及父母的生育权，孩子的自主权、健康权及知情同意权等多重主体的预期利益，即复杂的利益冲突。这些利益不仅具有私益性，也具有公益性，利益冲突不仅发生在个体之间，也发生在群体之间。"它们与传统的伦理道德发生碰撞，大致上围绕相互联系、相互影响、相互渗透的层面而展开。"[1]世界各国关于人体基因编辑的讨论从最初的宗教、伦理、道德,延续到目前的法律。由此可见,人体基因编辑不仅是一个技术问题,也是一个伦理道德问题,更是一个法律问题。虽然新的基因编辑策略 CRISPR 系统能够在很大程度上提高基因组靶位点的精确修改效率,但将其应用于人类生殖系细胞基因,面临巨大的技术、伦理和法律风险,包括技术风险、对基因编辑技术领域认知的有限性、风险—受益比、侵犯自主权及对人类基因池的影响等。[2] 人体基因编辑技术引发的风险除了具备风险的人为性、现代性、不确定性和全球性等一般特征之外,还具有遗传性和人伦性。预防科技风险正是通过采取积极措施弥合技术风险与社会发展的不均衡状态,而这种风险防控法律体系的建设、调整和运行都建立在充分了解和全面概括风险的基础上。对人体基因科技风险的类型化分析为法律回应人体基因编辑技术应用风险提供了可行性前提。

第一节　人体基因编辑技术引发的技术风险

随着基因编辑技术的迅猛发展,特别是 CRISPR/Cas9 作为一项更加高效、灵活、精准且成本低的基因编辑系统让基因编辑技术的安全性和有效性得以大幅提升。但技术发展的缺陷也会带来威胁人的生命健康的脱靶效应、镶嵌性和传递效率方面的技术

---

[1] 参见沈铭贤:《科学哲学与生命伦理:沈铭贤文集》,上海社会科学院出版社 2008 年版,第 253 页。
[2] 参见张彤:《人类基因编辑的伦理风险与治理对策研究》,载《学理论》2020 年第 9 期。

风险。

一、脱靶效应

人体基因编辑在技术方面的最大风险就是脱靶效应。有学者将脱靶效应称为"特异性问题",认为基因组编辑中的特异性问题主要包括非期待的中靶和脱靶问题、被工程后的细胞(engineered cells)中引起靶向选择偏差问题、R 环效应(R-loop formation)、碱基编辑的脱靶效应、免疫原性和安全性。[1] 脱靶效应给研究带来了许多不确定性,包括基因组编辑过程中的序列突变、缺失、重排、癌基因激活和细胞死亡,这些问题都严重制约了 CRISPR/Cas9 系统的更广泛应用。CRISPR/Cas9 等基因组编辑工具,是以核酸酶为基础的。核酸酶的靶向定位并不完美,一些核酸酶可能会去切割与其设计目标略微相似的非靶点序列,从而造成脱靶,即没有切到正确的靶位点,这就产生了特异性问题,特异性在确保治疗中的安全性方面至关重要。[2]

目前,虽然世界范围内基因编辑技术在基础实验中仍快速推进,但是人们对其临床应用持谨慎的态度。即便是目前广泛研究和应用的 CRISPR/Cas9 基因编辑技术,也仍然存在很多固有的、没有得到解决的风险。最主要的技术风险就是在应用的过程中难以避免的脱靶效应,它很容易破坏人体当中原本正常的无关基因,可能导致非常严重的且从原理上难以预计的遗传疾病。"关

---

[1] 参见石佳友、贾平等:《人类胚胎基因编辑立法研究》,法律出版社 2022 年版,第 10~11 页。

[2] 参见石佳友、贾平等:《人类胚胎基因编辑立法研究》,法律出版社 2022 年版,第 13 页。

于用基因组编辑技术直接治疗遗传病和感染性疾病的可能性还面临着一些主要的障碍,比如这项技术的效率和准确性仍然有待提高。"①

二、镶嵌性

CRISPR/Cas9 技术大大拓展了基因编辑技术的运用领域,2015 年年初一项研究表明 CRISPR/Cas9 可用于修饰早期人类胚胎,这是基因编辑技术的重大突破。但由于核酸酶的靶向定位并不完美,在对受精卵或早期胚胎进行基因编辑时,早期胚胎中的一些细胞将有很大可能没有得到所需的编辑,甚至没有得到任何编辑,这种情况被称为"镶嵌性"。镶嵌性往往产生于基因组编辑时的突变。目前,镶嵌性突变通过 PGD 技术是无法检测的。镶嵌性突变解决的方法之一是对配子直接进行基因组编辑,这一编辑技术涉及干细胞问题。②

由中山大学的黄军就领导的人类胚胎基因编辑试验,是人类历史上首次尝试对人类的生殖细胞进行精确编辑。CRISPR/Cas9 等方法可以被用来修改人类受精卵或早期胚胎,这种潜在的可能性比用于成年人甚至儿童的基因疗法要有争议得多,因为它代表着对生殖细胞的改变。这项研究表明,CRISPR/Cas9 可以改正胚胎的基因缺陷,但效率和准确性都比较低——只有部分处理过的胚胎被成功修改了基因,还有很多误改了基因组中其他基因的脱

---

① [英]约翰·帕林顿:《重新设计生命:基因组编辑技术如何改变世界》,李雪莹译,中信出版集团 2018 年版,第 183 页。
② 参见石佳友、贾平等:《人类胚胎基因编辑立法研究》,法律出版社 2022 年版,第 14~15 页。

靶效应。"如果想在正常胚胎中做这件事，所要求的成功率要达到100%"，黄军就说，"所以我们停手了，我们觉得它还是太不成熟了"。① 这一消息在被热烈关注的同时，也引发了生命科学界关于"人类是否应该修改自身的基因"的巨大争论。

三、传递效率

CRISPR基因编辑技术已经在基因功能研究及疾病治疗中显示巨大潜力，但仍有些问题有待进一步解决，其中传递效率就是重要问题之一。无论是通过体内传送还是体外传送，在基因编辑中都需要将Cas9传递到细胞中，只有成功递送进去，Cas9才能进行切割。实践中，DNA、mRNA或蛋白质都可以将Cas9传递到细胞中。在许多临床或临床前研究中，腺病毒（adeno-associated virus, AAV）作为CRISPR-Cas9递送系统之一，常用于体内研究。然而，这种病毒的缺点之一是容量小，而CRISPR系统的质粒大（9kb），因此，为了解决这个问题，递送系统必须设计成具有高负载能力，或者使用更小尺寸的高效Cas9变体。② 作为基础和临床研究中通常被用作体内和体外的递送工具，病毒载体依然具有引起插入突变，且克隆能力有限的弊端，并由于人体往往带有针对腺病毒的抗体，可能引起免疫反应。虽然物理的传递方法在很大程度上可用于体内和体外系统，但为了提高其在体内进行基因编辑的效率，化学传递方法需要进行广泛的优化。虽然各种临床和

---

① 参见[英]约翰·帕林顿：《重新设计生命：基因组编辑技术如何改变世界》，李雪莹译，中信出版集团2018年版，第110页。
② 参见巩琦凡、郑晓飞、付汉江：《CRISPR基因编辑技术的发展及应用》，载《中国生物化学与分子生物学报》2023年第3期。

研究实验已经取得了新的进展,但目前,科学家依然认为,为CRISPR/Cas9建立一个安全有效的体内传递系统仍然是基因编辑技术最具挑战性的问题。

第二节 人体基因编辑技术引发的伦理风险

人体基因编辑技术在带来不可避免的技术风险的同时,也会带来挑战人的主体地位,使人失去作为人的本质,侵犯人类生命尊严的伦理风险。

一、违背患者利益至上原则

患者利益至上原则要求一种临床治疗方案首先必须保证患者利益,为患者的健康和生命负责。受试者(患者)的权益保障是首要的,它应该居于该技术对学术研究的贡献、商业价值以及人类未来的潜在福祉之前。相比邓宏魁等医生的做法,贺建奎试图改变的是两个原本没有感染艾滋病、完全健康的婴儿的基因,这从根本上违背了患者利益至上的基本医学伦理。事实上,这项基因操作给两个婴儿带来的好处微乎其微,相反会带来危险技术不可控的风险。这样的基因技术操作显然不符合人类世界最基本的伦理底线,也违反我国明令禁止的以生殖为目的的人类胚胎基因编辑行为的立法规定。不得不说,这不是一次革命性的突破,而是一次莽撞的冒险,换句话说,贺建奎的试验违背了科学研究必须遵循的收益大于风险的原则。贺建奎修改了人类受精卵中的CCR5基因,试图让出生的孩子天生对艾滋病免疫。但根据贺建奎所说,这几枚受精卵的母亲根本就不是艾滋病患者。他们的父亲虽然是艾滋病病毒携带者,但是在长期抗病毒治疗后,艾滋病病毒得到了很好的控制。在这种情况下,只要将父亲的精子进行严格的抗病毒处理后人工授精,同时使母亲在孕期注意防护,生出的孩子就可以阻断艾滋病病毒的遗传。事实上,随着艾滋病阻断疗法的成熟,即便母亲是艾滋病患者,孩子也有99%的可能性不会被感染。由此可见,这项基因编辑操作收益很小,而它可能带来的风险超乎人们的想象。

二、是否会复活优生学

鉴于基因编辑领域取得的最新进展,联合国教科文组织又进一步表示,虽然像CRISPR这样的技术应当用于预防或治疗威胁生命的疾病,但旨在影响未来人类的计划势必"威胁所有人类内在的、平等的尊严,假借'实现人类潜能,创造更美好、更进步的人类'而复活优生学"。有些生物伦理学者也表达了类似的担忧,暗示生殖系细胞基因编辑改变了人性的本质,改造人类的基因组最终会改变人性本身。① 人类基因编辑技术通过特定DNA片段敲除、修饰和插入等定向精准"设计",人的"自然出生"变成了"技术生产",由此生命成为纯粹的技术对象,② 从而消解了个体生命的主体性和目的性。

固然,把基因编辑等同于优生学非常引人注目,但是这种对比经不起分析。从技术上来说,如果在胚胎中使用CRISPR来对

---

① 参见[美]珍妮佛·杜德娜、[美]塞缪尔·斯滕伯格:《破天机:基因编辑的惊人力量》,傅贺译,湖南科学技术出版社2020年版,第227页。
② 参见陆群峰:《人类基因编辑的伦理问题探析》,载《自然辩证法研究》2020年第1期。

抗疾病是一种优生学实践,那么所有试图使生育更加安全顺利的医学操作都可视为优生学。其原因在于,优生学,其本来的含义是"生得更好",因此一切旨在生出健康婴儿的行为都符合这个定义。我们目前对优生学更宽泛的解读反映了 19 世纪末 20 世纪上半叶的信念和实践——这个阶段,优生学的目的是改进整个种群的遗传信息,手段是鼓励具有优良性状的人多生育,并让那些性状不够优良的人少生育,乃至不生育。①

毫无疑问,在今天大多数人的印象里,"优生学"运动是一个臭名昭著的事件,但是将基因编辑与它等同则有失公允。当前,政府不可能强迫家长编辑孩子的基因,事实上这种操作在许多地方是非法的。除非我们讨论的是某些政府强制性控制公民的生育权,否则生殖系细胞编辑还是少数父母的个人选择,不是政府针对大范围群体的决策。②

此外,人体基因编辑还涉及一些非常棘手的伦理议题。比如,对胚胎进行试验是否天然的就是错误的,无论是否为了分娩?生殖系细胞基因编辑是否会不公正地决定未来孩子的遗传条件,使某些遗传病的患者进一步被边缘化?一旦被滥用,它是否会让优生学死灰复燃?——要知道,在 20 世纪,优生学给社会带来了许多恶劣影响。③

---

① 参见[美]珍妮佛·杜德娜、[美]塞缪尔·斯滕伯格:《破天机:基因编辑的惊人力量》,傅贺译,湖南科学技术出版社 2020 年版,第 231~232 页。
② 参见[美]珍妮佛·杜德娜、[美]塞缪尔·斯滕伯格:《破天机:基因编辑的惊人力量》,傅贺译,湖南科学技术出版社 2020 年版,第 232 页。
③ 参见[美]珍妮佛·杜德娜、[美]塞缪尔·斯滕伯格:《破天机:基因编辑的惊人力量》,傅贺译,湖南科学技术出版社 2020 年版,第 218 页。

三、使人类失去作为人的本质

出于对人类自然本性保护的立场,生物保守派的代表对人体基因编辑进行否定,或者提出怀疑。有学者就担心,生物技术将用某种方式使我们人类失去人的特性,也就是失去人作为人的本质和基础。这一本质始终是我们面对我们是谁、向何处去的基础。虽然在历史长河中人类经历过无数的沧桑变化,这一点的意义却始终未变。① 基因编辑技术不至于给人类的本质和自然属性带来整体的危机。如果基因增强技术导致人类面临训练、学习或工作的挑战,那么该技术就可能威胁甚至破坏人类自我认识和演化发展的核心。各种不同的基因增强技术都是一种消除人的偶然性、不完美性和脆弱性的尝试或实践。哈贝马斯也认为,由于基因增强技术出现的可能,"人的自然本性的未来"面临风险。② 基因增强技术破坏了"物种伦理学的自我认识",这个认识决定着"我们自己是相互之间有行动自主权的人"。③ 基于生殖系细胞修改和编辑的高效率,只需要修改一个细胞,长大成人后身体内每个细胞就都会携带新的遗传性状。生殖系细胞基因编辑也许会成为人类作为一个地球物种自我异化和自我毁灭的开始。一旦生殖系细胞基因编辑普遍适用,人类就将开始摆脱千百年来自然

---

① 参见[德]阿明·格伦瓦尔德主编:《技术伦理学手册》,吴宁译,社会科学文献出版社 2017 年版,第 291 页。
② 参见王康:《人类基因编辑实验的法律规制——兼论胚胎植入前基因诊断的法律议题》,载《东方法学》2019 年第 1 期。
③ 参见[德]阿明·格伦瓦尔德主编:《技术伦理学手册》,吴宁译,社会科学文献出版社 2017 年版,第 504 页。

历史留给我们的印迹,对自身开始自我创造和改变,按照父母一代的意愿和价值观塑造自己的后代将成为可能。①

四、侵犯人的主体地位和生命尊严

自由主义法学的基本立场是,人是"他自己、他的身体和精神的唯一支配者"。技术永远是手段,而人才是主体,人类必须主宰技术发展的未来,而不能让技术主宰人类的未来。科技发展应该遵循最基本的底线,就是人的主体地位和人性尊严。科技的发展必须符合宪法的要求。科研自由作为宪法规定的权利之一,必须保护而不能践踏人格尊严,维护人性尊严是法律的宗旨所在。②宪法以维护人的主体地位和人性尊严作为基本价值,不允许人被工具化、边缘化。科技发展是在维护人的主体地位的基础上为人类造福,不允许某类科技将人类作为客体的情况出现。基因科技与人性尊严有着最为直接的联系,也是对人性尊严带来威胁最大的科技。修改生命密码的基因编辑技术又是基因科技中对人性尊严挑战最严峻的技术。生命科学的迅速发展以及其中某些应用对于人类尊严可能产生新的伦理论争,其主要表现在两个方面:随着基因科技的进步,基于优生学考虑的遗传检测、种系基因治疗,恰恰可以让人类原有的特质选择性地呈现;基于促进技术进步而不断向人类基因进攻的专利权授予则可能使个体的人成为专利对象,因而被怀疑为把人类当作纯粹的客体或物品,而不

---

① 参见王立铭:《上帝的手术刀:基因编辑简史》,浙江人民出版社 2017 年版,第 211 页。
② 参见田野、刘霞:《基因编辑的良法善治:在谦抑与开放之间》,载《深圳大学学报(人文社会科学版)》2018 年第 4 期。

当作人来对待。[1] 哈贝马斯认为,基因编辑是人"物化"的"最新版本"。"定制婴儿"意味着人的主体性和尊严价值开始动摇和消弭。[2]

人的生命健康包括人体组成部分被创造、被改变都是不符合自然伦理的,是侵犯人的主体地位和生命尊严的。随着基因技术的迅猛发展,其对人的身体,对人的生命干预程度必将不断扩大,基因技术的每一个进步,尤其是对人的繁殖过程的每一次操纵,无不把人当作工具和手段看待。在科技发展严重侵入人类生活世界的背景下,科学研究不应该成为突破伦理、践踏法律的借口。人体基因编辑技术的发展使康德伦理中只能作为主体和目的的"人"成为技术干预的对象。这直接挑战了人的独立性和目的性地位,侵犯了人性尊严。当人类按照自己的主观意愿和满意的标准对后代进行基因改良或基因编辑时,都是将当代人的意志凌驾于后代人的意志之上的行为,这不仅不公平地剥夺了后代的自主选择权,还侵犯了被编辑主体的人性尊严。

生命体进化理应顺从自然环境。这种自然行为若被人类操纵,则意味着人类变成自身的操控者。医生或研究人员扮演"上帝"的角色,利用技术进行基因的改造,是"扮演上帝"的"越界"行为。人是自然的产物,人的自然肌体要遵循自然界生物发展规律,具有自然属性,具体表现为人的个体存在。基因编辑技术改变人体的自然状态,将人物化,颠覆了自然进化规律,打破了人的

---

[1] 参见杜珍媛:《人类基因权利研究——科技发展动态之维考察》,光明日报出版社2021年版,第20页。

[2] 参见王康:《人类基因编辑实验的法律规制——兼论胚胎植入前基因诊断的法律议题》,载《东方法学》2019年第1期。

自然属性,使人的内在完整性遭受破坏,把传统的"自然人"转化为经过科技改造的"技术人",这将为人类未来发展带来严重后果。同时,每个人都是自由而独立的存在,具有一定的内在尊严与价值,不应被按照一定的目的进行"设计",基因编辑技术的使用将会侵犯人的内在尊严,有违伦理道德规范。① 若医生和研究人员可以随意对人体基因进行重组、拼接,人就有被物化的可能。无论是父母未经后代同意进行的基因增强技术,还是克隆技术,任何试图改变和抹杀人类多元和独特个性的行为,都是对人类尊严的侵犯。典型的例子就是世界首例"基因编辑婴儿"事件中,相比运用CRISPR/Cas9基因编辑技术进行治疗疾病的操作,贺建奎试图改变的是婴儿的全身所有细胞中的CCR5基因。事实上,CCR5基因的改变会不会给人体健康带来危害仍是科学界难以确定的问题。但不可否认的是,若能够采用现有的安全可控的保守治疗方法,则不应该进行改变全身所有细胞中的CCR5基因的高风险、低收益的操作。任何潜在的科技发展的科学、公益、商业或社会价值和效益都不应该优于婴儿自身健康的价值。

五、难以区分治疗和改进

如果同意在生殖系细胞中使用CRISPR系统,那么我们必须承认,它也可能会被用于改进遗传——不仅把一个有害的基因突变修改成正常基因,而且进一步把它变成更优的基因。② 讽刺的是,一旦允许用于治疗疾病的生殖系细胞基因编辑,其他更明显

---

① 参见刘庭有、陈晓英:《基因编辑技术的伦理问题研究》,载《辽宁工业大学学报(社会科学版)》2023年第6期。
② 参见[美]珍妮佛·杜德娜、[美]塞缪尔·斯滕伯格:《破天机:基因编辑的惊人力量》,傅贺译,湖南科学技术出版社2020年版,第228页。

的非医学遗传改进恐怕也会逐渐变成现实。这是因为相对于每一个非医学遗传改进的案例,都有另外一个模糊例子的出现。[①] 一个有些模棱两可的例子是 PCSK9 基因。该基因产生的蛋白质可以调控人体内低密度脂蛋白胆固醇("坏的"胆固醇)含量,这使该基因成为预防心脏病(世界范围内的头号死因)最受欢迎的药物靶标之一。我们可以用 CRISPR 来微调该基因,使未出生的胎儿免于高胆固醇的侵害。这种类型的实验属于治疗疾病,还是遗传改进? 虽然它的最终目的是预防疾病,但是它也使孩子有了其他人所没有的优势特征。[②] 还有许多其他潜在的生殖系细胞基因编辑会模糊治疗与改进的区分。编辑 CCR5 基因会使人对艾滋病终身免疫,编辑 APOE 基因会降低得阿尔茨海默病的风险,改变 IFIH1 基因和 SLC20A8 基因的序列,会降低患上 I 型和 II 型糖尿病的风险;改变 GHR 基因会降低罹患癌症的风险。在所有这些例子里,基因编辑的主要目的都是使人不生病,但是科学家采取的办法是为个体提供他们本来没有的遗传条件,从内部提供保护。[③] 正如在编辑胚胎的时候,我们难以区分治疗和改进,我们也很难判断如何公平地使用这项技术,换言之,如何改善所有人的健康,而不只是帮助少数群体。

---

① 参见[美]珍妮佛·杜德娜、[美]塞缪尔·斯滕伯格:《破天机:基因编辑的惊人力量》,傅贺译,湖南科学技术出版社 2020 年版,第 228 页。
② 参见[美]珍妮佛·杜德娜、[美]塞缪尔·斯滕伯格:《破天机:基因编辑的惊人力量》,傅贺译,湖南科学技术出版社 2020 年版,第 228~229 页。
③ 参见[美]珍妮佛·杜德娜、[美]塞缪尔·斯滕伯格:《破天机:基因编辑的惊人力量》,傅贺译,湖南科学技术出版社 2020 年版,第 229 页。

六、使基因技术从消极优生学转向改良主义遗传策略

堕胎在人类社会发展历程中一直饱受争议。人体基因编辑技术实现了基因技术从消极优生学向改良主义遗传策略的转变。通过 PGD 技术检测丢弃一个携带遗传性疾病基因或者不符合配型标准的胚胎比通过产前检测发现胎儿缺陷而进行流产在伦理上更容易为人们所接受。[1]

人体基因编辑技术将生命诞生与符合当前社会主流意愿的文化规范相结合具有基因优生的危险性。人体基因编辑技术不仅颠覆了传统观念对堕胎的负面印象,还增加了胚胎选择和堕胎的正当性,甚至追求改良主义遗传策略以期获得更加完美的后代。而贸然按照父母的意愿和貌似完美的标准决定胚胎的命运,是缺乏科学依据的,是不理性、不科学的。事实上,过度夸大人类遗传因素中的不利因子会忽略人类在进化过程中所习得的适应能力。而一个身体不健全的人未必比身体健全的人对社会的贡献要小,甚至有时在与有"缺陷"却依然坚持自己梦想的人接触中让人得到极大的精神鼓舞。因为家庭或社会负担就否定一个人生存的权利,这是消解个人存在价值和意义的行为。

第三节　人体基因编辑技术引发的法律风险

人体基因编辑技术带来的威胁平等自由权、侵犯隐私权和自我决定权及权益保障方面的法律风险,将挑战社会秩序、平等观

---

[1] 参见张春美:《基因技术之伦理研究》,人民出版社 2013 年版,第 107 页。

念和实践及国家的风险归责。

一、人体基因编辑技术应用威胁平等自由权

人体基因编辑技术对平等自由权的威胁主要体现在：人体基因编辑技术应用带来先天的、绝对的不平等；人体基因编辑技术应用侵害多领域的自由权益。

（一）人体基因编辑技术应用带来先天的、绝对的不平等

平等的内涵包含三部分内容，即"基本自由的平等""进步机会的平等""为达公平采取有利于弱势者的积极差别待遇"。[1] 对平等的追求始终是人类社会努力的目标和方向，但时至今日，由相貌、性别、年龄、种族、肤色、地域、受教育程度等造成的不平等依然影响着人类的生活。法律上不存在基因的优劣之分，人的价值和权利一律平等，因基因承载着个人的全部遗传信息和生命奥秘，尤其是人类基因组计划的完成与后基因组计划的实施，将会有更多的基因信息被揭露出来，仅基于所谓的"缺陷基因"而对其携带者作出不合理的差别对待，由此带来的基因歧视更加剧了这种不平等。基因缺陷导致的"基因歧视"，让社会产生了对未知风险的恐慌。所谓基因歧视，Natowicz 等人这样定义：单独基于个人基因构造与正常基因组的差异，而歧视该个人或其家族成员的行为。[2] 随着基因科技发展进程中基因增强、基因检测技术的使用，不可避免地会带来以下三个方面的基因信息歧视：一是被检

---

[1] 参见李德纯：《宪法上平等原则之探讨》，载《法令月刊》2001 年第 8 期。
[2] 参见吕炳斌：《基因、伦理及其法律问题》，载《科技与法律》2002 年第 1 期。

测携带异常基因的个人在经济和社会等方面受到不公正待遇的个人基因信息歧视;二是基于基因缺陷而剥夺少数人的出生权,或者利用基因增强技术设计后代;三是基因信息不平等可能会带来更大范围的种族基因歧视。①

基因编辑的伦理和法律论争的焦点就是基因编辑技术应用的边界难以人为划定。众所周知,将基因编辑技术从治疗提前到预防,大大扩展了基因编辑技术的适用范围。基因编辑技术的应用边界到底如何划定,是一个无法破解的难题。试想,如果通过编辑 CCR5 基因治疗艾滋病很合理,那么提前修改 CCR5 基因预防艾滋病感染保护自己不也属于人之常情吗?到底有什么程度的风险才应该允许做基因编辑?虽然以预防和治疗疾病为目的的基因治疗能够被人们接受,但以增强人类性能为目的的基因改进就会引发争论。那么,技术一旦放开,父母就会像定制手机套餐一样,在没有征求孩子意愿的情况下定制在外表、智商甚至能力上更加完美的后代。这将给人类带来先天的、绝对的、不可逆转的不平等,也可能会彻底限制阶层之间的流动,塑造穷人和富人之间永恒的阶层差异。这不得不引发对人类这一物种未来命运的担忧,基因编辑技术终将改变人类未来。

相较人类社会目前已经充满的资源和能力的不平等,生殖系细胞基因编辑的编辑信息将会遗传给后代,因此该技术带来的不平等将是无法逆转的,是永恒的人与人之间的不平等。当前,人体基因编辑技术作为新兴科技还只是有钱人的专利,有能力进行

---

① 参见杜珍媛:《人类基因权利研究——科技发展动态之维考察》,光明日报出版社 2021 年版,第 22~24 页。

基因编辑的人其后代就具有天然的优势;反之,则处于劣势。而且,生殖系细胞基因编辑的遗传性将导致未进行基因编辑的后代在社会竞争中永无翻身之日。当人体基因编辑技术普遍适用时,社会阶层的差距将不断拉大,当"优化基因"成为区分社会阶层的界限时,甚至可能形成新基因社群主义。[1]

(二)人体基因编辑技术应用侵害多领域的自由权益

平等自由权是人类的基本权利之一,但由于基因科技在应用过程中有可能在基因层面上揭示每一个人的先天基因缺陷,从而使不良基因的携带者在就业、医疗保险、交友中可能受到不平等的待遇,基因歧视侵犯诸多选择的自由权益。具体体现为对职位选择自由、职业执行自由权益的侵害;对商业性保险参加权的侵害;对教育求学公平权益的侵害;对交友自由、婚姻自由权益的侵害;对受试者知情同意、基因信息自由权益的侵害。[2]

二、人体基因编辑技术应用威胁隐私权

个体隐私权是保持平等自由权利、人格尊严必不可缺的要求。保护隐私是对人性自由和尊严的尊重,是人类文明进步的一个重要标志。基因隐私是每个人最天然的隐私,人的基因中隐藏着每个人最基本的、最自然的隐私,隐藏了一个人生命的全部奥秘。

人类基因组计划使包含大量精确的个人疾病、健康、性格、智

---

[1] See Edwards R. G., *Ethics of PGD: Thoughts on the Consequences of Typing HLA in Embryos*, Reproductive Biomedicine Online, Vol. 9:2, P. 222 –224(2004).

[2] 参见杜珍媛:《人类基因权利研究——科技发展动态之维考察》,光明日报出版社2021年版,第29~31页。

力、行为等各方面的信息的获得越来越容易,这些信息一旦被泄露或滥用,将会使权利主体的隐私权受到侵犯。当今,基因技术对人类隐私权的重大威胁主要来自社会生活中对个人基因信息的广泛需求和基因的研究、咨询、检验、诊断中对基因资料库的使用两方面,基因检测技术的发展普及、生物信息技术的发展与基因科技领域的日益商业化更加剧了隐私权益的损害。从个体层面讲,基因信息与个人健康状况密切关联,在与个人经济生活密切相关的劳动就业、保险等社会活动中对个人影响巨大。从家族或族群层面讲,基因资料在同一家族或者族群中,往往具有极高的相似性,因此基因信息泄露的影响也从基因隐私保护的主体扩展至家族或"族群"。[1]

值得一提的是,近年来,科学家开发出的"基因芯片"可在短时间内一次进行多项基因检测。而且,基因信息在目前的生物技术条件下,几乎唾手可得,从毛发、唾液、血液、牙齿等组织就可以分析出人体基因的信息、个人的基因资讯。不容忽视的是,目前所存在的对个人生理健康信息的制度化收集也使个人医疗信息受到不当利用的威胁;基因技术的发展也会直接导致基因检测器械与基因检测商业服务更加低廉与普及化,可以预测,各种利益驱动下的秘密基因取样、基因分析行为将会涌现。基因科技在这些方面的进步,实际上也意味着个人隐私空间被严重压缩,个人基因隐私面临侵害威胁,[2]甚至我们的基因信息会成为某些别有

---

[1] 参见杜珍媛:《人类基因权利研究——科技发展动态之维考察》,光明日报出版社2021年版,第31~32页。
[2] 参见杜珍媛:《人类基因权利研究——科技发展动态之维考察》,光明日报出版社2021年版,第32页。

用心的人用来进行资本逐利的工具。基因隐私权的丧失随之而来的是一种新的社会歧视——基因歧视,①一旦个人的基因信息被公开,那些天生带有某些基因缺陷或者不利基因的人将在社会生活的各方面遇到难以想象的危难和阻碍,使社会出现新的弱势群体,他们的尊严将受到前所未有的伤害,这进一步增加社会的不平等和不稳定因素。由于基因信息存在天然的内隐性、自在性、排他性等特征,基因的不同构成了人与人天然的不同,其属于人权的典型范畴,特别是在基因信息越来越容易泄露的当下,更要加强对每个人基因隐私的保护,要保证个人对自己基因信息使用的自主权、知情权。②

三、生殖系细胞基因编辑可能带来新的社会不公

除了关于生殖系细胞编辑的是非对错的争议之外,还有两个伦理议题也值得深思。第一,一旦医生开始使用 CRISPR 来拯救生命,是否每个人都有能力控制生殖系细胞编辑的使用;第二,与社会正义有关,即 CRISPR 会如何影响社会。③

首先,个体层面的不公正。不难设想,富裕家庭从生殖系细胞基因编辑中获益更多,起码一开始是如此。即使是在那些全民医保的国家,不同阶层的人也都可以从生殖系细胞基因编辑中获益。但是由于事前无法预料到基因的不平等,我们仍然可能会创

---

① 参见王巍:《生物技术与人的发展》,北京出版社 2006 年版,第 138 页。
② 参见王巍、唐师哲:《生物技术时代人的尊严何以为能——以基因编辑技术为例》,载《湖南行政学院学报》2023 年第 6 期。
③ 参见[美]珍妮佛·杜德娜、[美]塞缪尔·斯滕伯格:《破天机:基因编辑的惊人力量》,傅贺译,湖南科学技术出版社 2020 年版,第 227 页。

造出新的"基因鸿沟",而且差距会越拉越大。由于富人可以负担得起基因编辑服务,他们可以更频繁地使用该项服务,而且由于基因编辑的结果会传递给后代,一个无法回避的结果就是,无论一开始不同阶层的基因差别多么微小,阶层和基因的关联都会随着代际传递而不断固化。若社会经济水平及基因水平同时出现固化,不仅不会缓解现实中已经存在的不平等现象,反而会使不平等加剧。设想一下,未来的有钱人,由于其基因组合更优越,会活得更健康、更长久。这听起来像是科幻小说的内容,但是当生殖系细胞基因编辑成为常规操作,科幻小说的内容就会变成现实。[1]

生殖系细胞基因编辑可能把社会的不平等写进我们的遗传密码——这会带来新的社会不公,虽然这不是技术应用的初衷。正如残障人士维权组织指出的那样,使用基因编辑"修复"失聪或肥胖,这可能会导致社会更缺乏包容性,迫使每个人都与其他人一样,甚至会鼓励人们歧视那些不同的人,而不是接纳人类天然的差异。人类的基因不需要寻求千篇一律的"优质",基因多样性及其遗传的不确定性是作为物种的人类的独特性及其魅力所在。虽然有些致病的基因突变会在生物化学层面产生有缺陷的蛋白质,但携带这些突变的个体未必有缺陷或异常,他们可能生活得非常开心,而丝毫不觉得需要接受基因治疗。[2]

其次,社会层面的不公正。一方面,技术的复杂性要求得到

---

[1] 参见[美]珍妮佛·杜德娜、[美]塞缪尔·斯滕伯格:《破天机:基因编辑的惊人力量》,傅贺译,湖南科学技术出版社2020年版,第230页。

[2] 参见[美]珍妮佛·杜德娜、[美]塞缪尔·斯滕伯格:《破天机:基因编辑的惊人力量》,傅贺译,湖南科学技术出版社2020年版,第230~231页。

越来越多的资助,几乎所有的现代技术都离不开公共或私人基金的资助,而社会资源的有限性提出了如何在科学家之间、学科之间、社会的不同需要之间分配有限资源的公正问题。另一方面,研究的过程、研究的成果及其应用常常有利于一部分人而对另一部分人造成损害。在对人类基因进行研究的过程中,理想状态下要求基因研究所带来的各方面利益都应该合理、公正地分配,但现实情况并非如此。

最后,基因信息不当使用带来的歧视和不公正。如果保险公司、雇主、法庭、学校、收容所、法律实施部门以及军队不当使用了个体的基因信息,就将对携带"缺陷基因"或"不好基因"者的升学、就业、婚姻、事业产生负面影响,使他们因此受到不公正的待遇,使个人的合法机会被粗暴剥夺。[1]

四、遗弃含有致病可能或不符合编辑目标的胚胎是践踏人权

经过基因筛选,含有致病可能或携带遗传疾病基因片段的胚胎将被丢弃,这是 PGD 技术引发伦理争议的主要原因。在正常的体外受精—胚胎移植手术实施过程中,医疗机构也会筛选成功进行体外受精的受精卵,而将筛选剩下的受精卵进行保存供日后再次移植。PGD 技术实施中筛选的健康胚胎会被植入母体发育成完整的人,而含有致病可能或携带遗传疾病基因片段的胚胎则会被直接遗弃。这就涉及医疗机构或者父母凭什么有权决定哪些胚胎可以植入母体继续发育,哪些胚胎就要被遗弃的问题。这

---

[1] 参见杜珍媛:《人类基因权利研究——科技发展动态之维考察》,光明日报出版社 2021 年版,第 25 页。

是对被遗弃胚胎人权的践踏,即便它的出生会给其父母和社会带来不可估量的忧虑和负担。

对胚胎的处置必然涉及人体胚胎法律属性的界定问题。关于人体胚胎的法律属性,目前学界主要有主体说、客体说和中间说三种观点。① 无论采用何种学说,胚胎不应该简单地被视为物的观点已得到各国的普遍认可。当探讨早期人类胚胎的法律地位的时候,美国生育协会伦理委员会认为,"前胚胎不是人,但应该得到应有的尊重,因为它具有发展成为人的潜能"。在 Davis v. Davis 案②中法庭主张,无论人们称冷冻胚胎是什么,它们都是人,不是财产。③

人人平等地享有生存权,这是现代文明社会公认的道德准则。为了保证成功率,辅助生殖手术在促排卵药物作用下,一般都会产生多个卵子,形成多个胚胎。当人们选择了满意的胚胎植入母体成功生育后,剩余的胚胎无论是不是含有致病可能或者携

---

① 代表性观点见梁慧星主编:《中国民法典草案建议稿附理由:总则篇》,法律出版社 2013 年版;王利明主编:《中国民法典学者建议稿及立法理由:总则篇》,法律出版社 2005 年版;杨立新:《冷冻胚胎是具有人格属性的伦理物》,载《检察日报》2014 年 7 月 19 日,第 3 版。

② 田纳西州的路易斯和玛丽于 1980 年结婚,婚后宫外孕导致不能自然生育。为了拥有自己的子女,1985 年玛丽接受体外授精,经历了 5 次受精失败后,1988 年冷冻保存(cryopreservation)准胚胎技术诞生。该技术是将准胚胎冷冻在液态氮中保存起来供将来使用的技术,其好处在于可在妇女自然的而非人工的月经周期移回受精卵于母体以增加怀孕的机会。它也创造了某对夫妇的配子形成的胚胎被另一对夫妇甚至某一单身女子使用的可能。1988 年 12 月 8 日,医生从玛丽体内采集了 9 枚卵子。经过受精后植入了其中的 2 枚,冷冻了其余 7 枚。遗憾的是,这次植入又失败了。1989 年 2 月,路易斯向玛丽提出离婚。由此,夫妻双方引发关于胚胎继承权的争议。女方希望得到胚胎继续生育,男方主张销毁胚胎,拒绝成为父亲。参见徐国栋:《体外受精胎胚的法律地位研究》,载《法制与社会发展》2005 年第 5 期。

③ Davis,15 Far. L. Rep. at 2103.

带遗传疾病基因片段,在现有的剩余胚胎处置规则下最终都很难逃脱被丢弃的命运。理论上,胚胎权利人经协商一致可以通过以下四种方式对剩余胚胎行使处置权:一是销毁;二是保存或捐赠给医疗或科研机构;三是捐赠给进行胚胎收养的专门机构;四是进行有限制的代孕。① 在我国现阶段胚胎收养还处于学者讨论阶段,代孕又为我国现行立法明令禁止的情况下,剩余胚胎只有销毁和捐赠给医疗或科研机构两种可行的处置方式。而无论采用哪种处置方式,人体胚胎都含有发展成为完整人的潜能,不应该仅仅被作为普通物来对待,这已成为各国共识。

五、侵犯人类个体自我决定权和选择权

人类个体的主体性和目的性是康德哲学的核心。人类个体自我决定权和未来不受干涉权是上天赋予的个体自由和基本人权。人体基因编辑技术使人类可以按照自己的需求定制自己想要的后代。这严重侵犯了人类个体的自主权,也是对未来世代进行的不当干预。基因增强通常由父母按照自己满意的标准为其子女作出基因优化的选择。即便基因增强能够使子女在父母眼中变得无限完美,但子女长大后未必接受和喜欢父母为他们选择的改变。基因增强侵犯了子女的自主权和选择权。基因增强技术多是通过基因转染实现的,转基因技术存在的潜在风险及其可能对人体造成的损害都是人类无法预知的。

现在的人类也是过去人类选择的结果。问题在于我们有没

---

① 参见徐娟:《冷冻胚胎的归属及权利行使规则》,载《人民司法》2017 年第 22 期。

有权利作出影响未来人类的选择,我们是否拥有替孩子作出决定的足够的认知。对后代进行基因编辑的行为由于无法征求孩子的意见,后代的期待、选择和行为根本无从表达,这就很难保证这种符合当代人意愿的选择能够得到后代的认可和接受。[①] 因此,这一代的选择不可避免地会影响下一代的自主权和选择权。迈克尔·桑德尔认为,倾向给孩子进行基因改造的父母往往超出了无条件的爱的限度,以至于走向了它的反面。[②] 父母基于现代遗传学知识和目前社会的评判标准为孩子设计较高的生命质量以符合某种生育文化期望,这本身侵犯了后代的自我决定权和选择自由。

基因编辑可能给婴儿的健康和寿命带来影响。相比运用CRISPR/Cas9 基因编辑技术进行治疗疾病的操作,贺建奎试图改变的是婴儿的全身所有细胞中的 CCR5 基因。事实上,虽然携带CCR5Δ32 基因缺陷的人总体健康情况还不错,但是他们仍然有一些健康问题需要注意;相比婴儿自身的健康,潜在的科学、公益、商业或社会价值和效益都应该被忽略。

六、"救命宝宝"带来的权益保护冲突

PGD 技术适用于拯救一个患有疾病孩子的组织配型是近十几年的事情。PGD 技术主要用于诊断一个胚胎本身是否携带异常基因,同时诊断这个早期胚胎是否能够和已存的患病兄姐的组

[①] 参见张春美:《基因技术之伦理研究》,人民出版社 2013 年版,第 106 页。
[②] 参见[美]迈克尔·桑德尔主编:《反对完美:科技与人性的正义之战》,黄慧慧译,中信出版社 2013 年版,第 49 页。

织配型。所谓的"备选婴儿""救命宝宝",主要是指为了救助现存的患有致命遗传性疾病的兄姐而设计的与患病孩子的血液、器官和干细胞等组织的抗原所构成的人类白细胞抗原(HLA)相配的孩子。[①]

首先,侵犯了配型失败胚胎的生存权。为了治疗一个已存的患病孩子,他的父母和医疗机构就可以制造出十几个甚至几十个胚胎,然后像挑土豆一样在其中选择配型成功的一个,抛弃或杀死剩下的与生病兄姐的组织不相匹配的胚胎吗?这些被遗弃或被杀死的胚胎都是健康的,具有发展成为完整人的潜能。这不仅仅是道德问题,从伦理上讲这是不负责任的谋杀行为。[②]

其次,父母生育自主权和胚胎决定权的冲突。父母的生育自主权是否一定优于胚胎的权益?这要看父母出于何种目的。父母出于救治生病孩子的目的进行组织配型是应该被允许的。允许治疗目的的组织配型主要考虑现有的技术对将要出生孩子造成的风险并不大于正常的通过体外受精—胚胎移植手术出生的试管婴儿造成的风险。在父母为生病孩子极度担忧的情况下,其情感焦点集中在生病孩子身上,想通过组织配型成功的孩子救治生病孩子也是人之常情和为人父母的无奈。"救命宝宝"的出生及其救治行为是一种善,也是有益于整个家庭利益的。一般认为,在整个治疗过程中,"救命宝宝"所获得的出生并享受生命过程的利益大于其进行救治付出的努力。

[①] 参见汪丽青:《"设计婴儿"的规制研究——基于英国、美国的比较分析》,载《广东社会科学》2015年第1期。
[②] 参见张春美:《基因技术之伦理研究》,人民出版社2013年版,第100页。

再次,生病孩子健康权与"救命宝宝"知情同意权的冲突。生病孩子的身体健康权一定优于"救命宝宝"的身体健康权吗?"救命宝宝"救治的限度究竟应该在哪里?"救命宝宝"的设计出生是为了救治患病兄姐而作出胚胎权益让位于父母生育自主权和生病孩子健康权的选择。"救命宝宝"对兄姐的救助行为应该分情况进行利益博弈和选择,不可将所有的救助行为不作区分、不考虑后果而由其父母和医疗机构作出决定。当"救命宝宝"捐献的是脐带血等不具有侵害性的救助行为时,父母可以作出出于医疗救助目的的捐献决定;当"救命宝宝"进行的是捐献骨髓或身体其他器官或组织等对其身体甚至心理具有一定侵害性的救助行为时,应该结合"救命宝宝"自身的认知能力和知情同意情况,以及对其健康及心理造成损害的大小等进行综合考量,以决定"救命宝宝"的健康权是否一定要让位于生病孩子的健康权。

最后,导致个体自我决定权和家庭利益原则的冲突。家庭利益作为生殖系细胞基因编辑的伦理辩护理由曾经被强烈主张。事实上,定制婴儿并不能从实质上满足父母追求后代生命质量的文化要求。一方面,父母所作出的按照当代人的标准进行的基因优劣选择,并不一定适合未来出生的子女。携带遗传性疾病基因的孩子会不会真的患病是很多复杂因素共同作用的结果,不仅仅取决于基因。潜伏在人体的携带遗传性疾病的基因是否会真的发病,除基因与环境的相互作用外,还受细胞生长和裂变的随机性的影响。遗传病形成及其发作具有复杂的表现形式,发病早晚及致死率都很复杂。父母在当代标准下作出的最优的选择进行的基因编辑充满了变数和不确定性。另一方面,家庭利益作为生殖系基因治疗伦理辩护的前提就是,一个家庭中所有人的利益和愿望都是一致的,是不存在差别和冲突的,家庭的决定代表了每一个人的利益。事实上,这是不可能的。这种家长主义的决策原则只是一种理想状态。每个孩子都是独一无二的个体,他们都有自己的追求和愿望,不可能按照家长的决策进行生活。家庭利益原则要求子女愿望与家庭利益发生冲突时,应该无条件地服从家庭权威,这是不现实的。①

为了患病兄姐的健康和家庭利益,父母和医院决定了"救命宝宝"的诞生,而从公平的角度来看,这未必是一件值得鼓励的事。父母可以为了救治自己的孩子尽其所能,但这未必就是"救命宝宝"应尽的义务。为救助一个已患病的孩子就创造出一个具有特定基因的婴儿,对被当作救命工具的他(她)来说是极不公平的。"救命宝宝"的存在对家庭关系的稳定和谐是否会带来影响?社会现实中存在的利益不可避免地呈现利益主体多元、利益形态多样的特征。法律所保护的法益也必然按其价值不同呈现一定的价值差序排列。②究竟谁的利益在法律上应该优先保护?这些伦理难题均拷问着生命科技时代人类的伦理道德与法律。

---

① 参见张春美:《基因技术之伦理研究》,人民出版社2013年版,第104页。
② 参见马长山:《法治的平衡取向与渐进主义法治道路》,载《法学研究》2008年第4期。

第四节　人体基因编辑给基因库
　　　　及人类未来带来的风险

人体基因编辑给基因库和人类未来带来的风险主要表现为人类遗传物质的人为永久性改变、遗传基因多样性的消失、可能导致人类毁灭。

一、人类遗传物质的人为永久性改变

基因编辑技术通过对生物体内源基因进行精准定点修饰,能够"瞬间"改变数十亿年自然进化所积淀的遗传性状,冲击着"保守的遗传伦理秩序"。基因成为能够被任意修改的"代码",基因编辑技术替代激活人体功能运行的自然进化编码,驱动着复杂的人体程序向着更"完美"的状态运行。[1] 人类遗传物质的人为永久性改变是人体基因编辑技术最坏风险不可控的表现。听到利用 CRISPR 来永久性地改变未来孩子的基因,有人就会产生一种本能的、条件反射式的反应。对许多人来说,这个主意听起来就非常不自然,而且是错误的。在过去几千年里,人类靠着自发出现的 DNA 突变繁衍生息,而现在我们要开始理性干预这个进程——就好比植物学家制造出转基因玉米。[2]

对一个人生殖细胞如胚胎进行的基因编辑的后果,会一代

---

[1] 参见黄竹智:《基因编辑技术规范治理的普惠性进路》,载《南海学刊》2024 年第 1 期。

[2] 参见[美]珍妮佛·杜德娜、[美]塞缪尔·斯滕伯格:《破天机:基因编辑的惊人力量》,傅贺译,湖南科学技术出版社 2020 年版,第 225 页。

代遗传下去;而更可怕的是,这些接受了基因编辑的孩子们,他们被修改后的基因也将会慢慢地融入整个人类群体,成为人体基因库的一部分。从这个角度来讲,这项基因编辑操作的风险是不可控的,人类无法预计基因操作的不良后果会在什么时候出现。相比之下,"柏林病人"和圣加蒙公司的基因编辑治疗,仅仅是患者的免疫细胞被替换或修改,它只会影响患者有生之年;而且,无论编辑有没有成效,都不会影响患者的子孙后代。如果生物学层面的技术建构取代自然选择,那么"优化基因"是否可能成为社会阶层的区分界限,甚至形成新基因社群主义?

二、遗传基因多样性的消失将是人类的灾难

基因重组的偶然性是上天赋予新生命的基本自由和权利。基因编辑技术初期由于实施起来成本高昂容易成为富人的特权,造成穷人永无翻身机会的可能,一旦该技术普遍适用就会成为人类整齐划一、千人一面的根由。遗传学带来的多样性是人类社会生殖繁衍、生生不息的基础。每一个人都是独一无二的个体,两性结合后在遗传学上所产生的不确定性与差异性是人享有个体自由和尊严的基础。丰富的基因库是人类生存繁衍的基石。人体基因编辑技术的出现使人们都按照目前认知的同种优良基因创造下一代,长此以往人类终将失去遗传多样性,变成千篇一律的人的形态。在"优生"目的指引下,人类会按照少数"优良人群"的基因被拷贝,而没有任何进化,失去人种多样性的人类也将失去进化过程中的适应力和竞争力。

众所周知,人是生物属性和社会属性的统一体。人的主体性

和创造性是人类生命尊严的基础。人类社会生殖繁衍、生生不息的基础就是遗传学带来的个体多样性。个体两性结合后在遗传学上所产生的不确定性与差异性是每个独一无二的社会成员享有尊严的基础。人的基因多样性是人类世代相传的一笔宝贵财富。限于人类目前对基因技术认知的局限,人们只能认识到基因技术带来的近期的好的或坏的影响,而很多危害都是隐性的、潜在的,很有可能经过几代人的遗传繁衍才能显现出来。基因编辑技术的广泛使用,可能会毫不留情地去除那些对于当下生活环境有害的基因,而这些在当前环境下有害的基因,在未来环境下有可能就是有益的,甚至是人类生存的命脉。任意去除当前环境下有害基因的做法毫无疑问将消灭人体基因库的多样性。失去基因多样性的人类在面对地球环境巨变时可能无法适应环境改变,很可能因此走向灭亡。人体基因多样性是人类持续存在的前提,丰富的多样性比单一的完美性更为重要。[1]

三、可能导致人类毁灭

基因状态与人类发展并非简单的线性关系,自然环境、经济政治、社会文化等诸多因素在个体成长与文明演进中也烙印着不可磨灭的印记。[2] 正如霍金所言,"法律能禁止人类编辑基因,但人性无法抵挡诱惑"。上文提到的世界首例"基因编辑婴儿"事件就凸显了人类在人体胚胎基因编辑领域难以阻挡的诱

---

[1] 参见王康:《人类基因编辑实验的法律规制——兼论胚胎植入前基因诊断的法律议题》,载《东方法学》2019 年第 1 期。
[2] 参见马明、陈凡:《人类基因增强伦理价值判断的人性论困境与超越》,载《自然辩证法研究》2017 年第 12 期。

惑和欲望。① 基因技术的滥用可能成为一部分富人的专利,成为为他们服务的工具。他们会滥用基因技术制造出具有超强智力或体能的"超人"来统治人类。②

在基因科技时代,经过基因编辑的人与未经过基因编辑的人之间的差异造就的不平等也会延续至国家与国家之间。经过基因编辑的"优越"民族和未经过基因编辑的"劣等"民族之间也会产生不可逆转的不平等。"优越"民族有可能歧视其他民族,甚至以此为借口对其他民族进行侵略。人类很可能在不可预知的基因混战中走向灭绝。《世界人体基因组与人权宣言》第十五条规定,人体基因组研究活动要确保尊重人权、基本自由和人的尊严,以及维护公众健康。各国应努力确保这些研究成果不用于非和平目的。

---

① 霍金"超级人类"的提醒言犹在耳。他提醒人们必须考虑如何应对一个"超人"统治的世界:"除非人类拥有完整的世界秩序,否则就会有人在某地设计出经改进的超级人类。"尤瓦尔·赫拉利(Yuval Harari)也在《人类简史》中写道,"天下危险,恐怕莫此为甚"。

② 参见肖峰:《哲学视域中的技术》,人民出版社2007年版,第23~50页。

第三章 我国人体基因编辑技术应用风险监管的现状及不足

世界首例"基因编辑婴儿"事件引发社会广泛关注的同时,也推动我国基因编辑相关立法的完善。但从法律层面来看,我国目前仍然没有直接针对人体基因编辑活动的专门立法。我国需要在综合考量人体基因编辑技术监管现状及存在的不足的基础上,加速出台专门的"基因科技法";同时,构建法律规制引领的人体基因编辑技术的协同治理模式。

第一节 我国人体基因编辑技术应用风险监管的现状

随着新兴基因编辑技术的广泛运用,人们可以定向调整大脑,延缓衰老,甚至家长可以按照自己的意愿设计后代。除此之外,人体基因编辑技术可能威胁所有人类内在的、平等的尊严,同时侵犯个体的自主权及生命健康权；基因编辑成果的不公平分配，甚至影响人类未来。世界首例"基因编辑婴儿"事件不仅引起科学界的一致谴责，而且引发了法学界关于完善人体基因编辑技术立法及其体系化治理的深入思考。

总体而言，我国目前的基因安全风险规制主要是依托部门法建立起来的，可称为部门法规制路径。[1] 我国关于基因安全风险规制法律主要由以下三个部分组成：一是《民法典》《刑法》《行政许可法》等部门法；二是《国家安全法》《生物安全法》等专门法；三是包括《人类遗传资源管理条例》在内的行政法规部门规章等诸多法规。[2]

"毋庸置疑，《宪法》作为'法律的法律'应该在对牵涉生命尊严、科研自由及国民福祉的人体基因编辑技术进行立法规制时居于统领地位。"[3]我国《宪法》第三十三条第三款规定，"国家尊重和保障人权"，基因权利是基于基因产生的一种权利，包括基因隐私权、基因人格权、基因平等权、基因财产权等，《宪法》中的基本权利与人权条款已具备确认基因权利的部分内涵与功能。通过将人类尊严的保护上升为《宪法》的法律意志，构建《宪法》统领的以人权保障为依归的社会主义法律体系是应对人体基因编辑技术带来的不确定性和风险，实现人体基因编辑技术治理体系化

---

[1] 参见石晶：《人体基因科技风险规制路径的反思与完善——以宪法与部门法的协同规制为视角》，载《法制与社会发展》2022年第2期。

[2] 参见张小罗、黄思远、戴子若：《论我国基因安全风险规制困境及其法律对策》，载《湖南大学学报(社会科学版)》2023年第6期。

[3] 参见徐娟：《通过宪法保护人类基因编辑中的生命尊严》，载《南海法学》2019年第3期。

和法治化的最佳选择。① 世界首例"基因编辑婴儿"事件,不仅引发了社会的广泛关注,而且对当时正在进行的《民法典》编纂工作产生了影响。我国《民法典》第一千零九条就人体基因编辑专门进行了规定。该条规定:"从事与人体基因、人体胚胎等有关的医学和科研活动,应当遵守法律、行政法规和国家有关规定,不得危害人体健康,不得违背伦理道德,不得损害公共利益。"②该条为人体基因编辑活动的规制提供了重要规范依据,为人体基因编辑的立法规制指明了方向,具有十分重要的规范价值。由此,《民法典》也确定了对于与人体基因有关的医学和科研活动采取协同治理的基本立场。该法条从三个层次对从事人体基因、人体胚胎活动进行了原则性规定,可以说针对有关医学和科研活动,《民法典》确立了合法性准则、人体健康准则、伦理道德准则、公共利益准则等人体基因编辑活动的基本行为准则。③ 2020年12月26日通过的《刑法修正案(十一)》新增了非法植入基因编辑、克隆胚胎罪。《刑法修正案(十一)》第三十九条将非法植入基因编辑、克隆胚胎情节严重的行为归入犯罪行为,从而填补了我国在基因技术领域的刑事立法空白。这些都表明我国对人体基因编辑技术进行法律规制的积极作为。就我国而言,从法律层面来看,尽管目前没有直接针对人体基因编辑活动的专门性立法,但除了

---

① 参见徐娟:《通过宪法保护人类基因编辑中的生命尊严》,载《南海法学》2019年第3期。

② 对于该条的具体分析,参见石佳友、庞伟伟:《人体基因编辑活动的民法规制:以〈民法典〉第1009条的适用为例》,载《西北大学学报(哲学社会科学版)》2020年第6期。

③ 参见石佳友、刘忠炫:《人体基因编辑的多维度治理——以〈民法典〉第1009条的解释为出发点》,载《中国应用法学》2021年第1期。

《民法典》之外，《生物安全法》和《刑法》等多部法律中都存在与之相关的规定。尤其是2021年4月15日起施行、2024年修正的《生物安全法》，其第六章名称即为"人类遗传资源与生物资源安全"；其中，第五十五条规定，"采集、保藏、利用、对外提供我国人类遗传资源"的行为需要在不损害"公众健康、国家安全和社会公共利益"的规则内进行。①

此外，"基因编辑婴儿"事件后，我国也加强了生物技术和遗传资源领域的立法，《人类遗传资源管理条例》就专门规定了"采集、保藏、利用、对外提供"我国人类遗传资源的应该符合伦理原则和规范，②对我国遗传资源进行研发或临床试验的应该遵守相关法律法规。③ 2019年2月国家卫健委起草了旨在规范生物医学新技术临床应用和转化的《生物医学新技术临床应用管理条例（征求意见稿）》，并向社会公开征求意见。从该条例第三条关于"生物医学新技术"的界定④可以看出，其既包括人体体细胞基因编辑也包括人体生殖系细胞基因编辑；既包括基因治疗也包括基因增强技术。该条例对生物医学新技术试行分级管理，将基

---

① 《生物安全法》第五十五条规定："采集、保藏、利用、对外提供我国人类遗传资源，应当符合伦理原则，不得危害公众健康、国家安全和社会公共利益。"

② 《人类遗传资源管理条例》第九条第一款规定："采集、保藏、利用、对外提供我国人类遗传资源，应当符合伦理原则，并按照国家有关规定进行伦理审查。"

③ 《人类遗传资源管理条例》第二十条规定："利用我国人类遗传资源开展生物技术研究开发活动或者开展临床试验，应当遵守有关生物技术研究、临床应用管理法律、行政法规和国家有关规定。"

④ 《生物医学新技术临床应用管理条例（征求意见稿）》第三条规定："本条例所称生物医学新技术是指完成临床前研究的，拟作用于细胞、分子水平的，以对疾病作出判断或预防疾病、消除疾病、缓解病情、减轻痛苦、改善功能、延长生命、帮助恢复健康等为目的的医学专业手段和措施。"

因编辑归入高风险等级。① 此外,《人类辅助生殖技术规范》(卫科教发〔2003〕176 号,2003 年修订)、《人胚胎干细胞研究伦理指导原则》(2003 年 12 月 24 日,科技部和原卫生部联合下发)、《干细胞临床研究管理办法(试行)》(2015 年 7 月 20 日,原国家卫生计生委、原国家食品药品监管总局以国卫科教发〔2015〕48 号印发)、《涉及人的生物医学研究伦理审查办法》(原国家卫生计生委于 2016 年 10 月 12 日发布)等行政规章也作了相关规定。

不难发现,对于人体基因相关的医学和科研活动,立法者选择的是一种协同规制的路径,即同时依靠法律、行政法规和国家有关规定进行调整。从法律位阶等级这一纵向维度来看,这是一种不同法律位阶意义上的协同(法律—行政法规—部门规章);而从并列的不同法律部门这一横向维度来看,这更是一种跨部门的协同,因为此处的"法律"显然包括民法、刑法和行政法等部门法。无论是从立法目的来看还是从规制效果来看,后一维度显然都更重要,更具有治理价值。由于人体基因编辑活动不仅牵涉人格尊严而且牵涉国民的健康福利及科研自由,②

---

① 《生物医学新技术临床应用管理条例(征求意见稿)》第七条规定:"生物医学新技术临床研究实行分级管理。中低风险生物医学新技术的临床研究由省级卫生主管部门管理,高风险生物医学新技术的临床研究由国务院卫生主管部门管理……"

② 《宪法》(2018 年修正)第三十八条规定:"中华人民共和国公民的人格尊严不受侵犯。禁止用任何方法对公民进行侮辱、诽谤和诬告陷害。"第二十一条第一款规定:"国家发展医疗卫生事业,发展现代医药和我国传统医药,鼓励和支持农村集体经济组织、国家企业事业组织和街道组织举办各种医疗卫生设施,开展群众性的卫生活动,保护人民健康。"第四十七条规定:"中华人民共和国公民有进行科学研究、文学艺术创作和其他文化活动的自由。国家对于从事教育、科学、技术、文学、艺术和其他文化事业的公民的有益于人民的创造性工作,给以鼓励和帮助。"

宪法作为根本大法在后续的规制机制中也应扮演重要角色。可见，立法者所设计的协同不仅包括位阶意义上的协同，而且包括部门法意义上的协同，以期实现公法与私法的协同规制效果。

总体而言，我国在致力于筑牢人类基因编辑的法律坚实底线的同时促进基因编辑技术的发展，对人类体细胞基因编辑的研究和应用不进行过多限制。虽然人类胚胎细胞的基因编辑基础研究不被禁止，但无论是生殖目的或是治疗疾病目的，其临床应用都不被允许。我国涉及人类基因编辑的法律法规主要可以分为三个维度：一是涉及人类基因编辑基础研究和临床前研究的法规，主要包括《民法典》中有关从事与人体基因和人体胚胎等有关的医学和科研活动的规定，《人类辅助生殖技术管理办法》《人胚胎干细胞研究伦理指导原则》《人类遗传资源管理暂行办法》《基因工程安全管理办法》；二是涉及人类基因编辑临床研究和应用的法规，主要包括《刑法修正案（十一）》中的非法植入基因编辑、克隆胚胎罪，以及《涉及人的生物医学研究伦理审查办法》《人的体细胞治疗及基因治疗临床研究质控要点》《人基因治疗研究和制剂质量控制技术指导原则》等；三是涉及其他类似基因科技的行政法规，主要包括《产前诊断技术管理办法》《干细胞临床研究管理办法（试行）》《干细胞制剂质量控制及临床前研究指导原则（试行）》。概言之，上述法律法规主要就人体基因编辑活动应该遵循的基本原则、人体基因科研与应用的风险规制措施及特定情况下的违法违规行为的法律责任的初步认定进行了规范。总的来说，我国人类基因编辑法律规制主要是以行政性规范为核心、民事刑事法律为辅助的多部门法协作范式。①

第二节 我国目前人体基因编辑技术应用风险监管的不足

在世界首例"基因编辑婴儿"事件发生以前,相关部门规章和规范性文件位阶较低,规范内容分散、缺乏体系性,且存在各部门监管职责交叉、缺乏伦理审查程序等问题。2018年以来,我国的生物安全立法逐渐呈现体系化的发展态势,在一定程度上缓解了立法缺失问题,但仍不能忽视的是,这些规范不足以应对具有颠覆意义的人体基因科技所造成的自主决定的难题、利益冲突的困境和现代风险的隐忧。

在民事立法层面,目前,我国《民法典》虽然通过第一千零九条确立了合法性准则、人体健康准则、伦理道德准则、公共利益准则等人体基因编辑活动的基本行为准则。但由于无对应的具体追责体系,尚未能发挥有效作用,还应进一步确立基因权利主体,完善胚胎保护规则,确立具体的承担责任方式与救济路径。

在行政立法层面,对基因编辑、克隆胚胎的相关规定比较少且并不具体。现行有效的部委规章主要有1993年发布的《基因工程安全管理办法》、《人的体细胞治疗及基因治疗临床研究质控要点》,1998年公布的《人类遗传资源管理办公室关于实施人类遗传资源管理暂行办法有关问题的通知》,2001年发布的《人类精子库管理办法》、《人类辅助生殖技术管理办法》,2003年印发

---

① 参见石佳友、贾平等:《人类胚胎基因编辑立法研究》,法律出版社2022年版,第35~45页。

的《人基因治疗研究和制剂质量控制技术指导原则》、《人胚胎干细胞研究伦理指导原则》、《人类辅助生殖技术规范》、《人类精子库基本标准和技术规范》、《人类辅助生殖技术和人类精子库伦理原则》,2015年发布的《干细胞临床研究管理办法(试行)》,2016年发布的《涉及人的生物医学研究伦理审查办法》,2017年发布的《生物技术研究开发安全管理办法》,2018年发布施行的《医疗技术临床应用管理办法》等。模糊的规定主要存在于一些位阶较低的部委规章中,基本少有规定基因编辑、克隆胚胎行为的规章。相对契合的规定,如《人胚胎干细胞研究伦理指导原则》第四条规定:"禁止进行生殖性克隆人的任何研究。"第六条规定:"进行人胚胎干细胞研究,必须遵守以下行为规范:(一)利用体外受精、体细胞核移植、单性复制技术或遗传修饰获得的囊胚,其体外培养期限自受精或核移植开始不得超过14天。(二)不得将前款中获得的已用于研究的人囊胚植入人或任何其它动物的生殖系统。(三)不得将人的生殖细胞与其他物种的生殖细胞结合。"《人类辅助生殖技术规范》中也明确规定:禁止人类与异种配子的杂交;禁止人类体内移植异种配子、合子和胚胎;禁止异种体内移植人类配子、合子和胚胎;禁止以生殖为目的对人类配子、合子和胚胎进行基因操作;禁止开展人类嵌合体胚胎试验研究;禁止克隆人。《人胚胎干细胞研究伦理指导原则》《人类辅助生殖技术规范》虽然大概点明了禁止人体生殖系基因编辑、克隆胚胎,但并未规定相应的行政处罚措施,因此并不能有效规制此类行为。至于其他部门规章,基本无对应表述,而且大多是原则性规定,缺乏具体有效的执行规则。另外,在惩罚措施方面,大多也只是比较轻微的警告、罚款、行政处分等,并无层次清晰、衔接完备的惩治体系。

即使有构成犯罪的依法追究刑事责任的条款,但由于在刑法条文中并无对应的罪名,也可能导致适用上的争议。此种规范体系,一方面可能其原则性规定导致其在实践层面形同虚设;另一方面,缺乏体系互动的不同位阶的规范之间,可能由于管制目的的差异,使其内容与效果相互矛盾。① 相对于部委规章的模糊规定,行政法规中也基本没有对基因编辑、克隆胚胎技术的具体规定,只是在涵盖范围上有模糊的规定,主要有2024年《人类遗传资源管理条例》、2019年《生物医学新技术临床应用管理条例(征求意见稿)》。这些条例提升了规制基因编辑、克隆的法律位阶层次,在规定上较以前的部委规章更为具体。对于相关遗传资源,其从采集和保藏、利用和对外提供、服务和监督以及法律责任方面进行了规定,加大了对相关遗传资源的保护力度。对于生物医学新技术,这些条例从临床研究项目申请与审查、研究过程管理、转化应用管理、监督管理、法律责任等方面进行了规定,明确了管理范畴,建立了生物医学新技术临床研究和转化应用行政审批制度,规定了学术审查和伦理审查的主要内容,强调了机构主体责任并强化了相关处罚措施。总体来讲,其融合了以前部门规章的大部分规定,对技术规范、审查机制以及处罚措施等都有相对详细的规定,但实际上依然存在上述问题,无法应对基因编辑技术的快速发展。

刑事立法层面,在《刑法修正案(十一)》公布之前,我国法律对基因编辑行为的公法规制主要以行政法模式实现,其中的监管

---

① 参见石佳友、刘欢:《人体基因编辑的法律规制——从〈中华人民共和国民法典〉第一千零九条出发》,载《西北工业大学学报(社会科学版)》2020年第4期。

政策与行政处罚执行并不到位。但这并非意味着行政法规制模式的缺陷,只是表明行政法律法规层面的具体规定有待充实。事实上,行政法规制模式具有一定的效益性,能够避免刑罚处罚所带来的诸多不良附随制裁后果,而且行政监管与行政处罚的禁止方式也比风险规制模式这种柔性规制方法更为严格,其中和了刑法规制模式的严厉性与风险规制模式的柔和性,具有较大优势。因此,在采用刑法规制模式之前,应优先考量行政法规制模式。具体而言,首先,应整合前置法规,充实民法、行政法中关于基因编辑行为的规范体系内容,并建立相应完备的追责体系,充分挖掘民法——行政法中的规范内容,避免民法——行政法——刑法适用次序的颠倒,坚守刑法作为保障法的地位与性质,当通过民法——行政法能够实现基因编辑行为所造成危害的权利救济时,不宜动用刑事制裁手段。其次,应充分考量基因编辑行为是否具有严重的社会危害性,在我国违法——犯罪二元区分的制裁体系下,应将不具有刑事可罚性的基因编辑行为排除在刑事规制之外,同时应考量运用刑事制裁手段规制基因编辑行为对基因编辑技术发展的影响,平衡刑法制裁与科研自由之间的利益冲突。最后,即使对基因编辑行为犯罪化,也应当区分不同类型的基因编辑所具有的本质特性与利弊得失,考察其安全性与有效性,对安全性不明、有效性不足且最具危害性的特定类型的基因编辑行为予以犯罪化,如以生殖为目的的非法植入基因编辑胚胎的行为;同时在司法适用中须保持谨慎的立场,避免将不具有严重法益侵害性的基因编辑行为定罪处罚。

在专门立法层面,2020年10月《生物安全法》通过并于2024年进行了修正,该法填补了以往生物安全领域基础性法律的空白,目的在于促进生物技术健康发展、保护生物资源、防范生物威胁,提高国家生物安全治理能力。其第二条界定了生物安全,并以"具体列举+兜底条款"的方式规定了各类生物安全活动。第八十二条对法律责任的衔接作出规定,明确了违反《生物安全法》规定构成犯罪的,将依法追究刑事责任;造成人身、财产或者其他损害的,依法承担民事责任。可以说,该法对生物技术研究和应用的基本原则和要求进行了规范,对具体风险防范和应对作出了制度安排,明晰了相应的民事、行政与刑事责任追究机制。但事实上,其中还存在不足,其重点方向在于基本原则与制度的创设,而具体实施细则并不能从中获取。从规范条文上来看,《生物安全法》主要提供了生物安全管理的一般条款,包括基本原则、管理体制、基本制度(实体与程序)、法律责任(行政责任、刑事责任)等。① 生物安全刑法规范中的相关概念术语与违法类型,多移植前置的生物安全法律法规,对这些概念术语与违法类型的认定必须依据《生物安全法》的具体内容,而且认定成立生物安全犯罪的前置程序或前提条件等也应借助《生物安全法》等法律法规,但这种原则性的规范设计并不能为刑法规制生物安全犯罪提供具体的、充实的前置法规内容提示。② 总体而言,目前《生物安全法》的规范供给存在不足,虽对以往部委规章、行政法规有所整合,但与刑法的衔接还有待加强。可见目前我国对基因编辑、克隆胚胎等方面的规定在刑法前置法层面上还并未形成系统、全面的规制。

---

① 参见王康:《〈生物安全法〉立法定位及对基因技术的风险控制》,载《北京航空航天大学学报(社会科学版)》2019年第5期。

② 参见吴小帅:《论刑法与生物安全法的规范衔接》,载《法学》2020年第12期。

当刑法前置法尚未具体规定并有效发挥作用时,对基因编辑行为予以犯罪化则应谨慎,这也是坚守刑法谦抑性的必然选择。

随着生命科技的发展,人体基因编辑技术已然成为现代社会的一个当然命题。相较技术的迅猛发展,我国目前基因编辑技术相关立法存在不足,目前尚未出台专门的"基因科技法",基因编辑技术立法也主要集中在伦理指导原则和技术规范中。[①] 我国有关人体基因编辑技术的相关立法尚不能对基因编辑技术进行完备的规制,未能对人体基因编辑技术发展中遭遇的新问题作出及时有效回应;立法适用需要深入研究及根据技术发展、利益冲突、潜在风险等不断调试,以适应人体基因编辑技术协同治理的需求。

针对目前我国基因编辑技术立法存在的不足,需要做好以下几点:一是民法层面。通过《民法典》保障基因权利的实现。通过法律解释将基因权利纳入《民法典》人格权编中,通过司法解释、指导性案例等形式,落实《民法典》保障基因权利的立法目的,推动基因权利的实现。同时,明确基因权利侵权行为法律责任的不同特征,有针对性地进行规制。二是行政法层面。在行政法中专

---

① 2003年12月24日,科技部和原卫生部联合下发了《人胚胎干细胞研究伦理指导原则》,对人胚胎干细胞的范围、取得方式及进行相关研究应该遵循的行为准则和应该禁止的行为进行了规定。其第六条规定了进行人胚胎干细胞研究必须遵守的行为规范:所用的胚胎囊胚发育不能超过14天,不能用于体内移植;不得将用于研究的人囊胚植入人或任何其他动物的生殖系统。原国家卫生计生委于2016年10月12日发布的《涉及人的生物医学研究伦理审查办法》,主要规定了涉及人的生物医学研究的伦理审查原则、伦理委员会、审查程序、知情同意、监督管理、法律责任等方面的内容。科技部于2017年印发的《生物技术研究开发安全管理办法》将人体基因编辑等基因工程的研究开发活动划分为高风险等级、较高风险等级和一般风险等级,这也体现了我国在人类胚胎基因编辑领域监管的不断完善。

门规定人体基因编辑许可和监管制度。随着基因科技的发展，基因编辑带来了侵犯人性尊严与人权的风险，必须在源头上设立专门的许可和监管制度，即设立基因相关科学活动的准入门槛，通过授权许可和监督管理等措施，监督被授权主体的行为。三是刑法层面。恪守谦抑性刑法原则，形成完善统一的法律规范体系。在明确行为类型与符合情节严重的层面恪守刑法谦抑性的理念。因此，司法者在适用这一罪名时必须同样保持谨慎态度。基因编辑行为在刑法规范上的完善将进一步指导前置法的相关规范制定，从而形成完整统一的法规范体系。四是诉讼法层面。在诉讼法中明确权利的可诉性。可诉性是开展诉讼活动的前提条件。倘若权利不具备可诉性，那么涉及权利的诉讼活动便无从谈起。因而，诉讼法首先应当确立权利的可诉性，相应地增加受试者权利受到侵害的具体情形以及受害人可以提起民事诉讼、刑事诉讼或行政诉讼的具体救济。规定将受试者权利的救济程序贯穿刑事民事、行政诉讼的全过程，兼顾刑事诉讼中对个人基因安全和集体基因安全的保障，同时，完善公益诉讼。[①] 五是专门立法层面。通过专门立法对人体基因编辑技术进行有针对性的治理。从更广阔的意义上讲，基因编辑给人类社会带来的技术、伦理和法律等一系列潜在风险和挑战，将来势必影响人类生活的每一个角落，在目前国家治理体系和治理能力现代化的背景下，从更广阔、更全面、更系统的视野进行全方位、多层次的协同治理，是人体基因编辑技术治理的理性选择。

[①] 参见张小罗、黄思远、戴子若：《论我国基因安全风险规制困境及其法律对策》，载《湖南大学学报（社会科学版）》2023 年第 6 期。

第四章　人体基因编辑技术应用风险域外典型监管模式评析及考察

世界范围内，人体基因编辑技术的监管模式有很多种，必须基于一国国情及医学、社会学、伦理学、科技研究及法学等各方面发展现状进行全盘考量，从而得出每种监管模式可能产生的效果及影响。在全球范围内，人体基因编辑技术的法律监管存在宽松、严格和折中等不同模式，呈现地域性、模糊性和多样性等特点，使人体基因编辑技术的风险控制、技术专利争议和全球贸易管理面临一系列挑战，这给国际社会带来了治理难题。[①]

关于人体基因编辑，各国立法例各有不同，除有些国家没有相关法律规定外，有相关法律规定的

---

① 参见蒋莉：《人类基因编辑国际法律治理研究》，载《生命科学》2023年第10期。

国家总体监管趋向严格监管或禁止。基于不同文化传统、宗教背景、经济发展、科技战略等,不同国家和地区对人体基因编辑技术的研究及其应用的态度和相关政策存在差异,既有像加拿大那样完全禁止的,也有像英国、瑞典那样在有限条件下允许的。[①]

鉴于人体生殖细胞系基因编辑对人类复杂的潜在影响和挑战,各国立法与监管模式除了因技术发展和国家战略需要之外,还因为政治、宗教、哲学传统、法律文化、贫富差异、基础设施和社会自由度的不同而有差异。关于人类种系和可遗传基因组编辑治理的讨论和辩论应该基于对全球政策格局的清晰和准确的理解。有一项针对106个国家的政策调查产生了重要的新数据。接受调查的大多数国家(106个国家中的96个)都制定了与使用基因组编辑来修改早期人类胚胎、配子或其前体细胞相关的政策文件,包括立法、法规、指南、守则和国际条约。这96个国家中的大多数国家没有专门针对实验室研究中使用转基因体外胚胎(种系基因组编辑)的政策;其中,23个国家禁止这项研究,11个国家明确允许。96个国家中有75个国家禁止使用转基因体外胚胎来启动妊娠(可遗传基因组编辑)。这75个国家中有5个国家对其禁令规定了例外情况。没有一个国家明确允许可遗传的人体基因组编辑。[②] 从当前来看,不同国家形成了不同的监管立场,这项针对106个国家相关立法的调查显示,当前没有任何国家在立法

---

① 参见李东风:《从基因编辑婴儿事件看当前科学伦理问题》,载《科学与社会》2019年第2期。

② Baylis P. et al, *Human Germline and Heritable Genome Editing the Global Policy Landscape*, The CRISPR Journal, Vol. 35, p. 365 – 377 (2020).

上明确允许遗传性人类基因编辑,但是以美国、英国、日本为代表的 11 个国家允许非生殖目的的人类生殖系基因编辑,而澳大利亚、加拿大、德国等 23 个国家则完全禁止,更多的国家尚未形成明确的立法态度。基于我国基因科技发展的现状及其带来的一系列技术、伦理及法律风险,这就需要我们考察世界范围内人体基因编辑技术的不同监管模式的经验教训,从而得出比较性的分析结论,为深刻理解中国国情、探索中国特色的人体基因编辑技术法律治理体系及其法治化策略,提供全面、客观、可靠的有益参考。

综观世界范围内基因编辑技术的监管模式,主要可以分为以美国为代表的宽松型监管模式,以德国为代表的严格型监管模式以及以日本为代表的折中型监管模式三大类。

第一节 宽松型监管模式

法律监管较为宽松的国家通常其立法并不明确禁止人体胚胎基因编辑,由相关的监管机构评估风险,允许通过授权许可的方式进行人体胚胎基因编辑相关研究,但仍限制生殖目的、增强目的等人体胚胎基因编辑的临床应用,而对于治疗疾病目的的人体胚胎基因编辑监管则呈现逐渐放宽的趋势。采用宽松模式的国家往往高度重视生物医药产业发展,因而在前沿生物技术的研究和应用中,其态度往往比较开放和激进。[1]

---

[1] 参见蒋莉:《人类基因编辑国际法律治理研究》,载《生命科学》2023 年第 10 期。

一、美国

2015年美国白宫发布了有关现阶段反对任何人类种系基因组编辑行为的声明。2015年《综合拨款法案》(Consolidated Appropriations Act)增加了禁止美国食品药品监督管理局(Food and Drug Administration)使用任何联邦资金资助,有意修改人类胚胎可遗传物质的研究。法律不限制技术本身,但限制技术的应用场景。基因编辑是一种工具,不是特定的药物、设备或生物疗法,因而必须在其使用的每个领域中审视其是否符合法律规定。美国食品药品监督管理局禁止涉及可遗传人类基因组编辑的临床试验,一些州也明确禁止人类胚胎的特定研究活动。[1]

美国对于生物基因编辑技术的管控权力掌握在联邦政府的手中,其最早颁布的涉及基因编辑的法律法规是《生物技术管理协调大纲》,主要规范了植物品种和转基因食品方面的技术生产。[2] 基因编辑技术在医疗疾病方面取得重要突破,不断地开展人类胚胎实验,但"脱靶"的概率高,所产生的伦理风险让人不安。美国在人体基因编辑方面并没有详细的法律法规,仅仅在《迪基-威克修正案》中提及禁止联邦政府出资支持该类实验研究,且未说明关于募集私人资金进行相关研究的禁止与规范。[3]

美国在关于人体基因编辑方面的立法是先由植物、食品基因

---

[1] 参见蒋莉:《人类基因编辑国际法律治理研究》,载《生命科学》2023年第10期。
[2] 参见何晓丹、陈琦琦、展进涛:《欧美等国基因组编辑生物安全管理政策及对中国的启示》,载《中国科技论坛》2018年第8期。
[3] 参见贾曼、成伟:《欧美基因编辑技术法律规制现状与借鉴》,载《世界农业》2017第9期。

编辑方面的立法再慢慢涉及人体基因编辑。美国没有关于人体基因编辑的专门法律规范，而是根据技术所属的卫生领域进行监管，这也提高了《美国食品、药品和化妆品法案》、《公共卫生服务法案》及《美国联邦条例》的灵活性。美国关于基因编辑的法律更多的是建立在基因编辑产品市场化方面，对应用化的基因编辑产品有完整、清晰的法律规制。美国在人体基因编辑上的法律尚未直接明确，这样的监管策略一方面为该技术的发展提供了一个相对宽松的法律环境，一定程度上也推动了该技术的创新发展，让未来的人体基因编辑的法律法规能够有灵活应对的空间；另一方面，目前的立法现状无法承受人体基因编辑技术发展所产生的法律风险。在人体基因编辑技术监管方面，美国采取行政手段、社会咨询与法律规范相结合的方针，以法律监管为基础，通过行政手段合理干预，并借助专业化的咨询团队对试验和立法项目进行行业评估，由此建立了良好的科技、公众和法律、人文领域的交流机制，能够给立法提供客观公正的理论基础和理念指导。

美国食品药品监督管理局对人体生殖系细胞修饰（human germline modification，HGM）实施有限管辖，将具体事项以监管药品、医疗器械和生物制品之名进行。目前，美国对于人类生殖系细胞修饰的基本态度是禁止的。基本规定来自2016年《综合拨款法案》中的一个"搭车提案"（bill-rider），该法案规定，"本法案下提供的资助不可被用于……刻意创造人类胚胎或修改以加入一个可以遗传的基因修改的研究"。同时，《综合拨款法案》还规定，任何相关的豁免调查申请依照该法都不被承认。该规定在2017年《综合拨款法案》中继续生效。参议院还将该"搭车提案"

加入2018年《美国食品药品监督管理局和相关机构拨款方案》，从而将其效力延续至2018年。① 由此可见，《综合拨款法案》通过有效地将美国食品药品监督管理局排除在对类似临床治疗的安全和有效性评估之外，将目前在美国可以引发可遗传基因变化的对人体胚胎进行可遗传基因修饰的临床治疗列入该法案的禁止范围。同时，通过完全阻止美国食品药品监督管理局启动和进入相关的研究性新药申请程序，使有关线粒体置换潜在的新药或生物药根本无法被审批或授权，否则将处以严厉的民事惩罚性赔偿或刑事制裁，从而同样排除了人体生殖系细胞修饰线粒体置换的可能性。该法案关于人体生殖系细胞修饰和线粒体置换的阻却威力巨大，且几经反复，直到2019年6月4日美国众议院拨款委员会在2020年预算法案中，禁止美国食品药品监督管理局批准"任何故意制造或修饰人类胚胎以使其具备可遗传基因变化"。② 此外，美国国立卫生研究院通过拨款权利规定联邦资助不适用于可遗传生殖细胞系基因组编辑，并对其发展施加了一些影响。《迪基-威克修正案》禁止大多数关于胚胎研究的联邦资助，但该政策对私人资助研究没有法律效力。这实际上构成了一个制度性的漏洞，即可遗传基因（组）修饰活动可以通过私人资本，甚至

---

① See Joshua D. Seitz, *Striking a Balance: Policy Considertions for Human Germline Modification*, Santa Clara Journal of International Law, Vol. 16, p. 74 (2018).

② See National Academies of Sciences, *Engineering, and Medicine, Human Genome Editing: Science, Ethics, and Governance*, The National Acadenies Press, 2017, p. 39-44.

州层面资金的支持而展开。①

相较英国的情况,在美国申请公共资金用于人类胚胎研究要更加困难。在乔治·布什任美国总统期间,没有任何来自联邦政府的基金可以资助人类干细胞研究,这种管制在巴拉克·奥巴马上任后放松了一些。然而,美国政府在人类胚胎研究方面的立法总体上趋于保守。2016年,美国国立卫生研究院发表的"不会资助任何对人类胚胎的基因编辑研究"的声明就证明了这一点。美国国立卫生研究院主管弗朗西斯·科林斯(Francis Collins)在论述该禁令时说,对胚胎的基因编辑"几乎被普遍认为是一条不应该跨越的界线"。但是,在美国存在一种奇怪的现象:虽然对于人类胚胎研究的公共资源起起落落,但私人资金对此类研究的资助维持在很高的水平。讽刺的是,因为美国没有像英国人类受精和胚胎学管理局一样监管人类胚胎研究的机构,只要它是私人资金资助的,就等于没有任何对此类研究的法律限制,甚至对于临床应用也没有限制。这就提出了一个问题:美国等国家是否应该考虑建立像英国人类受精和胚胎学管理局一样的机构,允许进行有价值的人类胚胎研究,但禁止不符合伦理的研究方式和试图将其用于临床应用的尝试。②

---

① 参见贾平:《涉及人类生殖系细胞基因编辑的立法及监管制度化研究》,载雷瑞鹏等主编:《人类基因组编辑:科学、伦理学与治理》,中国协和医科大学出版社2019年版。

② 参见[英]约翰·帕林顿:《重新设计生命:基因编辑组技术如何改变世界》,李雪莹译,中信出版集团2018年版,第268~269页。

二、英国

英国立法相对折中一些。2004年《人体组织法》(The Human Tissues Act)是一项规定人体组织和细胞产品法律框架的法规,管理人类配子以外的人体组织和细胞的使用。1990年《人类受精和胚胎学法案》(The Human Fertilisation and Embryology Act),管理用于生育治疗和研究的配子和人类胚胎的使用。英国人类受精和胚胎学管理局立法改革咨询小组(legislative reform advisory group),聚焦《人类受精和胚胎学法案》中涉及新技术需要修订的内容并为其制定草案提供信息。英国法律严格禁止生殖目的的人类生殖细胞基因编辑,在其2020年国会发布基因编辑报告中也重申人类生殖细胞基因编辑可能存在安全和伦理问题,应严格限制基因编辑后的胚胎移入子宫。

1990年《人类受精和胚胎学法案》建立了一个由英国人类受精和胚胎学管理局实施监管权的"许可"制度。在英国,所有对于人类胚胎的操作,无论是出于研究的目的还是临床目的,都需要来自人类受精和胚胎学管理局的执照。[1] 英国颁布的《人类受精和胚胎学法案》强调了人类胚胎的后续发展,禁止对胚胎和配子的伤害活动,同时设立人类受精和胚胎学管理局专门对人类生殖系的研究与医疗活动进行监管并实施个案审批制度。[2]

《人类受精和胚胎学法案》禁止对从胚胎形成日起算的14天

---

[1] 参见[英]约翰·帕林顿:《重新设计生命:基因编辑组技术如何改变世界》,李雪莹译,中信出版集团2018年版,第268页。
[2] 参见吴高臣:《我国人类基因编辑监管模式研究》,载《山东科技大学学报(社会科学版)》2019年第3期。

以上的胚胎进行研究。如英国人类受精和胚胎学管理局规定:"受精后14天的人类早期胚胎应当受到我们的尊重,但其尚不具备作为人的独立的道德地位,经PGD检测诊断为携带遗传性疾病的异常胚胎可捐赠用于科学研究或者允许使其死亡。"人类受精和胚胎学管理局也对所有临床受精治疗,包括配子和胚胎进行授权管理。但有些行为不能许可并被法律严禁,这些行为包括使用不符合法案所定义的配子或胚胎进行法案所允许的配子或胚胎治疗,而生殖系细胞就属于不符合法案允许的配子或胚胎定义范围之内。[1] 当然,可以通过改变允许的配子和胚胎范围,从而解除立法的限制。2008年《人类受精和胚胎学法案》修订时加入了类似条款,以便为通过细胞再造技术避免线粒体疾病的技术发展"开绿灯"。这样,为了避免严重的线粒体疾病传播而进行的对捐赠的线粒体的治疗性应用,就可以使一个卵子或胚胎在既定程序和既定环境下,成为"被本法允许"的卵子和胚胎。但该方案适用范围很窄,根据2015年的一个规定,可以被有争议地允许胚胎的基因编辑。2015年的这个规定回应了关于人类可遗传生殖系细胞编辑问题。议会通过的2015年法案批准"进行刻意的生物学改变,而这一改变将遗传给未来世代"的实践操作行为。然而,虽然生殖系细胞改造被法律允许,但议会同时否认这一程序等同于基因修饰。由此,对生殖系细胞的改造的允许被分为两个层次,一是在细胞层面,二是在分子层面。英国这种单挑出线粒体疾病

---

[1] See Nuffield Council on Bioethics, *Genome Editing and Human Reproduction: Social and Ethical Issues*, 2018, p.102.

允许进行生殖系细胞改造的做法引发了争议。[①] 在议会通过立法允许实施基因编辑诞生世界上第一例"三亲婴儿"一年后,英国人类受精和胚胎学管理局正式批准伦敦弗朗西斯·克里克研究所以治疗医学疾病为目的应用基因编辑技术对人类胚胎进行基因实验。该管理局同时表示,不能将在实验中编辑过的胚胎植入人体,更不能将该技术应用于生殖目的,只限于研究。

英国人类受精和胚胎学管理局是世界上第一个许可此类研究的国家监管机构。作为一个向来谨慎审议和对敏感研究领域合理监督的机构,其允许人类胚胎基因编辑研究为该领域的发展树立了强有力的先例。得益于宽松的许可机制,许多体细胞基因编辑研究和治疗方法已经在英国被应用于多种疾病的临床试验,如使用 CRISPR 基因编辑技术治疗 HIV、白血病和癌症等。[②]

值得注意的是,英国对人类胚胎基因编辑临床应用的限制随着技术的发展呈现逐渐放宽的趋势。2020 年,英国议会科学技术办公室发布了一份关于人类种系基因组编辑的报告,提出人类胚胎基因编辑潜在益处大于潜在风险的可能临床应用场景,如帮助夫妻生育没有遗传病的后代等。英国生育和基因组学慈善机构民意调查显示,53% 的人支持使用人类基因组编辑来防止儿童患上囊性纤维化等严重疾病;相较年长者,青年人对改变后代遗传基因的态度更开放、更包容。英国人类受精和胚胎学管理局设置了立法改革咨询小组,对于涉及人类胚胎的监管,其建议使用监

[①] See Nuffield Council on Bioethics, *Genome Editing and Human Reproduction*: *Social and Ethical Issues*, 2018, p. 102.

[②] Callaway E., *Embryo Editing Gets Green Light*: *UK Decision*; *ets Precedent for Research on Editing Genomes of Humanembryos*, Nature, Vol. 530, p. 18(2016).

管"沙盒",针对每个人类生殖细胞基因编辑临床试验量身定制方案,并单独监督每个具体的实验。这无疑需要耗费大量的公共资源,但立法改革咨询小组认为该模型可以鼓励创新和加快审批速度。多位小组成员还建议人类胚胎基因编辑技术可以与线粒体替代疗法联合使用,以消除任何突变线粒体 DNA 的残留。[1]

第二节　严格型监管模式

法律监管较为保守的国家通常通过立法明确禁止人类胚胎或生殖细胞基因编辑,无论是出于研究目的、治疗疾病目的、生殖目的还是增强目的,同时违反法律规定可能伴随巨额民事罚款或者刑事制裁。这些国家通常在其宪法等基本法中规定了人的尊严、生命权、健康权等基本权利,人类胚胎往往被赋予类似于人的道德地位,因而严格禁止生殖系细胞基因编辑研究和应用,但并不限制人类体细胞基因编辑,通常鼓励和支持体细胞基因疗法创新。[2]

毫无疑问,政府在监管、调控生殖细胞系基因编辑中要发挥它的作用,但是由于目前政府的管理条例不是一以贯之的,而且缺乏必要的惩罚机制,它离成熟还有较长的一段路要走。比如,在包括加拿大、法国、德国、巴西、澳大利亚在内的国家,针对人类的生殖系细胞基因编辑是明令禁止的,违反者轻则罚款,重则入

---

[1] 参见蒋莉:《人类基因编辑国际法律治理研究》,载《生命科学》2023 年第 10 期。

[2] 参见蒋莉:《人类基因编辑国际法律治理研究》,载《生命科学》2023 年第 10 期。

狱。例如,加拿大 2004 年《辅助人类生殖法案》规定:禁止任何人故意制造人兽嵌合体或者将其导入人类或动物体内;禁止任何故意制造杂合的人兽细胞,或者将杂合人兽细胞导入人体或者其他动物体内,否则最高可判 10 年以下监禁,并处或者单处罚金 50 万加元。违法编辑人类基因组,处 10 年监禁,单处或者并处 50 万加元。又如,印度医疗研究委员会的生物医学伦理指南禁止"挑选逆人性、反智、不利于身体、精神和感情特质"的生殖系细胞治疗,并禁止对超过 14 天的胚胎进行基因改变,这些规定不仅适用于人体生殖系细胞基因编辑,也适用于干细胞基因编辑。以色列《禁止基因干预法》禁止对生殖细胞进行永久性故意基因改造,包括生殖系基因治疗以制造人类。印度没有明确禁止生殖系细胞基因编辑,但在实践中仍有限制。

一、欧盟

严格型监管模式的代表性地区欧盟始终强调人的尊严和完整性,维护道德和伦理底线,引导和鼓励科学家和企业开发人类体细胞基因编辑新医药产品,避免人类生殖系细胞基因编辑。[1] 2017 年欧洲议会大会(Parliamentary Assembly of the Council of Europe)重申了对人类进行有意的种系基因编辑违反了道德底线,科学和伦理机构应当建立适当的人类生殖系细胞基因编辑监管框架。同时,欧盟医疗产品相关法律法规实质上也禁止了以治

---

[1] Mahalatchimy A. et al., *Framing And Legitimating EU Legal Regulation of Human Gene-editing Technologies: Key Facets and Functions of an Imaginary*, Journal of Law and the Bioscience, Vol. 8, p. 1 – 30(2021).

疗疾病为目的的人类胚胎基因编辑技术应用。在欧盟,基因疗法被纳入先进疗法医学产品(advanced therapy medicinal products)专门管理。基因编辑技术医药产品与其他技术一样需要临床试验数据证明其安全性和有效性。而《欧盟临床试验条例》[Clinical Trials Directive (EC) NO. 2001/20/EC]明确规定不得开展任何改变受试者种系遗传特性的基因疗法临床试验。得不到临床数据支撑,相应的医疗产品也无法完成上市审批。此外,欧盟也不鼓励人类胚胎基因编辑的相关研究和创新。《欧盟生物技术发明指令》(Directive 98/44/EC of the European Parliament and of the Council of 6 July 1998 on the Legal Protection of Biotechnological Inventions 98/44/EC)第六条明确规定,修改人类种系遗传特性的过程的发明创造不可被授予专利权。但需要指出的是,该指令并不禁止生殖系细胞基因编辑研究,而只是禁止授予相关发明创造专利权。[1]

2007年《欧洲联盟基本权利宪章》(Charter of Fundamental Rights of the European Union)第三条禁止基因改造医疗行为,包括人种选择行为、将人体作为经济收益来源的行为以及克隆人类行为。法律允许人类体细胞基因编辑,但明确禁止在人类胚胎上使用基因编辑技术。1997年《欧洲人权与生物医学公约》(Convention on Human Rights and Biomedicine)第十三条也引入了对优生学的禁令,规定只能基于预防、诊断或治疗目的修改人类基因组,并且不允许在任何后代的基因组中引入任何基因

---

[1] 参见蒋莉:《人类基因编辑国际法律治理研究》,载《生命科学》2023年第10期。

改造。[1]

欧盟各国在人体基因编辑方面的立法各有不同,但是大多数并没有专门的法律规范。一些国家试图通过专业组织和专业伦理机构来解决问题。有些国家如意大利,规定除非有利于胚胎,否则所有的人类胚胎研究都被禁止;瑞典则规定允许胚胎研究,但禁止对人的胚胎进行可以遗传的基因改变,也没有明确改变胚胎是不是违法;与英国立法例不同,大多数欧洲国家仅仅允许额外的辅助生殖(IVF)胚胎研究,并禁止制造胚胎的研究活动。虽然大多数欧盟国家允许挑选胚胎以避开某种遗传疾病或残疾,但多数国家的法律和指南对此都设置了严格的限制条款。此外,欧盟国家多把人的尊严作为伦理规范的根本性原则,如德国《基本法》第一条。

总的来说,欧盟涉及人体基因编辑的法律法规种类繁多、门类庞杂,存在法律规定不一致、不确定等问题。例如,有关体细胞与种系、可遗传基因组编辑、修改遗传身份和人类增强等术语含混不清,很难通过这些法规具体规范纷繁复杂的人体基因编辑行为。虽然欧盟法律总的目标原则是维护人类尊严和基因人格的完整性,但由于概念的模糊性和局限性,在人类胚胎基因编辑具体语境中,欧盟法律存在很大的可供选择解释的空间,与法律确定性原则不符,因而目前欧盟法律中关于生殖系编辑的法律框架遭受严重的挑战。鉴于此,2022年6月,欧洲议会科学技术选择评估小组(European Parliament Science and Technology Options

---

[1] 参见蒋莉:《人类基因编辑国际法律治理研究》,载《生命科学》2023年第10期。

Assessment)发布人体基因编辑监管改革建议,提出应当协调目前分散的法律体系,通过纵向立法、横向立法或多元治理的模式,建立具有高度灵活性的人类基因编辑综合法律规制框架,以确保立法与技术进步保持一致。考虑到可能会带来社会和道德风险,评估小组建议应当禁止优生目的和增强目的体细胞基因编辑,明确严重疾病的科学标准,限制生殖目的医疗旅游等。[1]

二、德国

德国关于人体基因编辑方面的法律大多是从技术的发展应用过程进行立法管控,对技术研发使用的范围具有严格的法律限制。同时,德国的人体基因编辑技术监管还有着严格的风险审查制度以及成熟的伦理委员会制度,能够很好地通过立法把握人体基因编辑的风险底线,划分出技术和道德伦理的界限,从而将人体基因编辑技术的应用产生的伦理风险降至最低,同时在法律方面也能够规避生物技术带来的安全隐患。

1949年德国《基本法》第一条和第二条分别规定了人的尊严、生命权和完整权,保护的范围不仅包括精神病患者、植物人,还包括胎儿和胚胎。1990年《胚胎保护法》(The German Embryo Protection Law)规定了管理人工基因干预生殖系细胞的情况,其第五条第一款规定任何人为改变人类生殖系细胞遗传信息的人,将被处以最高5年的监禁或罚款;其第五条第四款专门规定了非生殖目的的体外生殖系细胞人工干预不适用第一款刑事禁令,确

---

[1] 参见蒋莉:《人类基因编辑国际法律治理研究》,载《生命科学》2023年第10期。

保科研人员在安全性的前提下进行人类胚胎相关实验的自由。德国《基本法》并没有提供明确和直接的规定,但规定了立法机关必须保护胚胎的基本权利。《胚胎保护法》形成了完全禁止人类胚胎基因编辑相关临床试验的逻辑森严的刑法规制框架。① 根据其立法解释备忘录,《胚胎保护法》的刑事禁令旨在禁止不负责任的人类生殖细胞基因工程实验:该条款主要关注基因工程对人的身体完整性的实际预期损害事实,研究者有关实验失败或者不可预期的后果等辩解均不能构成脱罪的理由。

2017年,德国议会委托技术评估办公室分析人类胚胎基因编辑可能造成的伦理法律和社会后果,于2021年形成最终评估报告。该报告指出,虽然德国伦理委员会没有明确提出对人类胚胎基因编辑的反对意见,但鉴于其高度的不确定性,如果德国要修改目前有关胚胎的规定,则必须先进行广泛的社会辩论并形成统一意见。该报告认为,体细胞基因编辑提供的基因治疗方法更安全有效,理论上可以解决以前基因疗法无法治疗的疾病,如亨廷顿病(Huntington's disease)。人类体细胞基因编辑与生殖细胞基因编辑境遇完全不同,德国法律体系对于体细胞基因编辑研究和临床试验的态度较为中立,既不支持也不禁止,与其他基因工程技术适用同样的监管规定。但该报告同时强调重点关注体细胞基因编辑引发的脱靶效应和免疫反应,以及基因疗法的公平获取问题。②

德国在人体基因编辑方面虽没有整体明确的法律法规,但是

---

① 参见蒋莉:《人类基因编辑国际法律治理研究》,载《生命科学》2023年第10期。
② Faltus T.,*Medicinal Genome Editing in Germany-Tensions between Safeguarding and Circumventing Ethical and Legal Standards*,Loyola of Los Angeles International & Comparative Law Review,Vol. 43,p. 227 – 249(2021)。

对于基因技术应用的法律管控是相当严格的,具体体现在以下两个方面。

第一,在胚胎植入前基因检测技术方面。2009年颁布的《基因诊断法》虽存在放宽条件,但基本上不允许对有缺陷的遗传基因进行基因检测。2011年出台的《胚胎植入前诊断法》则是对前者保守的打破,允许了该技术的应用,但是对比各国来看,德国显然是持谨慎缓慢的态度。①《胚胎植入前诊断法》允许采用以治疗为目的的应用基因编辑技术进行胚胎基因诊断,另外还规定当明确可以认定出生后会是死胎甚至胎儿无法出生,即流产或者患严重疾病的可能性极大时,可以对其采用物理性死亡,而不将其植入"母体"。胚胎植入前基因检测技术的应用是目前唯一可以被德国接受的,可以涉及人体的基因诊疗方式。后来,德国还制定了一部专门的《基因技术法》规制基因编辑技术的应用。

第二,在生殖细胞系基因编辑方面。1990年颁布的《胚胎保护法》明确禁止改良人类胚胎的基因,同时规定了相关刑罚。②《胚胎保护法》第五条第一款、第二款规定,任何人为改变人类生殖系基因并用于生育目的的行为均构成犯罪,处5年以下有期徒刑或者罚金,但在体外实验中改变生殖基因并且未用于生殖的除外。而在编辑干细胞基因的法律层面,德国则是采取相对保留的态度。《胚胎保护法》规定,辅助生殖是为了怀孕,因此前期试验是受到严格限制和控制的,该法对以辅助生殖为目的的使用胚胎,以受精后3个月以内为限。此后的《胚胎干细胞法》《基因诊

---

① 参见王康:《人类基因编辑多维风险的法律规制》,载《求索》2017年第11期。
② 参见刘立杰:《基因编辑婴儿的三大法律问题》,载《方圆》2018年第23期。

断法》等对相关技术作出了具体细化的规定,并对限制性规定作出了一定的创新。2011年《胚胎植入前诊断法》则是德国有关基因组编辑技术立法史上的划时代作品,该法明确可以利用特定的基因编辑技术对患者进行医学上的治疗,但依然禁止可遗传生殖系基因编辑。① 德国法还对任何除了研究目的之外而进行的人为改变人类生殖系细胞基因信息的尝试,或者改变基因信息而使用人类配子的行为,规定了严厉的刑事处罚条款。② 2002年出台的《胚胎干细胞法》规定,在一定医学研究范围内允许对人类胚胎干细胞进行基因编辑,这与许多国家的立法相似。虽然立法的态度不尽相同,但在人体基因编辑的立法方面,德国始终与绝大多数国家的立法步伐保持一致,对体细胞的基因编辑坚持相对宽松的立场,但绝对禁止对人类的生殖系细胞进行基因编辑。

三、其他国家

法国受到历史上欧洲大陆曾发生的极端"优生学"事件的影响,在法律上严格确立了人格尊严至上的理念,法国对人体基因编辑活动的立场保守,采取严格的监管措施。法国对基因编辑技术采取全面规制、具体细化的监管方向和策略。其相关立法详细涵盖了对非财产性的人体及其组成部分和所生之物的完整性、基因信息的保密性、以预防和治疗疾病为目的的基因治疗以及基于基因信息进行的身份鉴定等方面。法国相关立法特别规定,严格

---

① See Nuffield Council on Bioethics, *Genome Editing and Human Reproduction: Social and Ethical Issues*, 2018, p. 107.
② 参见谭波、赵志:《对基因编辑婴儿行为的责任定性及其相关制度完善》,载《山东科技大学学报(社会科学版)》2019年第3期。

禁止基因歧视行为。法国尤其强调将人的尊严和自由作为第一衡量标准,结合法律价值判断对基因编辑技术应用活动进行法律规制。[①] 法国还通过《生物伦理法》严禁以生殖为目的的克隆,但允许进行 PGD 技术的运用。《生物伦理法》设立了专门的基因编辑技术管理机构——生物医学办公室。法国《刑法典》第五卷第一编(在公共卫生方面的犯罪)第一章为"在生物医学伦理方面的犯罪"。出于保护胚胎的目的,法国《刑法典》第 511-18 条禁止了以研究或实验为目的培育人工胚胎的行为。法国《刑法典》第 511-19 条规定:违反《公共卫生法典》第 152-8 条之规定对胚胎进行研究或实验的,处 7 年监禁并处 100000 欧元罚金。1994 年颁布的《公共卫生法典》规定,人体及其生成物具有不可转让性,禁止以其进行交易。除此之外,该法还规定了应对采集或提取配子以进行辅助生殖医疗的行为进行携带病毒可能性的事先检测。

同样对人体基因编辑技术进行刑法规制的典型国家还有西班牙和芬兰。西班牙颁发《刑法典》,明确将基因编辑技术列入其中,设立故意改变基因罪、过失改变基因罪,在惩罚手段上,除了设置徒刑外,也创造性地规定,禁止从事基因编辑技术应用活动,但在涉及人体的技术应用领域的规制措施基本处于空白的状态。同西班牙有一定相似之处的芬兰,其将基因技术犯罪设立为单独的罪名加以规制,以明确立法的方式将其列入芬兰《刑法典》,其保护的刑法法益依旧倾向于传统刑法意义上的个体生命安全、人体健康。芬兰保护人体转基因技术,但对人体基因编辑技术应用

---

① 参见王康:《基因权的私法规范》,中国法制出版社 2014 年版,第 35~39 页。

的规制尚未制定严格的法律,基于技术应用的特殊性,需要进一步探索规制方式。

西班牙《刑法典》卷二第五集第一百五十九条明确了改变人体基因的刑事责任,该条款禁止了为消除和减轻严重疾病和缺陷而改变人体基因的行为,违反者将被处 2 年以上 6 年以下徒刑,剥夺其担任公职、从事职业及承担相关任务 7 年至 10 年的权利。出于保护个体生命安全、人体健康及保护人体转基因技术的需要,芬兰《刑法典》将基因编辑技术犯罪作为单独的罪名写入其中。芬兰《刑法典》在第四十四章"侵害保护健康和安全的规定"第九条直接规定了"基因技术罪"。

另外,澳大利亚《禁止人类克隆生殖与人类胚胎研究管理修订法案》(2006 年)规定:故意培育在妇女体外发育超过 14 天的人类胚胎,处 15 年监禁。该法案增设了"违反许可从事辅助生殖罪""使用非超期人类胚胎罪"等相关罪名,根据该法案此类犯罪可判处 5 年监禁。加拿大《人类辅助生殖法》(2004 年)规定,违法编辑人体基因组的,处 10 年监禁,单处或者并处 50 万加元。

一些国家采取了过分严厉的政策,这样做的一个风险就是促进另外一些国家出现所谓的 CRISPR 旅游业,导致有能力去海外旅游的患者,前往法律监管更宽松的国家开展活动。要阻止这些危险的甚至不合伦理的做法,不能靠国家对这些尚在探索中的方法网开一面,也不能对这方面的研究故意设限,因为这只会让科学家的研究工作转入地下——这可能是最坏的一种结果。事实上,政府需要做的是,确保监管环境对科学研究与临床应用足够友好,但同时足够严格,从而避免发生最坏的结果。①

第三节 折中型监管模式

折中型监管模式的国家通常在立法上不禁止人体基因编辑基础研究,但禁止人体基因编辑下游应用,如生殖细胞基因编辑。这些国家往往较为重视生物技术基础创新研发,也有较为完善的科研伦理审查体系,但对于人类胚胎基因编辑临床应用仍较为谨慎,并未呈现逐步放开的趋势。②

日本《人类克隆技术管制法案》(The Human Cloning Regulation Act),禁止将克隆人胚胎和具有人类和动物遗传物质的胚胎植入子宫。2013 年《再生医学安全保障法》(Regeneration Medicine Promotion Law)规定,分级管理再生医疗风险,科研机构使用基因工程方法修饰后的细胞进行培养和处理需要通知日本卫生劳动福利部,获得许可后方可开展研究。日本没有制定专门涉及人类胚胎、受精卵、精子或卵子的伦理指南和法律,其更多依赖各个政府部门的监督管理。③

日本与许多欧美国家相似,并没有特别成熟且具体的关于人体基因编辑技术的法律法规。日本生物技术发展迅速,其基因技

---

① 参见[美]珍妮佛·杜德娜、[美]塞缪尔·斯滕伯格:《破天机:基因编辑的惊人力量》,傅贺译,湖南科学技术出版社 2020 年版,第 236 页。
② 参见蒋莉:《人类基因编辑国际法律治理研究》,载《生命科学》2023 年第 10 期。
③ 参见蒋莉:《人类基因编辑国际法律治理研究》,载《生命科学》2023 年第 10 期。

术初期主要应用于农业、工业方面,在农业上提高农作物的质量,提高作物的耐寒性、耐旱性等,在工业上改良食品、药品以及化妆品,不断地进行生物基因技术的创新。随着科技的不断进步,相关基因技术法律的颁布也紧跟其后,如《科学技术厅组织令》《科学技术设置法》和《重组 DNA 生物体在农业、林业、渔业、其他相关工业部门的应用准则》,[①]但是这些法律并不涉及人体基因编辑技术应用的监管。随着该基因技术在医学领域不断深入发展,2002 年日本颁布的《规范基因技术法》正式提到了禁止编辑、改造人的基因及禁止人和动物基因的改良结合,且对违法操作设置了相应的刑事责任及刑罚。日本《规范基因技术法》对于生产人体基因个体、人与动物基因改良或混合个体的行为处以 10 年以下有期徒刑,单处或并处 1000 万日元以下罚金。特别值得一提的是,一方面,日本对于人体基因编辑技术的应用实行分类管理,主要采用行政批准和许可的方式,对技术研究与技术应用、体细胞与生殖细胞区别管理;另一方面,日本对于胚胎细胞的基因编辑技术应用行为严格遵守知情同意原则,对胚胎存活期进行严格限制,周期不得超过 14 天,同时严格禁止将编辑过的胚胎植入人体。

日本对关于人体基因编辑技术的法律规制所把握的尺度处于美国与德国之间,既不像美国那般宽松,又不像德国一般严格。到目前为止,日本只有关于基因技术的立法。在关于基因编辑技术的立法中有涉及人体基因编辑的相关法律条文,但比较笼统粗

---

① 参见蒋桢:《我国人类基因技术立法规制研究》,河南大学 2016 年硕士学位论文,第 14 页。

略,更多的是关于克隆人的立法。日本于 2000 年出台的《克隆人及其他相关技术规制法》明确禁止了克隆人体胚胎,但是对人体基因编辑试验立法则持模糊不清的态度。[①] 其规定:禁止任何人将人体细胞的克隆胚胎、人与动物的融合胚胎、人与动物的混合胚胎或人与动物的嵌合体胚胎,植入人或动物的子宫内。任何人违反该规定可被判处 10 年以下有期徒刑,并处 1000 万日元。由此可见,一旦涉及人体基因编辑技术应用所形成的伦理风险,目前日本的基因技术法可以适用但较为牵强。日本对生殖细胞系基因编辑改变人体胚胎仅限于基础研究,禁止将编辑过的胚胎植入人体。发布于 2002 年的关于基因治疗的指导性法律文件——《基因治疗临床研究指南》,禁止可能引发或改变人类生殖系细胞或胚胎基因信息的任何基因治疗临床试验。而日本首相办公室的科学技术创新委员会则考虑修订政策,将通过生殖系细胞编辑改变人类胚胎限制在基础研究的范围内,并禁止将编辑过的胚胎植入人体内。

　　日本关于人类基因编辑技术的规定主要散落于克隆、干细胞等领域的法律法规中。日本人类基因编辑技术的监管机构与制定前沿生物技术研究和应用政策的机构分属不同部门,相关政策基于不同的立场发生错位,进而影响了监管的有效性。例如,2016 年日本科学技术创新委员会生物伦理学专家组公布了一份中期报告,提出如果研究是基于探索胚胎早期发育和分化中的基因功能,那么在胚胎中使用基因编辑技术就具有足够的科学合理

[①] 参见孟凡壮:《克隆人技术立法的宪法逻辑》,载《学习与探索》2018 年第 9 期。

性和社会适当性。但在日本厚生劳动省和文部科学省 2018 年联合发布的指南草案中,其虽然允许以治疗为目的的人类胚胎基因编辑,并鼓励基因编辑技术用于治疗遗传疾病的相关研究,但严格限制基因编辑后的人类胚胎用于生殖目的。日本厚生劳动省和文部科学省联合发布的指南明确禁止以生殖为目的的和以临床试验为目的的人类胚胎基因编辑,但因该指南不具有法律约束力,违法行为并不受到法律惩罚,而且该指南不适用于可能使用基因编辑进行治疗的私立医院或私人诊所的医生,其适用的监管对象仅限于科研机构的研究人员。该指南草案实质上意味着日本在人类基因编辑问题上的立场进一步放宽,彰显其鼓励人类胚胎基因编辑领域研究的政策导向。

第四节 域外典型监管模式的启示与考察

由上文可知,全球人体基因编辑立法例中,英美法系立法对人体基因编辑的规定较为宽松,而大陆法系国家则对人体基因编辑,特别是人体生殖细胞系基因编辑较为严格,甚至明令禁止或规定民事惩罚或刑事责任,尤其是德国、法国、意大利、奥地利及其他多数有着民法典制定法传统的国家则采取更为严厉的禁止策略。具体到人体生殖细胞系基因编辑领域,英美法系中又以美国的相关立法最为宽松,美国联邦立法层面并没有明令禁止生殖细胞系基因编辑,只有少数几个州有禁止性规范。同时,美国通过禁止食品药品监督管理局审核新药或疗法的手段禁止任何联邦资助用于生殖系基因组编辑的可能。但同时,美国又为私人资本介入资助生殖细胞系基因编辑留了口子。在美国,私人资本资助人体生殖细胞系基因编辑基本没有限制。在欧盟和欧洲理事会人体生殖细胞系基因编辑相关立法的影响下，英国禁止不符合《人类受精和胚胎学法案》的人体生殖细胞系基因编辑，但对于线粒体疾病的传播和治疗，又允许进行生殖细胞系基因编辑，这使英国立法成为欧洲人体生殖细胞系基因编辑立法例中的特例。英国《人类受精和胚胎学法案》规定：禁止改变形成胚胎的任何细胞的遗传结构，除非得到许可。英国至今尚未批准允许生殖系基因编辑的临床应用行为。随着英美法系和大陆法系传统日益趋同的趋势加深，大陆法系的日本有由大陆法传统趋向美国模式的迹象，而英美法系的印度则基于自身的宗教、文化传统及人口控制的原因对生殖细胞系基因编辑的限制更为严格。综上所述，大多数国家对人体生殖细胞系基因编辑还是持禁止的态度。需要指出的是，宽松型监管模式、严格型监管模式和折中型监管模式并非一成不变的，随着技术的发展和社会的变迁，一些国家的规制模式发生了转变和趋同。

由于国情、经济发展水平以及国民素质的不同，我国存在与国外的人体基因编辑技术的立法现状不同的问题，要想解决这些人体基因编辑中的中国式问题，不能一味地照搬国外的立法制度，而是应该结合目前我国人体基因编辑技术发展的水平和立法现状，参考国外的立法，重视宪法在整个法律体系中的核心作用，强调宪法对保护人类尊严的作用，从而更好地弥补我国目前人体基因编辑立法的不足。

人体基因组编辑国际峰会由英国皇家学会、美国国家科学院和美国国家医学院等联合举办。2015年12月，由美国国家科学院、美国医学科学院、中国科学院、英国皇家学会联合组织的首次人体基因编辑峰会在美国华盛顿召开，就该技术的科学性与其运用展开了多方面讨论。14个月后，2017年人体基因编辑研究委员会正式就人体基因编辑的科学技术、伦理与监管向全世界发布研究报告。该报告将人体基因编辑分为基础研究、体细胞、生殖细胞或胚胎基因编辑三大部分，分别就这三方面的科学问题、伦理问题以及监管问题进行了讨论并提出相关原则。人体基因编辑研究委员会发布的《人体基因编辑研究报告》为人体基因编辑技术的进一步发展与运用提出了系统性、原则性的框架，具有积极意义。①

在2015年举办的首届人体基因组编辑国际峰会上，达成的共识如下：第一，基因编辑技术的基础和临床前期研究可以在适当的法律和道德监管下开展。第二，在安全性和有效性问题得到根本解决以及临床使用获得广泛的共识之前，对早期人类胚胎或生殖细胞的基因编辑不得用于生育目的。这是国际上首次为基因编辑技术划定的不可逾越的"红线"。② 自2015年首次国际峰会在美国华盛顿特区举行以来，人体基因组编辑科学发展迅速，应用CRISPR/Cas9和其他功能强大的精确编辑工具医治严重疾病的临床试验即将展开。

第二届人体基因编辑国际峰会于2018年11月27日在我国香港大学开幕。为期3天的国际峰会由英国皇家学会、美国国家科学院和美国国家医学院等联合举办，来自全球各地的基因组编

---

① 参见任霄鹏：《人体基因编辑研究报告全球发布》，载科学网，https://paper.sciencenet.cn/htmlnews/2017-2-367929.shtm。
② 参见赵熙熙：《基因编辑峰会支持人类胚胎研究》，载《中国科学报》2015年12月7日，第2版。

辑权威机构参加此次峰会。在此次峰会开幕的前一天,贺建奎宣布世界首例"基因编辑婴儿"诞生。在第二届人体基因组编辑国际峰会上,组委会表示对体细胞基因编辑在临床试验中的迅速发展表示赞赏。鉴于生殖细胞系基因编辑技术对人体基因多样性和人类未来可能造成的不可估量的深远影响及贺建奎在峰会开幕前一天宣布世界首例"基因编辑婴儿"的诞生,组委会坚持,进行任何生殖系基因编辑的临床应用仍然是不负责任的基本立场。按照风险程度不同而采取不同态度,按照实施对象和实施阶段的不同,设置不同的管理制度,是此次峰会的基本共识。按照风险程度设置预防性为主,兼顾事后惩罚的监管政策,是峰会认可的理性的控制模式,有利于控制技术风险,最大限度地维护社会伦理道德底线,同时为基因科技的健康有序发展预留适度的自由空间。

路易斯·巴德斯曾经说过:"科学无国界,因为知识是属于全人类的遗产。"然而,虽然科学具有全球性的影响力,但其同时在不同的政治制度和文化规范下向前推进。关键是在确定能够超越此类差异和分歧的同时兼顾文化多样性原则,要做到这一点并非易事。[①] 人体基因编辑国际峰会共识中体现的精神应当构成世界各国或地区相关政策与监管制度的基石,各国或地区均应该将这些共识合理地内化为一国或地区基因编辑技术监管的法律体系,适时通过立法赋予其法律效力。

本书梳理分析了域外典型国家基因编辑技术监管模式和立

[①] 参见美国国家科学院、美国国家医学院主编:《人类基因组编辑:科学、伦理和监管》,马慧等主译,科学出版社2019年版,第20页。

法,介绍了两次人体基因编辑国际峰会达成的伦理共识和规范趋势,以期为我国基因编辑技术治理提供客观、理性、可行的有益经验和启示。从世界典型国家基因编辑技术监管的模式来看,结合国情构建我国人体基因编辑技术治理体系需要注意以下几点。

一、坚持审慎立法的立场

基因编辑技术作为具有革命性的生命科学技术,其突飞猛进的发展带来该领域翻天覆地的变革,基因编辑技术已经深入生物学的所有领域,影响力遍及全球,亦对人类几千年来的自然演化过程进行人工介入和加速重构。若不顾潜在风险鼓励基因编辑技术发展,人类必将陷入悔不当初的境地;若因顾忌潜在风险而因噎废食,则又会错失生命科技时代基因编辑技术发展的大好机会,这就需要在人体基因编辑技术监管保障技术健康发展的同时,趋利避害,实现风险最小化,造福人类。

二、坚持区分风险等级的治理原则

与其他生物科技相同,基因编辑技术中的每一类技术的实施对象、实施程序、潜在风险及社会影响都存在差异,这就需要区分作用对象的不同,区分技术应用的目的、风险程度和技术应用的不同阶段、不同场景,设置不同的监管框架和治理机制,保证技术治理的针对性、法治化和有效性。根据技术应用的风险和益处来评价安全性与有效性。区分体细胞和生殖细胞,根据不同的分类标准采用不同的规制措施。首先,针对体细胞基因编辑技术基础实验活动,设置专门的监管机构,辅之以其他专业机构,包括基因治疗和伦理道德咨询委员会对试验的潜在风险和收益进行严格的科学评估。临床应用阶段,在应用体细胞基因编辑技术作为治疗手段之前,应将获得专门的监管部门的批准作为前置条件。其次,专门机构的支持。监管部门与专门机构联合发布技术应用指导纲领,将对体细胞进行基因技术应用所必须满足的条件确定下来。生殖细胞系基因编辑的基础实验需要受到更严格的监督和监管,在世界科学界就生殖细胞系基因编辑达成共识之前,严禁生殖细胞系基因编辑技术的临床应用。根据首次人体基因编辑峰会发布的《人体基因编辑研究报告》,任何可遗传生殖基因组编辑应该在充分的持续反复评估和公众参与条件下进行;仅限于预防某种严重疾病;在公众的广泛参与和建议下,持续和反复核查其健康与社会效益以及风险;通过可靠的监管机制来防范其治疗重大疾病外的滥用。

三、坚持以权益保障为依归

在世界范围内科技发展以受试者(患者)权益保障为依归的背景下,我国人体基因编辑技术试验、应用及治理中除了技术的规范应用之外,还需要注重受试者(患者)权益保护。患者利益至上原则也成为各国普遍遵守的基因编辑技术实施的基本伦理原则。世界医学协会发布的《赫尔辛基宣言》要求,"在涉及人的医学研究中,应该将人类受试者(患者)的安康放在优先地位,其次才是科学和社会的利益"。美国1978年发表的《贝尔蒙报告》中规定了尊重、有利和公正三项基本伦理原则。其中"有利"原则是指,以合乎伦理的方式对待,不仅尊重他们的决定,保护他们不受伤害,而且要努力保证他们的健康。有利行动有两条互补的规则:其一,不伤害;其二,使可能的受益最大化和使可能的伤害最小化。《纽伦堡公约》也规定,试验必须力求避免在肉体上和精神上的痛苦和创伤,必须做好充分准备和有足够能力保护受试者(患者)排除哪怕是微乎其微的创伤、残疾和死亡的可能性。

四、构建多元协同治理体系

相较于其他基因编辑技术,人体基因编辑技术因掌握了个体化基因组信息并操控这些信息,而具有了能够修改生命的前景。相较于之前的基因编辑技术,CRISPR/Cas9系统是任何人都可以使用的工具,便宜、快速、高效,价格也相对低廉。更重要的是,其对所有的生物都适用。而CRISPR/Cas9系统作为新兴的基因编辑工具也因其能够作用于人体基因组而饱受争议。人体基因编辑技术具有技术发展的革命性、实施对象的特殊性、潜在风险的复杂性及社会影响的全局性等特征,其治理理念需要从传统行政管理向现代多元治理转变,构建行业自律、伦理治理、法律规制及全球治理多种手段相结合的协同治理模式。

第五章　人体基因编辑技术应用风险协同治理的必要性

以探索和创造的名义，以求知和求真的名义，科学有着令人难以抗拒的魅力，它引领人类向着无限广阔的领域拓展，无所畏惧地探索一切的可能性。但问题在于，"科学本身只是作为实现人类生存目的的一种工具：政治共同体决定什么是适宜的目的，这最终并不是科学问题"。科学界将对人类未来产生巨大影响的生物技术称为"超人类革命"。人体基因编辑技术作为生物科技中以人体本身为操作对象的技术将给人类未来带来极其深远的影响。从人体基因编辑技术实施对象的特殊性、潜在风险的复杂性、"伦理倾销"的危险性及法律规制的无力性来看，将人体基因编辑技术放在国家治理体系和治理能力现代化的框架内，调动多种规范手段进行协同治理是必然选择。同时，人体基因编辑技术的治理需要将预防和监管相结合,既考虑加强科学家共同体敬畏之心和道德责任感的行业自律,也需要严守伦理底线,加强伦理审查的伦理治理,更需要对技术实施边界、实施程序、权益保障及法律责任进行有效规范,防止技术滥用的法律规制。同时,由于人体基因编辑技术影响的全球性,需要发挥全球治理的共识性协作效能。

第一节 技术发展的革命性

在提及基因编辑技术时,"革命"和"突破"两个词是媒体经常用到的词语。与传统遗传工程方法的局限性相比,基因组编辑技术的能力主要表现为适用范围广、作用精确、基因打靶效率极高、不会留下外源DNA痕迹及工具容易制备等方面。然而,从对生命的遗传修饰的角度来看,基因编辑技术最具有革命性的方面在于,它很容易应用于受精卵,即所有复杂的多细胞生命的源头。[1] 如果对基因组的编辑能够做到既精准又有效,有些遗传类疾病可能会成为过去,因为遗传的基因缺陷可以在胚胎时期,甚至在精子或卵子还在父母的生殖腺中时就被改正。"当我们具有掌握个体化基因组信息和操控这些信息的能力时",家长就可以按照自己的意愿设计后代。[2] 在生物科技时代,基因编辑技术除了能够预防和治疗疾病之外,还能定向调整大脑,延缓衰老,定格青春,通过药物研发和基因介入,让人更高、更快、更强,还能通过

---

[1] 参见[英]约翰·帕林顿:《重新设计生命:基因组编辑技术如何改变世界》,李雪莹译,中信出版集团2018年版,第85页。
[2] 参见[英]约翰·帕林顿:《重新设计生命:基因组编辑技术如何改变世界》,李雪莹译,中信出版集团2018年版,"序言"第Ⅶ~Ⅷ页。

设计器官与克隆人类,打造全新的个体。基于特定的目的,直接、刻意地将新的指令引入生物体的基因,并使其遗传给后代,使进化从一个偶然而缓慢的进程转变成一个快速的、由人控制的过程。① 随着基因编辑技术日新月异的发展,针对人类的基因疗法将变得更加安全,整个治疗将会从需要"立刻进行治疗"的疾病向"最好进行治疗"的疾病转变。② 基因编辑技术的最新策略是,利用目前广泛研究和运用的,价格也相对低廉,各种生物都适用的基因编辑方法 CRISPR/Cas9 系统可以在短短几周之内设计出带有新性状的细菌、植物和动物。③ "基因组编辑技术因其技术本身简单易行、成功率高、能够使用于各种生物等方面的原因,被科学界称为最具革命性的生命科学技术。"④

人们会为 CRISPR 研究领域中的竞争白热化程度震撼,惊叹于短短几年之内这个领域就已经天翻地覆,影响力遍及全球,深入生物学各个研究领域。⑤ 革命性的技术一旦出现,就无法被严格限制。盲目推进新技术,当然会带来新的问题。有序释放 CRISPR 的巨大潜力,这的确会决定未来。⑥

---

① 参见[墨]胡安·恩里克斯、[墨]史蒂夫·古兰斯:《重写生命未来》,郝耀伟译,浙江教育出版社 2021 年版,第 87 页。
② 参见[墨]胡安·恩里克斯、[墨]史蒂夫·古兰斯:《重写生命未来》,郝耀伟译,浙江教育出版社 2021 年版,第 122 页。
③ 参见[墨]胡安·恩里克斯、[墨]史蒂夫·古兰斯:《重写生命未来》,郝耀伟译,浙江教育出版社 2021 年版,第 126 页。
④ 参见日本 NHK"基因组编辑"采访组:《基因魔剪:改造生命的新技术》,谢严莉译,浙江大学出版社 2017 年版,第 2 页。
⑤ 参见[美]珍妮佛·杜德娜、[美]塞缪尔·斯滕伯格:《破天机:基因编辑的惊人力量》,傅贺译,湖南科学技术出版社 2020 年版,第 240 页。
⑥ 参见[美]珍妮佛·杜德娜、[美]塞缪尔·斯滕伯格:《破天机:基因编辑的惊人力量》,傅贺译,湖南科学技术出版社 2020 年版,第 236 页。

由于法律天然具有保守性与滞后性,其面对新生事物的反应难免会显得延迟。以我国为例,目前与人体基因编辑活动直接相关的规范不仅数量较少而且位阶普遍较低,依靠现有规范对人体基因编辑活动进行调整,效果难言理想,完善相关立法已成为当务之急。但由于目前人类对人体基因编辑活动的潜在影响的认知还有待提升,即便经过完善,相关立法的实际效果也很难保证。显而易见,由于协同规制所依靠的是多部立法而非某一部立法,即便其仍不能保证完全有效,有效的可能性也终究会更大,理应成为首选。

第二节 实施对象的特殊性

相较于以往的任何技术,人体基因编辑技术最大的特殊性就是它是对作为主体的人类本身的基因组进行的科学研究。如前所述,这也是新兴的 CRISPR/Cas9 系统受到争议的最主要原因。找到一个特定功能的基因密码,将其直接、有意地插入病毒、植入动物或人类的基因片段中,形成一个非偶然的变异。人体基因编辑技术"其实是在通过智能设计(intelligent design)改变生物体及其后代的特质或行为"[1]。而这些被基因编辑过的人相较于自然人类,事实上已经是完全不同的生命形态了。人体基因编辑技术以解析生命本质为基本特征,使人类正在经历从自然选择决定的

---

[1] 参见[墨]胡安·恩里克斯、[墨]史蒂夫·古兰斯:《重写生命未来》,郝耀伟译,浙江教育出版社 2021 年版,第 115 页。

进化到人类设计驱动的进化的转变。① "基因编辑革命为人类的未来提供了许多可能性和危险。"②而如何在对作为主体的人进行基因编辑的同时,又能保护人性尊严是需要认真考虑的问题。韩大元教授在康德"人本身即是目的"的观点的基础上,将人的尊严扩展到人的自主性,对于个人享有的对自己生命和生活的掌握和规划的权利,公权力不应该予以干涉,并在需要的时候应该予以支持和帮助。③ 如何在对人体基因组进行编辑的同时,保证人的自主性不受侵犯是人体基因编辑的一个难题。人体基因编辑活动因其实施对象的特殊性实现了对人类自然的生老病死的干预,改变了人类未来,对人类人性尊严产生冲击。

显而易见,人体基因编辑活动不仅存在损害人格尊严以及身体健康的风险,而且存在损害伦理道德和公共利益的风险,甚至可能会影响国家安全。有学者指出,在人体基因编辑研究严重损害社会公共利益或人体健康的情况下,存在侵害国家安全的可能。④ 这也正是《生物安全法》将人体基因编辑问题纳入调整范围的原因所在。由于其本身事关重大,作为国家根本大法的宪法不可缺位;由于其涉及身体健康,旨在保护民事权利的民法也无法置身事外;由于其存在损害伦理道德、公共利益乃至国家安全的风险,专注于公共利益保护的行政法和刑法也不可缺位。换言之,

---

① 参见[墨]胡安·恩里克斯、[墨]史蒂夫·古兰斯:《重写生命未来》,郝耀伟译,浙江教育出版社 2021 年版。
② 参见[英]约翰·帕林顿:《重新设计生命:基因组编辑技术如何改变世界》,李雪莹译,中信出版集团 2018 年版。
③ 参见韩大元:《论克隆人技术的宪法界限》,载《学习与探索》2008 年第 2 期。
④ 参见朱晓峰:《人类基因编辑研究自由的法律界限与责任》,载《武汉大学学报(哲学社会科学版)》2019 年第 4 期。

人体基因编辑活动同时涉及公法和私法的利益,导致其必然会同时涉及公法和私法两个方面的问题,而这又导致多元规范体系和规范形式的协同治理成为必然选择。

第三节 潜在风险的复杂性

科学的发展和新技术的应用给人们的生产生活既带来了诸多益处,也时常将人们的生活推入风险之中。以人工智能、生物科技,甚至神经科技为代表的新兴科技将人类带入"风险社会"。乌尔里希·贝克(Ulrich Beck)和安东尼·吉登斯(Anthony Giddens)都曾对现代风险社会进行精彩论述,指出与传统风险社会的局部性、自然性特质明显不同,当代风险社会更具全球性和人为性,且往往与科学技术的发展密切相关,科技发展及现代化程度越高,风险就越多、越明显。在这样一个社会中,科学技术不仅是一种处理问题的途径,也成为麻烦制造者。"当成功增长的时候,科学发展的风险似乎以更高的比例在增长。"充斥于整个社会的风险造成了某种程度的"不安全感"[1],"占据中心舞台的是现代化的风险和后果,它们表现为对植物、动物和人类生命的不可抗拒的威胁"[2]。除了侵犯人性尊严之外,人体基因编辑技术也对伦理观念、法律规则、国家治理甚至人类未来等领域产生重大冲击。"基因编辑婴儿"事件后,学界对人体基因编辑技术引发的

---

[1] 参见[德]乌尔里希·贝克:《风险社会》,何博闻译,译林出版社2004年版,第191页。
[2] 参见[德]乌尔里希·贝克:《风险社会》,何博闻译,译林出版社2004年版,第6~7页。

风险进行了深入探讨。具体来讲,人体基因编辑的潜在风险主要包括技术上的脱靶效应、最坏风险不可控;伦理上侵犯人性尊严、带来优生主义隐忧;法律上的立法规制不健全;社会维度可能带来人与人之间不可逆的不平等、人类异化等风险。[1] 除此之外,还包括生殖系基因编辑技术本身的安全性、实验对象在被基因编辑过程中存在风险——受益比的不确定性,以及被编辑主体自主选择权被剥夺的可能性。[2] 由此可见,人体基因编辑技术的潜在风险不仅涉及个体尊严、社会平等,还关涉人体基因多样性及整个人类未来。这种风险具有多维性,在技术上呈现不确定性与不可逆性、在伦理上呈现人性尊严与价值的颠覆、在社会上可能导致人的异化与不平等、在法律政策上尚未确定明朗的走向。[3] 因此,必须系统地评估基因编辑所带来的利弊得失,类型化地区分不同基因编辑可能带来的利益与风险的对等性,衡量技术的安全性与有效性,从而针对不同类型的基因编辑行为进行不同规范体系的监管和规制。

人体基因编辑活动可能引发的风险是多维的:从技术的维度看,其后果不仅不确定而且不可逆;从伦理的维度看,其可能损害人的尊严;从社会的维度看,其可能引发新的社会不平等甚至导致人本身被异化;从法律的维度看,相关的法律政策尚不清晰。[4]

---

[1] 参见王康:《人类基因编辑多维风险的法律规制》,载《求索》2017年第11期;徐娟:《基因编辑婴儿技术的社会风险及其法律规制》,载《山东大学学报(哲学社会科学版)》2020年第2期。

[2] 参见张彤:《人类基因编辑的伦理风险与治理对策研究》,载《学理论》2020年第9期。

[3] 参见王康:《人类基因编辑多维风险的法律规制》,载《求索》2017年第11期。

[4] 参见王康:《人类基因编辑多维风险的法律规制》,载《求索》2017年第11期。

事实上,在贺建奎"人体基因编辑婴儿"一案中,法院也认为,若放任有关行为发展,则会给人体基因安全带来不可预测的风险。① 关于安全问题,需要考虑在何种情况下,针对生殖细胞系的基因编辑可以被认定为足够安全,可以用于临床治疗。我们要确保最终的潜在收益必须超过可能的风险。对于那些意外后果以及如何调控它们,我们还需要认真地考虑。除此之外,人类遗传学的全部知识是否有朝一日能使我们准确预测并提前规避最糟糕的后果,科学家们对此仍心存疑虑。② 为有效应对人体基因编辑技术应用的多维风险,需选择综合运用多种不同规范体系和规范形式。

第四节 "伦理倾销"的风险性

人体基因编辑技术应用风险中,值得一提的是,科技领先于社会的观念导致科技领域"伦理倾销"的出现。2013 年欧盟委员会将"伦理倾销"定义为,"因为严格的伦理审查而在科学家自己的国家无法开展的,却被转移到伦理规则较宽松的中低收入国家进行的不道德的科学研究"③。"伦理倾销"不可避免地带来重大的医学风险、舆论风暴及道德危机。作为新兴生物科技,人体基

---

① 参见万婷婷:《聚焦首例"人体基因编辑婴儿"案》,载新华网,http://www.xinhuanet.com/mrdx/2019-12-31/c_138668498。

② 参见[美]珍妮佛·杜德娜、[美]塞缪尔·斯滕伯格:《破天机:基因编辑的惊人力量》,傅贺译,湖南科学技术出版社 2020 年版,第 217 页。

③ 参见周森、许小委:《科研伦理倾销的概念辨析及其启示》,载《科学管理研究》2019 年第 6 期。

因编辑技术试验实施中也需要特别注意遏制"伦理倾销"的风险。世界首例"基因编辑婴儿"事件更是提醒我们需要警惕我国人体生殖细胞系基因编辑试验沦为"伦理陷阱"。对于基因组编辑应用于人类受精卵,大多数研究者都已经达成共识,认可"不能用于临床"以及"接受过基因组编辑的人类受精卵不能用于孵育新生命"这两大原则。

对于黄军就领导的世界首例人类胚胎基因编辑试验那样的基础性研究,大家的态度仍存在两极分化。不乏研究者认为,使用人类受精卵是为了考察基因组编辑技术的效率和安全性,进行此类基础研究是没有伦理问题的;但与此同时,也有观点指出,在包括普通民众以及有可能受惠于基因编辑的患者在内的全体社会成员,而非仅限于研究者先进性成熟的讨论之前,以人类为对象的所有应用——包括基础研究都应该停止。[①]

生物科技时代,在各种国际化的研究合作中,人类共同体之间的联系和影响空前紧密。同时,伦理上的不平等和剥削也较为普遍和隐蔽,发生在我国的比较典型的"伦理倾销"事件主要有"换头术"、"基因编辑婴儿"、"疟疾抗癌"和安徽省遗传资源流失事件等。面对"伦理倾销"带来的不可忽视的技术风险和道德危机,必须从源头上予以遏制。在人体基因编辑技术试验实施的过程中,需要特别注意防范外国科研团队将我国医学变为"伦理陷阱"的阴谋。在黄军就的团队用 CRISPR/Cas9 修正了导致 β-地中海贫血症的基因缺陷事件发生后,日本的北海道大学生

---

① 参见日本 NHK "基因组编辑"采访组:《基因魔剪:改造生命的新技术》,谢严莉译,浙江大学出版社 2017 年版,第 4 页。

物伦理学教授石井哲也则担心,如果允许对人类胚胎的基因组进行编辑,将其作为预防医学的一种形式,则可能是"在监管不力的国家,慢慢滑向'定制婴儿'的结局的一个开始"①。拒绝"伦理倾销",避免"基因编辑婴儿"类似事件再次发生,需要科学家共同体提高觉悟,严格伦理审查,完善法律监管,暂缓在人体基因组中引入可遗传的变化;同时,需要注重公众参与,除了监管机构、科学家团体之外,还需要更多的临床医生、新闻媒体,甚至普通民众参与基因编辑热点问题的讨论,达成基本共识,完善我国的相关立法和监管制度。②

　　需要说明的是,本来"伦理倾销"属于潜在风险的一种,但是在贺建奎"基因编辑婴儿"事件的恶劣影响下,鉴于"伦理倾销"对我国人体基因编辑技术发展的独特意义,本书将其专门单独列出,以示重视和警示,拒绝"伦理倾销",避免"基因编辑婴儿"类似事件再次在我国出现。针对"伦理倾销"出现的可能性,建立人类基因编辑全球治理框架的呼声日益提升。这方面的典型体现是世界卫生组织于2018年12月建立了"人类基因编辑治理与监督全球标准发展专家咨询委员会",并于2021年发布了《人类基因编辑管治框架》《人类基因编辑建议》两个重要文件,对全球治理的推进进行了初步探索。

---

　　① [英]约翰·帕林顿:《重新设计生命:基因组编辑技术如何改变世界》,李雪莹译,中信出版集团2018年版,第110~111页。
　　② 参见王立铭:《基因编辑婴儿:小丑与历史》,湖南科学技术出版社2020年版,第86页。

第五节 社会影响的全局性

基因编辑对人类和全球的影响力如此巨大,从人体基因编辑活动的社会影响来看,协同规制是必然的选择。人体基因编辑活动的法律影响不仅是巨大的而且是综合性的。其中,人体基因编辑活动所牵涉的法律基本原则(尊严)与公民的基本权利(生命权、健康权等)等层面的问题,宜由宪法来确定;人体受试者(患者)本人及其父母的损害救济等问题,由于涉及私权,应由民法具体规定;如何追究非法从事人体基因编辑活动的机构或者个人的刑事责任等问题,应由刑法规定;诸如行政许可、行政监管和行政处罚等问题,应由行政法规定。可见,规制人体基因编辑活动原本就不是某一部门法能够完全胜任的事,由多个部门法协同规制是必然选择。

2015年,美国情报机构向参议院国会军事委员会提交的《安全威胁评估报告》中,把基因组编辑列入其他国家可能在研发的六种大规模杀伤性武器之一,美国需要对此提高警惕。"生物与化学材料方面的技术进展几乎总是双重用途,并且迅速融入全球经济体",该报告的作者总结道。所谓"双重用途",即技术可以用于和平,也可以用于战争。该报告没有深入解释基因组编辑如何成为武器,但它指出,"在其他监管不严或者伦理标准不同的国家,对基因组编辑的研究可能会增加他们制造出有害的生物制剂或生物产品的可能。鉴于这些技术传播之广、成本之低、发展速度之快,对它有意或无意的误用可能会对经济和国防产生深远的影响"。这似乎是在呼应潜在的质疑声音,报告的作者指出,

"2015年基因组编辑取得的进展,迫使美国和欧洲大批一流科学家对未经调控的人类生殖细胞系编辑提出怀疑"①。

第六节　单纯法律规制的无力性

当今世界科技的发展越来越凸显"技术在前、伦理在后"的特点。虽然无法预知技术发展的创新与突破,但为可能出现的新兴科技预设前瞻性的应对方案是伦理和法律应该做的。法律的保守性与滞后性在应对迅猛发展的现代科技时显得延迟和无力。人体基因编辑法律规制的无力主要体现为国际法治理的无力和国内法规范的不健全两个方面。基因编辑技术不断对微观生态系统进行着混合、摧毁和颠覆。人类已经深刻意识到,"正由于基因编辑技术的这种前所未有的操控生命的能力,它的影响注定会延伸到未来社会的每个角落。它的作用,人们在医学中已经感觉到了"②。即便如此,人类可能依然无法在全球范围内就人体基因编辑技术的挑战在达成基本共识的基础上,彼此协作。

从国际法层面看,目前对人体基因编辑技术进行规范的相关国际公约主要有:《世界人权宣言》(1948年)、《欧洲人权与生物医学公约》(1997年)、《世界人体基因组与人权宣言》(1997年)、《世界生物伦理与人权宣言》(2005年)和《赫尔辛基宣言》(2013年)。诚然,并非所有公约对全部或部分国家都具有法律约束力,

---

① 参见[美]珍妮佛·杜德娜、[美]塞缪尔·斯滕伯格:《破天机:基因编辑的惊人力量》,傅贺译,湖南科学技术出版社2020年版,第214页。
② 参见[英]约翰·帕365顿:《重新设计生命:基因组编辑技术如何改变世界》,李雪莹译,中信出版集团2018年版,第157页。

但此类公约的基本原则已成为全球规范和愿景的重要指引。世界各国对人体基因编辑,特别是生殖细胞系基因编辑技术的实施边界没有一个统一的标准,而这些国际公约和宣言没有具体的规范内容,更多的是表达一种意愿、倡导,勾勒一种图景,只能为人体基因编辑治理提供一个方向,无法提供有针对性、有约束力的规范。而这些公约和宣言不可避免地存在起草时间过早、规范笼统、不具有针对性、规范效力不足等缺陷。从国内立法层面看,受到"基因编辑婴儿"事件的冲击,我国开始尝试在法律层面对基因编辑进行方向性的规范,以弥补原有立法效力层次低、分散、规范事项不明、不注重权益保障及缺乏有力的惩罚措施等方面的缺陷和不足。但由于缺乏专门立法的规范,监管效果难言理想。世界范围内人体基因编辑技术的潜在风险及其带来的巨大影响更加凸显了单纯法律规制的无力。

综上所述,面对人体基因编辑技术实施对象的特殊性、潜在风险的复杂性、"伦理倾销"的危险性及单纯法律规制的无力,仅凭某种单一规范手段无法达到理想的监管效果,需要在国家治理体系和治理能力现代化框架内建构兼顾事前预防和事后惩罚、实体正义与程序公正,"软硬兼具"的多元规范相结合的人体基因编辑技术应用风险协同治理体系。

第六章　构建我国人体基因编辑技术应用风险的协同治理体系

人体基因编辑技术已然成为现实,人类必须对其进行积极的监管,在保证科研自由的基础上,将风险降至最低,使人体基因编辑技术造福人类。在医学伦理约束下,以治疗和预防疾病为目的的体细胞基因编辑技术,在预防和治疗遗传病等诸多方面均具有巨大的空间和价值;而以增强人类某方面性能为目的的基因改进则需要谨慎为之,特别是对人类生殖系细胞进行的基因编辑,其后果直接影响受术者的子孙后代,甚至改变人类世代延续的先天基因多样性。所以,以增强人类性能为目的的基因改进和生殖系人体基因编辑是世界各国规制的重点,需要以谨慎的态度设计理性可行的监管策略。

人体基因编辑技术实施对象的特殊性、技术潜在风险的复杂性以及对人类未来的影响,决定了构建以法律为中心的人体基因编辑技术多维监管模式是基因编辑治理的必然选择。我国《民法典》第一千零九条规定："从事与人体基因、人体胚胎等有关的医学和科研活动，应当遵守法律、行政法规和国家有关规定，不得危害人体健康，不得违背伦理道德，不得损害公共利益。"由此，《民法典》也确定了对于与人体基因有关的医学和科研活动采取协同治理的基本立场。《刑法修正案（十一）》将非法植入基因编辑、克隆胚胎情节严重的行为归入犯罪，从而填补了我国在基因技术领域的刑事立法空白。这些都表明我国对人体基因编辑技术应用风险的足够重视和积极应对。

在生物科技时代，每一次影响深远的科技事件都将促使人们去思考人类如何利用现代科技趋利避害，甚至撬动立法机关抓住契机进行新的立法，或对原有立法进行修改和完善。秉持国际化视野，在遵循促进福祉原则、最小伤害原则、知情同意原则、尊重人格及公平原则的基础上，综合采用行业自律、伦理治理及法律规制的多元协同治理方式，对人体基因编辑技术应用进行协同治理，是各国在生命科技时代应对人体基因编辑技术潜在风险的必然选择。由于每一种技术都有一系列利益、风险、监管框架、伦理问题和社会影响，需要在潜在利益和意外伤害风险之间寻找平衡，将社会价值观纳入显著的临床和政策考量因素，实现人体基因编辑技术治理的科学化和法治化。

世界范围内基因编辑技术典型的监管模式主要有：美国以产品主义为导向的宽松型监管模式，欧盟以支持派、中间派和反对派为导向的严格型监管模式及防止技术滥用风险基础上形成的折中型监管模式。面对世界各国不同的法律治理和监管模式，必须从医学、社会学、伦理学及法学等多方面进行全盘考量，从而得出每种监管模式可能产生的效果及影响。这就需要考察世界范围内基因编辑技术不同监管模式下的经验教训,从而得出比较性的分析结论,为探索符合我国国情的基因科技法律治理体系及其法治化策略提供全面、客观、可靠的有益参考。基于我国基因科技发展的现状带来的一系列非常态风险及现有监管的不足,应该在借助既有规范文件的基础上构建法律引领的行业自律、伦理治理与法律规制相结合的"软硬兼备"的治理模式。关注国内外对该领域软法和硬法的角色定位、落实机制等的差异和联系,探讨伦理和法律等协同共治的基础法理与实施路径。

第一节　治理与协同治理

一、治理理论概述

（一）治理概念的产生和发展

"治理"一词,强调有序而合理的发展,维护社会的公平与稳定,源于古典拉丁文"*governance*"和古希腊语"kybern",常被用来指称与指导有关的活动。传统意义上,"治理"经常与"统治",一起交叠使用,并且主要用于与国家的公共事务相关的管理活动和政治活动中。

有研究表明,"治理"一词最早诞生于 14 世纪,最初是从法语"gouvemance"诞生。① 经过很长一段时间的发展,20 世纪八九十

---

① See Pierre Jon & Prters B. Guy, *Governance, Politics and the State*, St. Martin's Press, 2000, p. 1.

年代,治理的学术定义出现在国际关系和公共行政领域。1989年,世界银行在关于撒哈拉以南非洲发展问题的研究报告中将"治理"界定为"为了发展而在一个国家的经济与社会资源的管理中运用权力的方式"[1]。此后"治理"一词便被广泛地用于国际社会科学界、公共管理学界以及政治发展的研究中,特别是被用于研究后殖民地和发展中国家的政治状况。

20世纪90年代以来,西方政治学家和经济学家赋予"治理"新的含义。它不再局限于政治学领域,而被广泛地应用于社会经济领域;不仅在英语世界被广泛使用,而且开始在其他国家流行起来。治理理论的主要创始人之一詹姆斯·罗西瑙认为,"治理是通行于规制空隙之间的那些制度安排,或许更重要的是,当两个或更多规制出现重叠、冲突时,或者在相互竞争的利益之间需要调解时才发挥作用的原则,规范、规则和决策程序"。它指出了治理的主体、目标和实施机制,并将治理与统治相区别。[2] "当Kaufmann和其他人理解治理时,他们认为这是一个制度体系或作为国家权威的传统规范。治理理论体系一般包括核心概念,如多元治理、网格化管理、全面性治理和互动性治理等。"[3]"治理实际上就是一种契约。通过约定合同、特许经营授权等方式所实施的一种管理方式,简单来说,治理就是实行一种有别于传统的新管理方法。"格里·斯托克(Gerry Stoker)指出,"治理意味着在公

---

[1] World Bank, *Governance and Development*, World Bank, 1992, p. 3.

[2] 参见龚维斌:《社会治理新常态的八个特征》,载《中国党政干部论坛》2014年第12期。

[3] Kaufmann D., Crazy A. & Zoldo-Lobaton P., *Aggregating Governance Indicators*, Social Science Electronic Publishing, Vol. 87:2, p. 2195(1999).

共事务管理实践中,有各种管理手段或管理方式技术,政府有义务对这些新的管理方式和技术进行指引或者控制,而不能只依靠政府的权威和权力来对公共事务管理进行命令和发号施令"。①"在治理体系中,政府和社会是一个相互联系互动的结构,其主要任务就是如何与社会进行互动,并制定相应政策体系和实现社会事务决策。"还有学者探讨了政府治理理论的一些新变化,认为随着政府职能的转变,政府在公共职务管理过程中,越来越重视第三方机构或社会公众参与政府管理活动,政府通过与公众互动而积极地改善和提升治理能力。俞可平教授主要从全球化的角度来研究治理,认为治理是指在一个既定的范围内运用公共权威维持秩序,满足公众的需要。治理必须结合中国政治发展的现实来理解和运用,无论是在研究还是在实践中,都需要根据具体情况进行审查。② 全球治理委员会给出的"治理"定义是公私领域个人及机构处理其共同事务的各种途径的总称,通过这些途径和持续的过程,各种不同甚至冲突的利益可能被协调甚至进行合作。它包括了被赋权去执行的正式机构和机制,以及个人和机构同意或认为符合自身利益的非正式安排。

"治理"的定义大多是描述性的。通过总结这些定义的共同点可以理解"治理"是在一个既定的范围内,各种利益主体通过对话、谈判、合作等手段维护公共秩序,实现公共利益的过程。本书在追溯"治理"一词的起源及其含义演变过程的基础上,尝试采用

---

① 参见[英]格里·斯托克、华夏风:《作为理论的治理:五个论点》,载《国际社会科学杂志(中文版)》2019 年第 3 期。

② 参见俞可平主编:《全球化:全球治理》,社会科学文献出版社 2003 年版。

如下定义:治理是指在特定的范围内,为了最大限度地增进公众利益,维持社会的正常运行,满足个人和社会的基本需求,既是对与其利益有关的社会事务通过互动和协商采取一致行动的过程,也是公私领域的个人及机构处理其共同事务的各种途径的总称。治理的核心是依靠权威维持秩序。

从广义上来看,个人的结合体聚在一起以达成一致目标时,就需要治理。早期的治理主体主要指向政府,而今日的治理则是多中心的,包括国家和非国家的因素。当然,迄今为止,全球的组织架构毫无疑问依然是建立在主权国家基础之上,但治理的定义往往随着国际环境的变迁而产生变化。

(二)治理的特征

首先,治理需要注重过程调和。治理不是一个规则,也不是一个活动,而是一个过程;治理过程的基础不是控制,而是协调。治理是在不断发展变化的社会经济背景下进行的,所以它需要具有动态性、发展性和延续性。社会本身是一个有自主能力的有机体,通常处于一个生机勃勃的过程中,所以不能试图用某种蛮力去支配社会,而是要让社会本身发挥自我生存、自我发展,乃至自我纠正、自我修复的功能。所以,社会治理需要高超的治理艺术,在收放之间拿捏得恰到好处。

其次,治理需要多元互动。治理涉及公共部门和私营部门;治理不是一个正式的系统,而是不断地互动。[1] 从治理的意义来

---

[1] 参见唐钧:《社会治理的四个特征》,载《北京日报》2015年3月2日,第14版。

看,治理的内容丰富多样。作为处理事物的一种方式,治理涵盖多种属性,如多元性和参与性。社会是由各个阶层和群体构成的,不同的阶层和群体的经济利益、社会地位和政治诉求是不一致的。因此,社会治理必须非常重视治理主体的多元化,无论多数少数,无论弱势强势,无论公立民营,均共同参与社会治理,共享发展成果。要引导全社会达成利益共识,尤其是针对长期目标的利益共识,建立一个综合多元主体参与的治理框架和社会机制,使多元主体能够提出自己的利益诉求,然后在共同交流、相互妥协、协商一致的基础上达成社会共识。除此之外,治理在行动上也应该是具有互动性的。就治理过程而言,在国家与社会合作的过程中,不再强调区分公私机构的界限,不再坚持国家职能的专属性和排他性,而是强调国家与社会组织间的相互依赖关系。

最后,治理注重规范价值。治理的概念指向复杂的价值、规范、程序和机构群。社会通过这些价值、规范、程序和机构群,以正式或非正式的方式,来管理自身的发展并解决冲突。它除了涉及国家政府之外,还涉及国家、地方和区域层面的民间社会组织(经济和社会参与者,以社区为基础的组织和非正式的小组以及媒体)等。在不同层面实施治理的正式或非正式机构,需要通过规定的程序和规则去协调和解决不同利益间的冲突。公共治理过程是一种多元主体互动、各参与方相互调试的过程。这就意味着治理权威的行使,必须通过一套规则体系,该体系包含了程序性和实体性的规则。这些规则的制定要经过一个程序,从而确保规则得到多数人的同意,具有代表性和可操作性。

二、协同治理的基本原理

协同论源于 20 世纪 70 年代物理学家为管控自然系统的有序发展而做的研究,它是系统科学的重要分支,详细阐述了在演化过程中系统内部各构成要素的协同现象,主张系统、协同、整体的理念。协同论强调构筑一种以整体性的理念去解决复杂系统问题的模式和方法。[1] 协同治理运行体系中的核心内容便是追求协同理性和实现公共价值。[2] 协同论的发展为社会治理领域的研究开辟了以协同论的方法来解决问题和审视社会的全新视角。协同论在社会科学领域的运用包括重点研究不同社会主体间的相互配合与协作,如组织间的合作、地区间的协作、部门间的协调以及政府与企业、公民的协同等;强调社会中各主体共同探讨解决公共问题的合作路径,从横向和纵向上形成开放的、弹性化的协作型网络组织。协同治理理论是通过吸纳协同论中"协同合作"的理念,并将其运用到审视治理理论的进程中,而形成的一种公共管理研究领域崭新的理论视角。[3] 协同治理实现了对传统单向度、自上而下、应对性的社会管理模式的转变,强调多元主体在一致的愿景和机制目标下的相互合作、相互协调,谋求协同治理,实现资源共享,工作协同,最终追求协同理性和实现公

---

[1] 参见曾凡军、韦彬:《整体性治理:服务型政府的治理逻辑》,载《广东行政学院学报》2010 年第 1 期。转引自朱金磊:《新时代下交通事务社会化治理模式研究》,山西人民出版社 2018 年版,第 43 页。

[2] 参见朱金磊:《新时代下交通事务社会化治理模式研究》,山西人民出版社 2018 年版,第 43 页。

[3] 参见朱金磊:《新时代下交通事务社会化治理模式研究》,山西人民出版社 2018 年版,第 43 页。

共价值。

协同论认为,协同有助于整个系统的稳定和有序。系统中诸要素或子系统通过某种途径或借用某种手段有机地合作,能从质和量两方面发挥系统的功效,创造出局部所没有的新功能,实现力量增值,这是一种产生了质的飞跃的、扩大了的生产力。它反映了各子系统之间结合力的大小和融合度的高低,是辩证唯物主义量变引起质变哲学的生动体现。[1] 经过物理学、化学、生物学以及社会科学中大量复杂系统演化过程的验证,协同论的科学性和普适性获得了广泛认可,产生了巨大影响,被称为"横断科学的一颗明珠"[2]。协同论的核心思想是,远离平衡态的系统,在与环境的相互作用下,系统内部不同层次、要素发生非线性的相互作用,受到整体的约束机制的控制,发生组织的协同效应,系统从无序走向有序,实现系统的整体功能。[3]

"协同导致有序"是对协同论的高度概括。协同论横跨自然科学和社会科学,它所揭示的结构形成的一般原理和规律,具有非常广泛的适用范围。它不仅为人们解决社会经济、工程与管理、科研与生产、生命起源与生物进化等诸多领域中所存在的大量复杂系统的演化规律提供了一个全新的视角、思路、原则和方法,也为基层社会管理创新协同治理过程中相关利益主体的协同转化过程提

---

[1] 参见陆世宏:《协同治理与和谐社会的构建》,载《广西民族大学学报(哲学社会科学版)》2006年第6期。
[2] 参见曾健、张一方:《社会协同学》,科学出版社2000年版,第19页。
[3] 参见陈明:《协同论与人类文化》,载《系统辩证学学报》2005年第2期。

供了直接的理论基础,①并使各主体认识到唯有实现相互的协同合作,才能实现经济社会管理创新效益的最大化,达到共赢之目的。

　　随着治理碎片化、利益部门化等问题的日益凸显,人体基因编辑技术治理领域的改革也刻不容缓。事实上,通过完善公共服务政策内容来解决治理难题往往事倍功半。人体基因编辑领域公共服务供给体制的分散化以及决策部门权力的部门化,是当前人体基因编辑技术治理碎片化的主要诱因。同时,一味地采取简单合并相关政策的处置方式,无法保证公共服务政策导向总体的一致性。在此背景下,强调整合跨领域、跨部门、跨功能的不同主体优势的协同治理理论应运而生。由于重视公共管理领域中所呈现的整体性特征,协同治理妥善解决了人体基因编辑技术治理领域公共服务供给体制的分散化以及决策部门权力的部门化导致的治理碎片化与人体基因编辑技术治理整体性之间的矛盾。作为利益相关方进行利益协调和冲突解决的正式或非正式机制,治理具有多层次和多样化的特征。依据不同的标准,治理可以进行不同的分类。包括基因组编辑在内的新兴科技面临一系列伦理、法律和社会问题的挑战,因此依照挑战的领域,治理又可以分为伦理治理、法律治理等。

---

① 参见刘伟忠:《我国地方政府协同治理研究》,山东大学 2012 年博士学位论文,第 30 页。

第二节 人体基因编辑技术应用风险协同治理的目标与原则

人体基因组干预技术的每一次进步都是基因科技发展与经济、伦理、政治、法律等因素的持续的、前沿性的较量,特别是基因增强技术成为整个社会价值文化和权利冲突的集中表达,并最终在个人自主权与政府干预相互妥协的基础上寻求一国基因编辑技术监管的合适路径。

一、人体基因编辑技术协同治理的目标

现代生命科技的迅猛发展给人类带来的满足往往遮蔽了它带来的风险,立法既要限制基因科技的滥用,也要不断追求科学技术的进步。基因科技立法的目标应该立足于保障人类及其后代子孙的健康,避免其遭受损害;通过促进基因科技研究与发展的法律体系的建立,确保基于增进人类福祉而进行的基因科技的运用。通过立法防止技术滥用、规避风险的紧迫性比立法对科技发展的保护更为重要。在基因科技已然给社会发展带来巨大冲击的背景下,我国基因立法应该致力于避免风险和保护基因科技的发展,从而在保障技术发展和风险可控的基础上实现科技发展与增强人类福祉之间的和谐。人体基因编辑技术规制应该一方面通过法律规范对人体基因编辑技术进行监管,基于避险除害的需求将科技发展可能引发的或潜在的危险纳入管控范围;另一方面着眼于通过健全的法治推动基因科技发展,保障科技成果的可能效益,从而立足于法律规范,在平衡技术创新与风险可控的基

础上,构建一个安全和谐的科技发展环境,实现人体基因编辑技术应用风险治理的理性正义。

二、人体基因编辑技术协同治理的原则

法律法规的制定需要一系列具有普遍性和指导性的道德和伦理准则的指引。人体基因编辑技术作为新兴生物科技,其有效的规范和治理需要在对其外部性效应和不确定的潜在风险的深入认识和理解的基础上,以一套整体的符合技术发展本质和治理规律的道德规范和伦理规则作为指导。同时,为了实现人体基因编辑治理机制的系统性和稳定性,需要在人体基因编辑法律体系构建和相关法律法规制定中充分发挥与其他领域法律规范的整合协同作用,最大限度地实现国家保护义务在人体基因编辑治理中的协同效用。

我们正在经历从自然选择决定的进化到人类设计驱动的进化。基因编辑技术为人类描述了一个具有多种可能性和需要更多责任感的未来。[①] 立法目的的实现有赖于立法原则的确立和科学理性的立法规范的设计。就基因编辑技术而言,需要注重保护和增进个人健康福祉,在探索新技术的同时密切关注不断变化的信息,尊重个人权利,防止出现有害的社会影响,公平分配信息、责任和利益。各国的社会文化和法律文化存在差异性,因此必须针对基因组编辑的具体情况采取不同的监管政策。尽管如此,仍然有部分具有普遍性的原则可以在不同国家之间共享。在生命

---

① 参见[墨]胡安·恩里克斯、[墨]史蒂夫·古兰斯:《重写生命未来》,郝耀伟译,浙江教育出版社 2021 年版。

科技时代,各国均选择符合自己国情的科学的立法理念和原则,以指导基因编辑技术监管的相关立法和规范。我国也需要在总结基因编辑发展现状的基础上,选择符合我国伦理观念和科技发展现实的基因编辑技术立法的基本原则。在我国重视集体主义,强调个人对社会和国家的责任和义务的文化背景下,需要以个人权益保障为依归确定人体基因编辑技术监管的原则。

(一)增进福祉原则

在生命伦理学文献中,增进福祉原则又被称为"有利和无害原则"。增进福祉原则要求在技术开展过程中支持增进受试者福利,并尽量防止伤害的出现,或将伤害降至最低限度。科技活动应遵循生命至上原则,最大限度避免对人的身心造成伤害或威胁,同时应保障科技活动参与者的知情权和选择权,使用实验动物应符合"减少、替代、优化"等要求。具体来讲,增进福祉原则要求在人体基因编辑技术开展过程中的早期应用阶段就将个体因高度不确定性所面临的风险降至最低限度,通过预防和治疗疾病甚至基因改良促进个体的健康和幸福。同时,人体基因编辑技术的应用在采取任何方法和程序都无法避免伤害或损失时,则应该将损害和风险降至最低,确保风险与收益的良性的合理的平衡。[①]医学实践和临床试验伦理的一个基本原则是患者利益至上。一种临床治疗方案必须首先保证患者的利益,为患者本人的健康和生命负责,其他所有的目标,无论是未来能拯救多少人类个体、能

---

① 参见美国国家科学院、美国国家医学院主编:《人类基因组编辑:科学、伦理和监管》,马慧等译,科学出版社2019年版,第7~8页。

带来多大的商业价值,还是在科学探索上有多大的概念突破,都必须往后放。① 贯彻这一原则应承担的责任包括:一方面,寻求能够增进个体健康和福祉的人类基因组编辑的应用,如治疗或预防疾病,同时在早期应用阶段将个体因高度不确定性所面临的风险最小化;另一方面,确保对人类基因组编辑的任何应用均能合理平衡风险与利益。②

(二)公平正义原则

人体基因增强技术之所以引发巨大争议,是因为基因增强技术可能会带来人与人之间不可逆的不平等,甚至造成有钱家庭编辑基因的"基因族"与没钱进行基因改良的普通家庭孩子的绝对的不可改变的不平等。从国家层面讲,这就涉及反歧视和社会资源分配正义的问题。公平原则要求以相同的方式对待相同的病例,并且应公平分配风险和利益。正义原则要求基因编辑技术开展过程中应该尽量避免技术实施带来的人与人之间的不平等,保证社会资源分配的正义。无论将来基因编辑技术发展到何种程度,国家都应尽量保证基因编辑技术的开展能够增进人类福祉,而非造就人与人之间的不平等,保证风险和利益的公正分配及社会资源的平等分配。

---

① 参见王立铭:《基因编辑婴儿:小丑与历史》,湖南科学技术出版社2020年版,第27页。

② 参见美国国家科学院、美国国家医学院主编:《人类基因组编辑:科学、伦理和监管》,马慧等译,科学出版社2019年版,第130~131页。

(三) 风险预防原则

人体基因编辑语境下的"风险预防原则",是指在人体基因编辑相关活动中有可能对相关主体权益造成损害或者有可能对社会造成严重的、不可逆转的危害时,即使科学上没有确定的证据证明该危害必然发生,也应采取必要预防措施的根本准则。人体基因编辑语境下的风险预防原则至少包括四个方面的内涵:首先,预防的对象既包括潜在的"风险",也包括现实的"损害"。由于风险转化为现实就是损害,对风险的预防也就是对可能发生的损害的预防,从一定意义上说,风险预防原则内在地包含了"损害预防"的内容。其次,潜在危害达到了一定的严重程度。就个体权益而言,只要根据现实风险确认有可能造成损害,就应当采取预防措施;就社会而言,其危害程度须达到"严重"或者"不可逆转"的程度。再次,存在科学上的不确定性,即在科学上有可能无法判断现代人体基因编辑技术相关活动是否必然导致危害的发生。最后,此种科学上的不确定性不构成反对或者延迟采取损害预防措施的理由。① 一旦风险预防原则适用的门槛——严重的或者不可逆转的损害威胁等被满足,就必须采取风险预防措施。其核心要义在于强调当有风险发生或发生之虞时不应以缺乏科学确定性为由限制必要措施的施行。②

按照科林格里奇困境的理解,在一项技术被广泛开发使用之

---

① 参见薛达元编著:《转基因生物风险评估与安全管理:生物安全国际论坛第三次会议论文集》,中国环境科学出版社2009年版,第105~106页。
② 参见高晓露主编:《环境法学总论》,大连海事大学出版社2017年版,第138~139页。

前,它的影响是无法轻易预测的,但与此同时,当这项技术嵌入社会关系之中时,对它的控制或者监管就变得很难,因此需要我们开展前瞻性立法。① 基于人体基因编辑立法的价值理念,需要坚持风险预防原则。这主要体现在两个层面:其一,人体基因编辑立法上的风险预防原则体现了秩序价值的要求。通过相应的法律制度,风险预防原则对现代生物技术引起或者可能造成的现实的或者潜在的风险进行预防,从而实现作为人体基因编辑立法的秩序价值核心内容的"安全性"诉求。风险预防原则不仅体现了对现有秩序,特别是对安全的崇尚,而且体现了对未来秩序的追求。② 其二,风险预防原则也体现了人体基因编辑立法的正义价值和效率价值。风险预防原则通过对个体权益的保护,维护受试者的基本自由,并为其实现这些自由提供一个良好的环境。同时,风险预防原则能够防止可能发生的损害转变为现实,符合效率价值的要求。其原因在于,如果损害发生之后再采取补救措施,那么其花费的成本往往比采取预防措施的成本更高。③ 人体基因编辑风险规制归根结底还是要依靠法律来保障,若要实现良法善治,我们就不能仅停留在社会现象的表述上,而应更加注重发挥法律的预防功能。坚持风险预防原则,风险规制应该以预防为主。预防胜于补救是生物安全领域不争的事实。但目前我国

---

① 参见宋亚辉:《数字经济创新中的"科林格里奇困境"及其规制》,载《武汉大学学报(哲学社会科学版)》2023 年第 3 期。

② 参见唐双娥:《环境法风险防范原则研究——法律与科学的对话》,高等教育出版社 2004 年版,第 46~48 页。

③ 参见薛达元编著:《转基因生物风险评估与安全管理:生物安全国际论坛第三次会议论文集》,中国环境科学出版社 2009 年版,第 108 页。

的法律制度中预防性的法律制度占比较少,事后惩治的法律制度较多。在基因安全风险规制领域,我们要采用预防主义原则,就需要加强预防性法律制度的制定。

(四)知情同意原则

知情同意原则源自对个体人格尊严和自主决定权的尊重,要求每个人对其自身事务具有最终决定权。知情同意原则是在疾病诊疗、预防、公共卫生、医学科研及其他医学实践活动中,患者及其家属、受试者、公众享有明白和认可的权利。知情同意原则是医学伦理学最重要的伦理学原则之一,是自主原则在医疗实践中的具体应用,是医疗卫生服务人员和科研人员对患者享受医疗保健各种服务和受试者个人权利的尊重和承诺。知情同意原则包括认可所有个体的人格尊严,承认个人选择的重要性,并尊重个人决定。知情同意原则源自对个体人格的尊重,这就要求承诺所有个体的平等价值,尊重和鼓励个人决策,承诺防止再次发生过去实施的优生学滥用情况,承诺不得污蔑残障者。将知情同意原则作为人体基因编辑技术适用的前提,是非常有效的法律规制手段。从域外学者的研究来看,目前对于医疗手术的法律规制主要从知情同意这一角度入手。但是在诸多手术中,尤其突出体现在人体基因编辑手术中,人体基因编辑技术的专业性和复杂性导致部分患者处于无法知情、自愿或者知情但自愿不佳的状况。如何优化人体基因编辑技术适用中的知情同意保障机制成为人体基因编辑技术治理的重要内容。在具体操作中,需要优化人体基因编辑研究者与基因编辑受试者共同决策机制,设立较为专业的第三方人体基因编辑研究保障机构。在保证研究者对受试者全面、科学、准确、充分的告知和受试者自主、自愿的同意的基础上保证患者知情权、同意权、选择权、拒绝权的真正享有,保证受试者手术过程中的真知情、真自愿。

(五)社会安定原则

从人类社会的发展来看,公平正义是人类追求美好社会生活的一个永恒主题,正是人类对公平正义的不断追求,推动了社会的不断发展与进步;同时,人类对理想社会的期待和设计,也始终贯穿着对社会公平正义的向往与追求。社会公平正义意味着社会各方面的利益关系得到妥善的尊重与协调。公正的原则要求,研究的利益和负担应公平分配。一个国家的法律就是实现这种社会公平正义的重要工具。生命科技作为现代社会的产物,理应契合社会公平正义的价值观念;规范生命科技适用的立法应以实现社会公平正义为基本价值目标。在围绕生命科技的社会关系中,社会公平正义就是要求生命科技活动涉及的各方面的利益关系得到妥善的尊重与协调。[①] 社会安定原则要求在人体基因编辑技术开展的过程中既要注重个体人权保障,也要注意维护社会公共秩序。作为一种生命科技,人体基因编辑技术将给传统伦理观念规则带来巨大挑战,这就需要在保障个体人权的基础上,兼顾社会秩序的维护。在生命科技时代,很多技术的监管最终会上升到个人自由与政府监管的博弈与平衡。一方面,保障科研自由;另一方面,确保风险和利益的合理平衡。从生命科技的适用来

---

① 参见徐明:《生命科技问题的法律规制研究》,武汉大学出版社2016年版,第108~109页。

看,社会公平正义,首先应当关注的问题是现代社会生命科技自身的正当性问题。生命科技是现代社会科学技术高速发展的产物,对现代社会来说,其显然是一种新生事物,因此就产生了自身正当性的问题。而这种正当性,主要是作为现代医学和科学技术产物的生命科技在社会伦理道德及法律规范中的合理性和合法性问题,是追求"真"的科学技术与社会"善"的有机融合。①

(六)谨慎注意原则

谨慎注意原则要求谨慎仔细地对待参与研究或接受临床的患者,且仅在拥有充分和可靠证据的情况下以认真严谨的态度开展研究。贯彻谨慎注意原则应负的责任包括在适当的监督下以谨慎的态度逐步采取行动,根据未来的进展多次进行重新评估。② 基因编辑革命为人类的未来提供了许多可能性,同时带来了危险,这就需要对 CRISPR 的巨大潜力和蕴藏的潜在危险进行审慎的全面考量。③ 由于人类对基因编辑技术可能带来的不确定性和风险不可能通过过去的经验进行把握,而只能通过对未来可能遭遇的风险进行想象,这就需要政府在制定政策和法规时采取保守的态度,审慎应对。在考虑个人健康及生态环境安全的基础上,依据基因编辑技术发展的现状及时对具体技术和手段进行风险

---

① 参见徐明:《生命科技问题的法律规制研究》,武汉大学出版社 2016 年版,第 112 页。
② 参见美国国家科学院、美国国家医学院主编:《人类基因组编辑:科学、伦理和监管》,马慧等译,科学出版社 2019 年版,第 8 页。
③ 参见[英]约翰·帕林顿:《重新设计生命:基因组编辑技术如何改变世界》,李雪莹译,中信出版集团 2018 年版。

预评估,防止个人健康、人体基因遗传及生态安全遭到破坏。现代基因科技的发展应该以人权保障为核心,将个体生存权、健康权、发展权和幸福权等作为科技开展的目的,人体基因编辑技术的发展必须秉持谨慎注意的原则,避免不必要的危险和损害的发生。

(七)公众参与原则

公众参与原则是指公权力机关在进行立法、决定公共事务、制定公共政策或进行公共治理等可能影响社会公众权利义务的行为时,通过相关途径或法律程序从社会公众与利害关系人处获取信息,并且通过公众的反馈影响公共决策或政府治理的行为。公众参与原则对于提高行政管制的合法性、解决社会矛盾和保障公众权益具有重要意义。"公众参与"这一概念最早可以追溯到美国学者阿诺德·考夫曼于 1960 年提出的"参与式民主"理论,此后这一术语在基层民主领域得到广泛应用。参与式民主理论正式形成的标志是 1970 年卡罗尔·佩德曼提出的"参与和民主理论",其系统地论证了参与式民主对国家政治和民众生活的重要作用。20 世纪 80 年代,学者约瑟芬·贝斯特首次提出了"协商民主"的概念,这一理论受到博曼、罗尔斯等一众学者的支持。"协商民主"理论继承并发展了参与式民主所提倡的诸多精神,如公民理性、协商、参与等。"协商民主"鼓励公民通过平等理性基础上的对话消除分歧,达成共识,从而推动公共决策形成。

公众参与的概念在中国开始兴起,大约是在 20 世纪 90 年代之后,此时有一批学者开始研究公众参与原则在我国环境保护领域的必要性和具体应用问题,这些研究推动了公众参与原则的本土化发展。公众参与原则为决策者和社会公众提供了一个双向沟通和协商对话的平台,以对话代替对抗,通过相对缓和的手段解决问题。公众参与原则保障了公众的知情权和决策参与权,对于提高行政管制的合法性、保障公众权益具有重要意义。[1]

此外,由于人类基因编辑涉及广泛的伦理与社会争议,科学界也在强调公众参与的重要性。例如,2015年与2018年的两届人体基因编辑国际峰会均强调要增进公众参与,世界卫生组织专家委员会的建议报告中也将公众赋权和参与对话视为人类基因编辑风险治理的重要措施。然而就现实来看这种公众参与要么停留于口号,要么以拥有一定的科学知识为参与的前提条件,实质上并没有改变科学专家在人类基因编辑风险监管决策中的支配地位,相反,形式意义上的公众参与能够为科学监管决策赋予一定的政治合法性,反而成为技术治理范式的重要构成。[2]

通过基因组编辑推动人类医学发展所做出的努力将通过公众参与活动得到加强,此类参与活动对于现行监管框架未能有效涵盖的潜在用途尤为重要。通过基因组编辑推动人类医学发展所做出的努力将通过技术专家和社会科学家支持的公众参与活动得到巩固,社会科学家主要负责开展系统化的舆论调查,开发适当的沟通材料,并最大限度消除可能会阻碍讨论和辩论活动的人为偏见或制约因素。

为了权衡生殖系细胞基因编辑未来应用领域的技术和社会

---

[1] 参见张小罗、黄思远:《论基因安全风险的类型及规制原则》,载《湖南警察学院学报》2023年第5期。

[2] 参见张海柱:《科学不确定性背景下新兴科技风险的反身性治理——以人类基因编辑风险为例》,载《中国科技论坛》2023年第10期。

效益及风险,需要开展正式的活动,以广泛征求公众意见,并且鼓励开展公众辩论活动。此外,有关基因增强技术的复杂问题同样需要开展持续的公众讨论活动,以便在针对基因增强技术批准临床试验之前就利益和风险的个人与社会价值为监管机构和决策者提供参考信息。①

(八)跨国合作原则

基因编辑技术在全世界迅猛地发展是不可阻挡的趋势,其影响也是世界性的,各国不能各自为政,要在跨国合作和数据共享的基础上进行协同监管。基因编辑技术监管的跨国合作原则要求在尊重不同文化背景的前提下采取全球合作的方式进行研究和监管。要尊重不同国家基因科技发展的现状和独立自主的政策;尽可能在世界范围内协调监管的标准和程序;在不同科学团体和监管机构之间进行跨国合作和数据共享。

人体基因组编辑研究和临床应用的一个重要目标是"增进福祉"。"知情同意"原则能够保证受试者(患者)充分的知情权和自愿的选择权,而"谨慎预防"有助于应用方法以循序渐进的方式推进,密切关注不断变化的科学和临床状况,关注潜在风险和实施利益并进行重新评估。"公平正义"和"社会安定"可以确保人们以公平的方式平等获得此类进步带来的福祉,尊重所有人的尊严,同时兼顾社会公共利益、秩序。跨国合作原则是保证技术在世界范围内寻求共识,通过跨国协作和数据共享,尽可能地寻求

---

① 参见美国国家科学院、美国国家医学院主编:《人类基因组编辑:科学、伦理和监管》,马慧等译,科学出版社2019年版,第138页。

统一的标准和程序。

第三节　行业自律的共同体约束效用

基因编辑技术的迅猛发展对个人及社会影响重大,在生命科技时代,推动基因编辑技术的研究和在公共讨论时运用基因科技的专业知识至关重要,因此成立由科技专家组成的中立的行业自律委员会或其他咨询机构是非常有必要和助益的。从某种意义上讲,科学家共同体在科技公共讨论中是连接政府和民众的纽带,既能评估技术风险,为政府决策提供咨询,也能为民众科普科技知识。在充分协商、尊重民族文化的基础上,达成人体基因编辑技术实施边界及监管政策的基本共识,是世界也是一国实现对人体基因编辑技术体系化治理的前提。尽可能地扩大科研人员参与行政决策和公共讨论的基础,有利于创造科学研究与社会安全的基础条件,制定出在平衡科研自由和政府监管基础上,避免技术滥用,保障受试者(患者)权益的良好的监管政策和制度。国家需要提高科学家共同体敬畏生命、守住底线,遵守科研规范的意识。同时,科研人员本身具有的高素质以及自主、自觉的能力能够将科研活动控制在冒进和"因噎废食"之间,遵守国家相关技术规范和法律法规,防止技术滥用。科学家和临床医生要在基因编辑技术这类涉及人类安全新技术的应用方面(风险与受益、伦理问题等)展开更为广泛的科普和伦理讨论,提升前沿技术应用的公众感知度及面向科学家的制度性信任,充分把握新技术认知接受上的群体异质性及保障实践应用上的群体公平性,让这项技术的应用在符合人类整体利益的轨道上安全、有序推进。[①]

事实上,早在基因编辑技术发展初期,许多科学家就强调"科学责任"的重要性,主张在技术风险问题得到有效解决之前"推迟某些类型的研究"。行业自律最终需要体现为各种科学研究规范、科技伦理指南或技术指导原则的确立以及技术适用范围的划定。2015 年《自然》和《科学》杂志先后刊文呼吁禁止 CRISPR/Cas9 技术对人类生殖细胞的临床研究与应用,这一点在同年 12 月召开的人体基因编辑国际峰会上被确立为人体基因编辑技术适用的准则。此后,随着世界首例"基因编辑婴儿"事件的发生,许多科学家呼吁对人类生殖系细胞基因编辑进行全球范围的自愿性暂停,以体现科学研究与应用的谨慎性。

科学"自我监管"约束性的实现除依靠研究者自律外,主要还体现在研究成果发表以及科研基金的申请上,通过同行评审的做法进行约束。基于对政府外部干预可能会妨碍科学发展的忧虑,该领域一些科学家明确表示,行业自律是最好的监管方式。[②]

科学技术带来的负面影响大部分是相关责任主体操作不当或滥用导致的。因此,必须增强相关责任主体的责任意识,引导责任主体树立正确的伦理观念。基因编辑技术的研究需要依靠科研工作者来完成,技术的应用则是依靠医疗工作者来实现。

科研工作者作为科学技术的第一责任人,需要有极高的责任意识和社会责任感,不能为了学术成果或个人名利将社会伦理道

[①] 参见张娟娟等:《"基因治疗"还是"基因增强"?——公众对基因编辑技术的接受度及其影响因素》,载《科学与社会》2023 年第 2 期。

[②] 参见张海柱:《科学不确定性背景下新兴科技风险的反身性治理——以人类基因编辑风险为例》,载《中国科技论坛》2023 年第 10 期。

德弃之不顾,要时刻规范自身行为,坚守科技伦理底线,明确科研目的。医疗工作者在基因编辑技术的应用中,也应该具备良好的职业操守,积极履行自身的职责与义务,避免在面对巨大的物质利益诱惑时做出违法行为,同时严格要求自己,不断提高自身技术水平,尽可能地降低患者在技术应用过程中的风险。[1]

第四节 伦理治理的伦理规范建构功能

生态伦理学者霍尔姆斯·罗尔斯顿(Holmes Rolston)强调,广义的新伦理学应关注地球上数百万物种的福利。在生命科技时代,需要从生物世界的视角强调人体基因编辑技术复合的、非线性的、整体的、技术与价值相混合的安全。生物科技正在给人类社会带来深刻变革,伦理必须为基因编辑技术提供基础规范。人体基因编辑技术关涉多数人甚至人类整体的生命健康和价值尊严,这需要我们以更加审慎的态度对待。

一、伦理治理的一般原理

伦理治理是"一组过程、程序、文化和价值,它被设计出来去确保行为的最高标准"。伦理治理由此超越了简单的善治,其强调个人和其所从事工作的组织机构的行为都要符合伦理要求。规范性的伦理治理因此被视为负责任的研究与创新的重要支柱。由此探寻在伦理问题发生之际或发生之前就去应对,而非等到问

---

[1] 刘庭有、陈晓英:《基因编辑技术的伦理问题研究》,载《辽宁工业大学学报(社会科学版)》2023年第6期。

题发生之后再按照传统的既定方式去应对,也就是说,伦理治理倾向于事前和事中监督,而非事后干预,这与法律治理有很大的不同。伦理治理更强调的是一种适应性的、以人为本的、包容性的和可持续的政策制定,承认政策发展不再局限于政府,而更多的是一种多利益相关方共同努力的过程。这些所谓的多利益相关方包括政府、学术机构、非营利组织和私营部门,而正是其中非国家的利益相关方,包括个体研究者、研究机构和资助者、专业机构、产业和民间社会,成为让伦理治理变得灵敏而务实的关键。在实践中,这意味着将各种知识,包括来自公民的知识包含进来,从而确定创新的目标和轨迹。

基因编辑技术语境下的伦理治理,是指在生物科技飞速发展的背景下,为了应对基因科技可能给人类带来的不可预知的风险和现实损害,以生命伦理规范建设为核心,发挥政府、科研机构、伦理学界、民间自治组织和民众的不同作用,共同应对基因伦理危机,保障基因技术的发展,并兼顾尊重个体尊严,维护公共利益,造福人类未来的宗旨。[1] 有效地实现伦理治理,除需要通过解决"约束和控制人的动机"的问题,通过对基因技术开展前瞻性的预防和后视性的评估来增强科学家个体和群体的道德敬畏感,实现对科学共同体的内部约束和治理外,还需要通过一定的程序和制度设计控制人的行为和后果,实现对社会的外在管理和制约。

---

[1] 参见张春美:《基因伦理挑战与伦理治理——张春美教授在复旦大学医学院的讲演》,载《文汇报》2012年3月12日。

二、推动自然伦理向法律的转化

人类伦理包括自然伦理和法定伦理。自然伦理是人类在种族延续的过程中于日常生活中积累的伦理规范。自然伦理是超法律的,是国家设立法定伦理的准则,无论是否被法律化,自然伦理都潜藏在人们内心,在潜移默化中调整着人的行为。法定伦理是自然伦理的法律化,是国家赋予人们认为正义的、社会中取得最大共识的自然伦理规则以法律效力的结果。经过国家赋权的自然伦理便具有了立法的效力,由国家强制力保障实施。虽然自然伦理和法定伦理的效力不同,但二者均对人类的行为产生规范作用。

伦理规则和法律制度正如两条相互缠绕的通道指引着基因编辑技术的健康规范发展。在人体基因编辑治理中需要注重发挥伦理和法律的作用。在条件成熟的情况下,需要将自然伦理上升为法定伦理,赋予其法律效力,以便更好地规范人体基因编辑技术应用。我国已经初步构建起以《关于加强科技伦理治理的意见》《科学技术进步法》《涉及人的生命科学和医学研究伦理审查办法》《科技伦理审查办法(试行)》等政策、法律法规为核心的科技伦理治理体制。未来,我们需要对现有的科技伦理治理体制进行进一步完善。现实中,伦理规范不以国家强制力保障实施,不以法律责任效果的各种指南、规范的"软法"的形式出现,为了弥补伦理规范的不足,需要法律的补充、协同和规范作用。首先,伦理规范对立法具有指导作用,不符合一个民族伦理传统和价值观念的立法是无法得到伦理支持的,也无法确保立法实效。为了更好地构建人体基因编辑协同治理体系,需要将人们认为是正义的,得到社会共识的,被证明能够起到良好的治理效果的伦理原则、伦理规范和制度法律化。

三、人体基因编辑技术的伦理治理框架

为了应对基因科技可能给人类带来的不确定的潜在风险和现实损害,发挥多元主体的协作功能,在保障基因技术发展、尊重个体尊严的基础上,实现维护公共利益,造福人类的治理目标,需要从建立中央地方二级伦理审查机制、在具有重大伦理争议的技术决策中引入公众参与、确定明确的伦理责任主体、发挥"全球伦理"的调控作用、探索成立生命科学道德咨询委员会几个方面,构建我国人体基因编辑技术风险的伦理治理框架。

(一)建立中央地方二级伦理审查机制

伦理审查作为保障人体基因编辑技术科学性、实现其道德内涵的伦理规范机制,在规范技术发展中发挥一定的保守作用。伦理审查主要处理技术实施过程中可能引发的关系个体健康、人性边界和人类永续发展的医学、伦理及法律问题,对技术的科学价值和伦理可接受性进行审查,实现人类在科技发展过程中的收益最大化和风险最小化。人体基因编辑医疗机构的伦理委员会主要承担伦理审查和监督功能,保证新的生命医学技术的健康有序发展,保护患者权益。伦理委员会既不是行政部门也不是权力机构,而是秉持生命医学科学宗旨,依据一定的伦理原则和标准建立的对生命医学技术开展中遇到的伦理问题进行指导、决策,或对新型生命医疗技术的开展进行审查,以保障技术实施符合伦理要求,进而维护人类生存和健康发展权益的机构。

现实中，我国伦理审查效果一般。这种制度设计使伦理委员会缺乏独立性，组成人员和组织形式单一，很难发挥伦理审查的实质功能。当前的伦理审查委员会只是一个被动的伦理审查机构，只有项目研究者主动申请，该项目才能接受审查，但是很多项目根本不报备，或有意隐瞒，比如，世界首例"基因编辑婴儿"项目并未经过医学伦理报备。①

我国亟须制定具体的伦理规范和技术规范，通过伦理审查委员会对科技开展过程中可能遇到的伦理问题进行充分研究和论证，从源头上杜绝违反伦理情况的出现。我国需要从立法层面对伦理委员会的人员配备、自行评估、研讨培训、运转过程、信息公开与公众参与进行具体规范，同时构建伦理委员会网络，强化伦理意识，提升医学科研管理人员的伦理素养，这是提高伦理审查权威性和实效性的必由之路。在现阶段，我国应实行人体基因编辑实验的个案审批和注册制度，至少生殖系基因编辑基础研究和临床前研究的审批权限应收归国家伦理审查机构，以保证基因编辑技术不被滥用。

国家卫生健康委员会负责全国涉及人体胚胎基因编辑研究伦理审查工作的监督管理，成立国家医学伦理专家委员会。从事涉及人类胚胎基因编辑研究的医疗卫生机构应当设立伦理委员会。独立开展伦理审查工作是伦理委员会的首要任务。未设立伦理委员会的医疗卫生机构，不得开展涉及人体胚胎基因编辑的研究和相关科研工作。伦理委员会委员的组成人员应该包括生

---

① 参见《"首例免疫艾滋病基因编辑婴儿"未经医学伦理报备》，载《新京报》2018年11月26日。

物医学、伦理学、社会学、法学等领域的专家和非本机构的社会人士,数量为不得少于 7 人的单数。伦理委员会应该考虑委员的性别比例,女性委员应该不少于委员总人数的 1/3。少数民族地区的伦理审查应当考虑吸纳少数民族委员参与。为确保伦理委员会的独立性、伦理审查结果的公正严密,必要时伦理委员会可以考虑聘请独立顾问。独立顾问为所审查项目的特定问题提供咨询意见,但不参与表决。

伦理委员会在促进人体胚胎基因编辑研究规范开展的同时负责保护受试者(患者)合法权益,维护受试者(患者)人性尊严;通过开展初始审查、跟踪审查和复审等多种审查形式对本机构开展的人体胚胎基因编辑项目进行伦理审核;委员会对本机构科研工作人员组织开展相关法律法规和伦理审查的培训。伦理委员会委员应当签署保密协议,承诺对所承担的伦理审查工作履行保密义务,对所受理的研究项目方案、受试者(患者)信息以及委员审查意见等保密。伦理委员会应当接受所在医疗卫生机构的管理和受试者(患者)的监督。伦理委员会应该设置全国统一适用的明确、公开的审查标准,在具体标准上应当与医疗卫生法律体系的相关规定配套。

基因编辑技术在给人类带来进步的同时,也可能会因误用、滥用带来安全风险及伦理问题。构建基因编辑技术伦理治理体系,除需要政府、科学共同体、产业界等层面的共同努力外,还需要公众的知情知晓和广泛参与。公众既是基因编辑技术应用的对象主体、利益攸关者,也是该技术规范治理的见证者和监督者。只有多方主体的协同努力,才能全面系统地加强有关基因编辑技术的规范治理和伦理约束,保障这项技术在符合人类整体利益的

（二）在具有重大伦理争议的技术决策中引入公众参与

风险认知是人们对危险和收益的信念、态度、判断和情绪。[①]当公众使用越来越多的前沿科技产品，在获得舒适和便捷的积极心理体验时，也时常陷入风险焦虑或伦理困惑之中。这种焦虑或困惑主要源自对前沿科技的无控制感及不确定性，反过来它们又会反作用于公众对新技术应用的选择判断。有学者用"感知的收益"和"感知的风险"来描述这种判断。[②] 风险认知有助于丰富关于新技术应用的社会观念塑造与建构的相关认识，同时在新技术应用的风险/伦理沟通与治理方面也将提供有益的政策启示。[③]而公众参与是应对新兴科学技术风险、提高决策透明度的重要机制。人体基因编辑领域需要聚焦：公众了解和参与新兴科学技术实践的方式、公众对话（public dialogue）机制的实施与完善、公众参与的主体范围（普通公众、学术专家、实务专家等）和对象范围（具体科研项目种类）等。世界首例"基因编辑婴儿"事件使社会公众更多地认识到新兴科技的伦理风险。新兴科技伦理不仅是一个科学问题，也是关乎公众切身利益的社会问题。公众参与有利于实现基因技术实施风险评估的民主性和公正性。针对可能

[①] 参见温芳芳等：《"涟漪效应"与"心理台风眼效应"：不同程度 COVID-19 疫情地区民众风险认知与焦虑的双视角检验》，载《心理学报》2020 年第 9 期。

[②] See Siegrist M., *The Influence of Trust and Perceptions of Risks and Benefits on the Acceptance of Gene Technology*, Risk Analysis, Vol. 20：2, p. 195 – 203(2000).

[③] 参见张娟娟等：《"基因治疗"还是"基因增强"？——公众对基因编辑技术的接受度及其影响因素》，载《科学与社会》2023 年第 2 期。

影响人性尊严、公共利益和人类未来的基因编辑技术,应鼓励政府管理部门、科研机构、自治组织和民众展开讨论,有利于达成共识,减轻公众焦虑,避免技术实施可能带来的风险,维护良好的技术决策环境。近年来,我国在对转基因食品、基因歧视等公共热点事件的讨论中都出现了公众参与的雏形。世界首例"基因编辑婴儿"事件一出,生物科学界、伦理审查机构、专家学者甚至民众均积极参与讨论,对这一突破伦理底线的行为进行一致谴责。① 广东省"基因编辑婴儿"事件调查组公布了对此事件的调查结果,也体现了此次"基因编辑婴儿"事件中政府对公众参与的重视。政府和社会各界应该通过多种途径扩大对存在重大伦理争议项目的宣传,提高每个成员面对生命科技及其运用可能引发的危害人性尊严及人类未来等问题的道德责任意识。政府应该积极鼓励对具有重大伦理争议的基因技术开展公共辩论,确保不同观点的自由表达。② 科学家和临床医生要对基因编辑技术这类涉及人类安全新技术的应用方面的风险与受益及其引发的技术、伦理和法律问题等,展开更为广泛深入的科普和伦理讨论,提升前沿技术应用的公众感知度及面向科学家的制度性信任,充分把握新技术认知接受上的群体异质性及保障实践应用上的群体公平性,让

---

① 参见吴跃伟:《深圳市医学伦理专家委员会已启动对深圳和美妇儿科医院伦理问题的调查》,载搜狐网 2018 年 11 月 26 日,http://www.sohu.com/a/277916883_222256。

② 新华社报道,广东调查组已初步查明"基因编辑婴儿"事件,并回应相关疑点。事件源于贺建奎团队对外宣布,世界首例免疫艾滋病的基因编辑婴儿诞生,随即引发巨大的伦理争议。初步调查落定,事件被定性为,"南方科技大学副教授贺建奎为追逐个人名利,自筹资金,蓄意逃避监管,私自组织有关人员,实施国家明令禁止的以生殖为目的的人类胚胎基因编辑活动"。

这项技术的应用在符合人类整体利益的轨道上安全有序推进。[1] 当然,基因技术领域的公众参与不能绝对化,对于属于隐私或个人自决的问题,只需要公共伦理机构的审查就可以,只有关系公共利益且存在重大伦理争议的基因技术才需要引入公众参与和讨论。

世界范围内针对各种生物医学和环境政策开展公众咨询的例子众多。加拿大针对各种形式的辅助生殖技术成立了皇家委员会,负责审议全国范围内的新生殖技术,并就该主题举行了公开听证会。在欧盟国家,基因工程食品备受关注,根据欧盟指令的要求,如果产品可能对生物多样性或其他环境要素产生影响,则公众有权获取此类信息。公众咨询被视为指导性集中监管形式的替代方法,公众可通过其分散式流程向政府或行业施加压力,并且改变生物技术的创新方向或速度。[2]

我国可以考虑设立一个独立的机构或组织。该组织独立于政府,独立于现行的监管机构,代表公共利益,引导公众参与,促进公众讨论,以社会民众的视角监督相关技术及项目开展情况。该机构可以充分聚拢社会资源,作为民众和科研机构及政府之间沟通的桥梁,可以鼓励民众随时进行广泛而深入的关于人体基因编辑技术及热点事件的讨论,提升公共讨论的针对性和明晰性,并通过灵活掌握民众对技术实施的态度,关注公共政策及基因法规发展的动态,为政府决策提供对策建议。同时,该机构可以在

---

[1] 参见张娟娟等:《"基因治疗"还是"基因增强"?——公众对基因编辑技术的接受度及其影响因素》,载《科学与社会》2023 年第 2 期。

[2] 参见美国国家科学院、美国国家医学院主编:《人类基因组编辑:科学、伦理和监管》,马慧等译,科学出版社 2019 年版,第 134 页。

相关国际规则的发展中致力于与其他国家和国际组织的交流与合作。

　　随着社会分工的精细化和社会运行系统的复杂化,普通公众无法全面掌握各种专业技能和知识,从而更加依赖以政府和专家(包括科学家)为代表的制度性系统。① 具体而言,可以从以下几个方面对我国未来基因编辑伦理治理进行完善:首先,保障公众的知情权和参与权。在制定基因编辑等生物医学新兴科技相关应用的政策文件、法律法规时,应最大限度地保障公众的知情权和参与权。一方面,通过多种渠道让公众知晓新兴科技的潜在风险;另一方面,通过开展全过程和不同层面的公共伦理讨论,对公众的伦理关切、观点态度等情况进行摸底掌握,这样政策指向性和市场应用性才会有所保障,更能保证政策法规施行的实效性和公信力。其次,提高技术专家、伦理专家、政策制定者等专家系统的公信力,充分发挥科学家等专业人士在基因编辑技术应用中的指导、监督、审查和规范作用,重视"制度性信任"的力量,搭建起社会公众和新兴科技一线的桥梁,促进公众对新兴科技的了解和认识。再次,加强新兴科技的科普宣传。对公众关切的热点科技事件和问题加强科普,科学家和临床医生应积极参加更为广泛的基因医疗方面的科普活动,发挥专业人士和学术媒介对公众基因编辑伦理的指引作用,将基因编辑技术的风险和益处全面、准确、客观地传达给公众,让他们对基因编辑技术存在的风险和伦理问题有更客观理性的认识。最后,建立新兴科技治理多元参与机

---

① 参见[英]安东尼·吉登斯:《现代性的后果》,田禾译,译林出版社2011年版,第88~97页。

制。基因编辑技术作为现代生物科技影响最深远、争议最大的领域,具有作用对象的特殊性、潜在风险的多维性、对生态环境影响的全局性特点,需要采纳尽可能多元化的公众的意见,以增强信息输入的异质性,最大限度保障技术应用中的公平正义。[1]

基因安全风险规制不仅是法律问题,还应该充分考虑到社会公众的意见与感受。在基因安全风险规制中落实公众参与原则的一个比较现实的做法是,让可能受到基因安全风险影响的公民加入参与性监督与管理中去,从而形成一个由相关公民、政府机构、工业界、学术界、社会团体和地方机构合作监测、跟踪和应对涉及更多关切的基因安全问题的机制。首先,听证制度也是实现公众参与的重要途径,政府在立法和决策的时候或者是基因科技公司在启动项目的时候,提前通过多渠道咨询公众的意见和建议,并通过邀请专家对此政策、法律和科技研发的内容和意义进行解读,为科技发展、立项提供更广泛的民意基础。其次,在涉及基因安全风险规制的时候,坚持公众参与原则,即在一般情况下,需要给容易受到基因安全风险威胁的人们提供公开讨论的空间,要让他们参与其中。在制定基因安全风险规制法律规范时,受到基因安全影响的利益相关者有权参与权力的运作过程,表达他们的诉求,并在权力运作结果的产出中起到关键的积极作用。最后,受到基因安全风险影响的人,不仅包括当代的人,还包括未来的人,基因安全风险不仅关系个人利益,还关涉下一代和未来世代的利益。所以,必须有充分而广泛的社会讨论,由公众来决定

---

[1] 参见张娟娟等:《"基因治疗"还是"基因增强"?——公众对基因编辑技术的接受度及其影响因素》,载《科学与社会》2023年第2期。

基因科学技术运用到什么程度。让公众参与基因安全风险规制的目的在于构建一种公私对话的形式，这是基因安全风险规制民主化的表现。其合理性在于风险社会的风险具有社会建构性，风险评估与风险接受的准备不仅是一个心理问题，而且是一个社会问题。风险规制措施的确立需要各方通力合作，需要跨越学科、市民团体、企业行政和政治的鸿沟。只有通过公众的广泛参与，基因安全风险规制的措施才可能更合理，更容易被人们接受。①

此外，关于针对其他新兴科技领域设计的更加有效和广泛的公众参与活动，其相关实践和原则为人体基因编辑科技领域的公众参与活动提供了具有参考价值的依据。在启动临床试验，针对治疗或预防疾病和残疾之外的目的应用人体基因编辑技术之前，需要开展广泛而全面的公众参与活动。在针对可遗传基因组编辑考虑任何临床试验之前，应持续对健康和利益及风险进行重新评估，并且持续开展广泛的公众参与活动。公众参与应被纳入人体基因组编辑的决策过程，并且应包含对公众态度、信息沟通和基因增强领域新问题的持续监测。在资助人体基因组编辑研究时，应考虑支持致力于实现以下目标的短期研究和战略：确定需要开展系统化和前期工作以促成公众参与活动的领域；开发必要的内容并进行有效沟通；在现有基础设施的范围内改善公众参与活动。在资助人类基因组编辑研究时，应考虑资助致力于实现以下目标的研究：了解与人类生殖细胞编辑相关的社会政治、伦理和法律问题；了解将基因组编辑技术应用于治

---

① 参见张小罗、黄思远：《论基因安全风险的类型及规制原则》，载《湖南警察学院学报》2023年第5期。

疗或预防疾病和残疾以外的目的所面临的社会政治、伦理和法律问题；评估将公共交流和参与纳入监管或决策基础设施的有效性。①

(三)确定明确的伦理责任主体

区别于传统技术伦理关注人与人之间关系的立场，德国技术伦理学家汉斯·尤纳斯(Hans Jonas)在《责任原理》一书中提出，着眼于人类生命可持续性和人类未来，尊重和保护未来人类尊严和权利的技术责任伦理思想。美中不足的是，汉斯·尤纳斯的伦理责任观，将基因技术共同体作为伦理责任主体的界定过于宽泛，导致实践中伦理责任主体的普遍缺失。世界首例"基因编辑婴儿"事件凸显了技术开展中伦理责任主体的缺失及技术责任伦理严重缺乏监管、监督的现状。实际进行技术操作具有相关专业知识的科学家更能预测技术运用对个体健康及对人类现状和未来的影响，应该对技术实施的后果承担伦理责任。实施基因技术的科学家及其所属科研机构应该就技术操作的规范性、防止对人类当前和长远利益造成不良影响、对后代负责及应该在特殊条件下终止技术开展等方面承担责任。

(四)发挥"全球伦理"的调控作用

在人类全球化进程中，"技术影响无国界"这一论断已经达成共识。辅助生殖技术和基因编辑技术的结合已经超越了民族国

---

① 参见美国国家科学院、美国国家医学院主编：《人类基因组编辑：科学、伦理和监管》，马慧等译，科学出版社2019年版，第139页。

家的政治界限,影响人类的整体利益。在全球化背景下,基因技术的推广、监管和重大决策的聚合水平已经提升到了全球范围。[①]伦理观念本身具有多元化和动态性,加之世界各国复杂的经济、文化、政治的碰撞和冲突,难以形成各国统一的伦理观念和标准。而基因科技运用于人类生殖,其伦理风险突破了地域限制,共同的繁衍任务和面临的风险将不同国家连接在一起,共同应对基因科技带来的风险。每一个个体都应该对距离远近的任何其他个体负责,整个世界变成休戚相关的命运共同体。无论是生命伦理学中的后果论还是道义论,主体论还是主观论,都体现了基因科技道德评判的两难抉择。从形式上看,这个两难抉择表现的是科技与伦理的关系,根本上还是人类多元利益的抉择问题。构建超越不同利益群体不同诉求的基因伦理共同体是走出当代基因伦理利益冲突困境的迫切需要和理性选择。[②]

基因伦理风险和挑战始终伴随基因科技发展的全部历程,跨越地域,关涉整个生物圈的过去和未来。因此,需要将全球作为伦理考量的标准,以人类公共理性和共享价值为基础,尊重每个人的尊严和权利。以增进全人类的幸福为宗旨,建立全球视野下的伦理观念和标准是应对基因科技发展的大趋势。目前,各国政府对基因研究成果共享已达成共识。联合国教科文组织专门成立了"国际生物伦理委员会",致力于人体基因科技的伦理研究。各国政府及领导人相继发表声明,呼吁科学家公开人体基因技术

---

① 参见蔡拓:《全球学导论》,北京大学出版社2015年版,第468页。
② 参见朱晨静:《当代基因伦理研究:问题·理论·前景》,载《学习与探索》2012年第7期。

的研究成果,主张人体基因图谱是"全人类的共同财产"。我国学者主张生命伦理学应遵循"行善、自主、不伤害和公正"四项原则,其中"不伤害原则"作为基本原则,得到不同文化板块国家的认同,并达成一定共识。[①] 在国际社会对人体基因编辑缺乏基本共识的情况下,形成相关国际条约的难度极大,由非官方的国际组织、权威的学术团体等自发开展广泛的交流与合作是当前比较可行的做法。人体基因编辑国际峰会就是一个很好的范例,通过这种学术会议在科学界自发形成了对人体基因编辑的基本共识。

(五)探索成立生命科学道德咨询委员会

可以探索建立由医学伦理学、社会学、生殖医学、法学专业的专家组成的生命科学道德咨询委员会。该咨询委员会需要关注国际社会基因科技研究的进展和趋势及全球性基因科技研究所遵循的伦理标准,负责向伦理委员会报告,并提出生命科学中的伦理规范标准的政策性建议。

人体基因编辑技术具有提高个体生命质量、增进人类福祉等社会价值。同时,该技术引发了不容忽视的技术、伦理、法律等社会风险。人类在追求"技术要为了人和有利于人"目标的过程中,在享受现代生物科技带来的巨大福祉的同时,不得不慎重考虑基因技术给人类的现在和将来带来的诸多不确定性和风险。一方面,我们要通过各种手段防范基因科技带来的诸多风险;另一方面,我们也要在尊重科研自由的基础上鼓励、规范基因科技的发展,以保障人类享受科技发展带来的福利,不能因为存在风险就

---

① 参见沈铭贤:《生命伦理学》,高等教育出版社2003年版,第14页。

阻碍科技进步,也不能因其积极价值就忽略风险的存在。这就需要在自由与规制之间寻求协调,在技术发展和社会事件的影响下不断探索人体基因编辑技术在技术、伦理和法律方面的风险防控措施。我国应该在未来适时出台"基因科技法",对人体基因编辑技术的适应症、该技术实施的边界及程序进行严格限制和规范。严禁以改善人类性状、增强人类能力为目的的非医学的基因增强。以疾病预防与治疗为目的的基因编辑也需要在伦理规范、专业监管和立法的限度内进行,并接受严格的监管,保障受试者(患者)的知情权和个人隐私权,同时需要审慎对待公众建议,反复评估社会风险。科学研究的底线是不伤害其他人类个体、人类整体和人类未来发展。基因技术的价值尺度应该是善,目的应该是造福人类,不能侵犯人的权益,更不能践踏人性尊严,以确保尊重人权、基本自由。

第五节 法律规制的外发性规范作用

从世界科学技术的发展史来看,没有一项科学技术不是在法律的框架下进行研究和发展的,任何科学技术的出现都必将推动相关法律的不断完善,只有更好地规范科学技术研发和应用的全过程,才能更好地确保科学技术为人类造福。基因编辑作为人类世界的重大科学成果,既为人类带来变革性的产品,也必将对人类社会产生重大影响。我国积极顺应和推动基因编辑技术的快速发展,制定了相应的发展规划和政策法规。在世界首例"基因编辑婴儿"事件引发世界关注和强烈谴责之后,我国相关部门密集出台各类法规文件,凸显了我国相关决策部门对基因编辑法律规制的高度重视和推进法律规制统领的基因编辑协同治理的决心。

一、法律规制的一般概念

"规制"意为"规整、制约、使有条理"。"规制"一词最早应用于经济学中的规制经济学、制度经济学的相关理论,指政府对经济行为直接的、行政性的管理或制约。简单来讲,规制就是当市场机制不能实现有效的资源配置,即市场失灵的时候,通过规制来改善市场机制存在的缺陷,是校正市场失灵的一种制度安排。规制和管制不同,管制的汉语含义更容易让人联想到"统治经济和命令经济的形式,规制则更接近英文原有词义,它强调的是通过实施法律和规章制度来约束和规范市场主体行为"[1],因此规制更能精确地表达其含义。

20世纪70年代以来,"规制"一词反复出现于西方国家的政府法令和学者著作中。美国学者卡恩认为,"规制是对该种产业结构及其经济绩效的主要方面的直接的政府规定,比如进入控制、价格决定、服务条件及质量的规定,以及在合理条件下服务所有客户时应尽义务的规定。规制的实质是政府命令对竞争的明显替代,作为基本的制度安排,他企图维护良好的经济绩效"[2]。斯普博认为,规制是由行政机制制定并执行的直接干预市场配置机制或间接改变企业和消费者间的供需决策的一般规则或特殊行为;将规制的含义限制为政府对资源配置的直接参与,这个观

---

[1] 参见陈富良:《放松规制与强化规制》,上海三联书店2001年版,第2页。
[2] 参见陈富良:《放松规制与强化规制》,上海三联书店2001年版,第4页。

点是正确的,但并非规制的唯一形式。在某种情况下,与普通法相比,规制也许能为市场交易提供一个成本更低的基础。① 规制,指的是"公共机构对社会共同体认为重要的活动施加的持续且集中控制"。此处强调"重要的活动",是为了将"规制"一词与传统的刑法领域和刑事司法体系进行区分。② "规制"的概念意味着,规制的主体应当是具有公权力的机构或者是公共机构,因为规制的事务不能通过私主体之间的意思自治来处理。③ "法律规制",指的是运用法律规范为公权力规制提供一系列制度安排,这种制度安排为私主体提供基本的权利义务指引,并且在必要的情况下以惩罚作为法律规制的后盾。④

基因科技对人类及人类生存环境的影响是前所未有的,科技发展的技术、伦理及法律风险单凭行业自律和伦理治理是无法控制的。除技术风险、伦理风险外,基因科技还会引发个体自主权、平等保障、隐私保护等法律问题,这些都必须依凭硬性的法律监管才能得到解决。⑤ 通过梳理典型的人体基因编辑事件可以看到,人体基因编辑技术已然成为现实,人类必须对其进行积极的

---

① 参见[美]丹尼尔·F.斯普博:《管制与市场》,余晖等译,上海三联书店1999年版,第45页。
② 参见[英]安东尼·奥格斯:《规制:法律形式与经济学理论》,骆梅英译,中国人民大学出版社2008年版,第1页。
③ 参见[英]安东尼·奥格斯:《规制:法律形式与经济学理论》,骆梅英译,中国人民大学出版社2008年版,第2页。
④ 参见[英]安东尼·奥格斯:《规制:法律形式与经济学理论》,骆梅英译,中国人民大学出版社2008年版,第2页。
⑤ 参见徐娟:《基因编辑婴儿技术的社会风险及其法律规制》,载《山东大学学报(哲学社会科学版)》2020年第2期。关于人体基因编辑技术的社会风险及其法律规制,笔者曾在该文中有过相关思考,此部分内容是在之前思考的基础上进行的完善。

监管,在保证科研自由的基础上,将风险降至最低,使基因编辑技术造福人类。在医学伦理约束下,以治疗和预防疾病为目的的体细胞基因编辑技术,在预防和治疗遗传病等诸多方面有巨大的空间和价值;而以增强人类某方面性能为目的的基因改进则需要谨慎为之,特别是对人类生殖系细胞进行的基因编辑,其后果直接影响受术者的子孙后代,甚至改变人类世代延续的先天基因多样性。所以,以增强人类性能为目的的基因改进和生殖系人体基因编辑是世界各国规制的重点,需要以谨慎的态度设计理性、可行的监管策略。

人体基因编辑技术实施对象的特殊性、技术潜在风险的复杂性以及对人类未来的影响,决定了构建以法律为中心的人体基因编辑技术多维监管模式是基因编辑治理的必然选择。我国《民法典》第一千零九条规定:"从事与人体基因、人体胚胎等有关的医学和科研活动,应当遵守法律、行政法规和国家有关规定,不得危害人体健康,不得违背伦理道德,不得损害公共利益。"作为民事权利的宣言书和保障书,《民法典》对生命科技进行专门规定,凸显了我国对现代生命科技法律规制的重视,也体现了《民法典》与时俱进的精神特色。由此,《民法典》也确定了对与人体基因有关的医学和科研活动采取系统治理的基本立场。我国《刑法修正案(十一)》将非法植入基因编辑、克隆胚胎情节严重的行为归入犯罪,对我国基因技术领域的刑事立法空白进行了填补。我国在基因编辑科技领域立法的密集出台,一方面是受到世界首例"基因编辑婴儿"事件的推动,另一方面是生物科技时代我国积极应对基因科技风险的充分体现。

二、法律规制是人体基因编辑技术风险治理的主要手段

法律是控制社会风险的主要手段,履行着调和各种冲突的任务,从而维护了社会秩序。① 社会控制的概念是美国早期社会学家 E. A. 罗斯(Edward Allworth Ross)在其 1901 年出版的著作《社会控制》中首先提出的。罗斯认为,社会控制就是社会约束人的动物本性,使人们不能做有损社会的行为,必须用社会控制的机制来维持社会的秩序,即通过"社会控制"规范个人或集体的行为。此外,社会舆论、法律、信仰、社会暗示、宗教甚至社会评价等都属于社会控制的手段,这些都是达到社会秩序稳定状态与社会和谐的方法路径。从 16 世纪开始,法律就成为社会控制的重要手段。通过法律对科学技术风险进行控制,是指通过一些合适的方式或手段进行立法,规范科技系统运行和科研人员的活动,以此维持科技与整个社会系统协调发展。随着社会的发展和科技的进步,对科学技术进行社会控制的观念逐渐得到重视和强化。运用社会因素引导科技发展有利于防范和治理科技风险。人体基因编辑技术带来的风险较之于传统风险有着完全不同的本质和特征,所以必须重新审视和反思传统的治理模式,寻求一种能够有效应对其风险的社会控制战略,强化对基因技术的社会控制,使其不会成为未来可能的危险。尽管这必然是一个在风险与利益权衡中难以抉择的过程,但是随着人类对基因风险意识的持续提升,人类对基因技术发展和应用的社会控制力也将日益增

---

① 参见[美]罗斯科·庞德:《通过法律的社会控制》,沈宗灵译,商务印书馆 2010 年版,第 34 页。

强。在合理有效的法律控制下,人类的理性力量能够战胜基因技术可能带来的风险和伤害,从而让基因技术真正造福于人类。法律通过权利(权力)义务的配置方式将人体基因科技风险的预防立场、预防程度和预防方式以制度、原则和规则的形态呈现,由此实现对既存利益和预期利益的有效保护。人体基因科技风险预防的立场、程度和方式是需要通过法律方式予以回应的关键问题。①

三、人体基因编辑技术应用的法律规制框架

生物科技正在给人类社会带来深刻变革,法律必须为基因编辑技术划定边界,而法律必须符合伦理的要求,在伦理的框架内进行制度设计。人体基因编辑技术关涉多数人甚至人类整体的生命健康和价值尊严,这需要我们以更加审慎的态度进行对待。综观世界各国人体基因编辑技术的规制模式,除少数国家禁止人体基因编辑技术的运用外,多数国家均采用了在一定限制条件下的许可模式,也有国家和地区实行管制相对宽松的伦理守则模式。② 明令禁止和放任都不是明智的监管方式,我国需要在考察国外基因编辑技术风险规制有益经验的基础上,结合社会认可程度和技术发展现状完善对人体基因编辑技术风险的法律规制。

在现代科技时代,每一次影响深远的科技事件都将促使人们

---

① 参见石晶:《人体基因科技风险的国家预防义务》,吉林大学2021年博士学位论文,第213页。
② 参见王康:《人类基因编辑实验的法律规制——兼论胚胎植入前基因诊断的法律议题》,载《东方法学》2019年第1期。

思考人类如何利用现代科技趋利避害,甚至撬动立法机关抓住契机进行新的立法,或对原有立法进行修改和完善。基因编辑技术的迅猛发展在给人类带来巨大福祉的同时,通过基因编辑技术对人进行的"设计"或者"改造",前所未有地挑战了赋予人主体性地位的自然规律和社会法则,这些可能带来人与人之间绝对的不平等。因此,如何有效规制人体基因组编辑活动,在平衡技术发展和权利保障的基础上,最大限度地趋利避害,在生物医学、伦理学以及法学等领域引发了广泛的公共辩论。法律作为重要的现代治理方式,理应在规范人体基因编辑方面发挥不可替代的作用。目前,我国已经逐渐形成了宪法与部门法及单行法统筹结合的多元法律规范体系和规范形式的协同规制体系。

(一)通过宪法保护人体基因编辑的生命尊严

人性尊严是宪法价值的基础和核心,宪法始终以维护人的尊严为历史使命。宪法理应在人体基因编辑技术发展过程中起到主要规范作用。现代生物科技时代对宪法如何保障公民尊严、自由和基本权利提出了挑战。如何将技术发展纳入宪法治理的理性轨道,在科技发展与宪法价值之间寻求良性互动和合理平衡是生命科技时代各国面临的共同问题。通过将人类尊严的保护上升为宪法的法律意志,制定"基因科技法"对人体基因编辑技术的应用进行专门规定,配合伦理治理于部门法中进行配套制度设计,由此构建宪法统领的保护人体基因编辑中人性尊严的法律体系。

1. 通过宪法保护人体基因编辑生命尊严的正当性

2019年党的十九届四中全会通过的《中共中央关于坚持和完

善中国特色社会主义制度 推进国家治理体系和治理能力现代化若干重大问题的决定》明确提出:"健全符合科研规律的科技管理体制和政策体系,改进科技评价体系,健全科技伦理治理体制。"基于上述背景,应当重视人体基因编辑技术风险的法治回应。而法治不能脱离于宪法,预防人体基因编辑技术风险不能仅依托法律,还需要运用具备更高法律效力的宪法实现对人体基因科技风险的预防。同时,人体基因编辑关涉的伦理争议与宪法价值紧密相关,科技的应用前景与公民的基本权利存在内容重合,在风险预防层面又需要国家有所作为,对风险的规制既关乎公民基本权利的保障又关乎国家公权力的限制。从现实困境中探索宪法规制人体基因编辑技术风险的制度空间,是实现人体基因编辑技术风险治理的必然选择。①

(1)人的尊严是宪法的道德基础和价值标准

日本学者芦部信喜曾指出:"在人类生活中,人的尊严是人权保障的依据。"②人的尊严是宪法的道德基础,也是宪法价值秩序的追求,是通过宪法构建的共同体的最低限度的价值共识。③ 维护人的尊严和生命价值是宪法的历史使命。任何一项技术的实施,任何一种法律制度或公共政策的制定都要回归宪法价值的本源之中,以维护人类尊严和生命价值作为终极关怀。科研自由权

---

① 参见石晶:《人体基因科技风险的国家预防义务》,吉林大学 2021 年博士学位论文,第 8 页。
② [日]芦部信喜:《宪法》(第 3 版),林来梵、凌维慈、龙绚丽译,北京大学出版社 2006 年版。
③ 参见韩大元:《科技发展要基于人的尊严和宪法共识》,载《北京日报》2018 年 12 月 3 日,第 14 版。

作为宪法规定的权利应该维护人性尊严。我国《宪法》明确规定，"国家尊重和保障人权"，以及"中华人民共和国公民的人格尊严不受侵犯"。生命是神圣的，有尊严的。人体基因编辑技术对每个人独一无二的基因信息的改变，除非有治疗疾病等正当理由，否则均意味着对人格尊严的侵犯。面对新兴科技的迅猛发展，法学的使命是防控科技带来的风险。宪法在国家法治体系中的特殊地位决定了其有责任在防范新兴科技带来的风险的过程中发挥主导作用。人拥有生命，具有独特性和尊严性，维护人的尊严是文明法治社会的基本共识。这是现代文明世界超越国界与文化的价值共识，也塑造着国家的理性与德性。

在国家与人的关系中，人是先于国家的存在，是理性自治的个体，任何时候都是社会发展的终极目标。人的主体性是国家存在的正当性。国家必须保护公民的基本人权与人格尊严。人的尊严与人权保护理应成为现代法治理念和宪法理念的核心关切。科技发展把人当作工具，逾越人类尊严的底线是现代文明国家不容出现的，这将造成科技政策的庸俗化、技术的非理性和人类的工具化。宪法学的基本命题和核心价值就是任何时候都不能把人性边缘化，以牺牲人性尊严为代价的任何科技发展，都不符合法治理想，更不符合社会共识。[1]

科研自由权必须在宪法的范围内活动，必须服从于宪法所保护的人的尊严和自由。人类必须消除或降低科技发展带来的危险，而这都要依赖于以宪法为主导的根本性的制度安排。这就是

---

[1] 参见韩大元：《当代科技发展的宪法界限》，载《法治现代化研究》2018 年第 5 期。

韩大元教授所讲的"科技发展要基于人的尊严和宪法共识"。[1] 考虑科技发展的宪法边界,在回应文明社会维护人性尊严关切的基础上将法治理念融入科技发展中是现代生物科技时代生命宪治的理性选择。[2]

(2)宪法以维护人的尊严和生命价值作为历史使命

从西方宪政发展史来看,宪法可以被界定为国家限制公权力,保护公民基本权利的规范体系。党的十九大以来党中央一直强调要依宪治国、尊重宪法,弘扬宪法精神、维护宪法权威。十九大报告作为"贯穿法治精神的纲领性文件",也是宪法实施的重要里程碑。公民基本权利义务要通过宪法确认并维护,宪法是人民权利的保障书。公民享有权利、履行义务需要以宪法作为根本保障。人体基因编辑不仅影响未来世代人的主体性和自主选择权,还关涉父母的生育自主权和"救命宝宝"的自我决定权和健康权。更关键的是,人体基因编辑还潜藏着对人性尊严、基因多样性及人类未来发展的巨大风险。人体基因编辑技术作为生命科技时代与人性尊严和人的权利联系最为紧密的新兴科技,需要宪法对其进行约束和规范。科学技术的发展拓宽了宪法调整的范围。

我国《宪法》第四十七条规定了科学研究、文艺创作和其他文化活动的自由。有些学者认为,文化权利是由若干"子权利"构成的,其中的一项"子权利"就是科研自由权。[3] 我国《宪法》认可公

---

[1] 参见韩大元:《科技发展要基于人的尊严和宪法共识》,载《北京日报》2018年12月3日,第14版。

[2] 参见韩大元:《维护人的尊严是文明社会的基本共识》,载《探索与争鸣》2018年第12期。

[3] 参见王德志:《论我国学术自由的宪法基础》,载《中国法学》2012年第5期。

民享有科研自由权,维护科研自由权益。宪法主要是通过对符合宪法价值追求和人权保障的科学研究进行鼓励支持,对违反宪法基本价值的科学研究进行限制,实现对科研自由的保障。防止国家公权力对公民思想、行为自由的不当干预是自由的首要任务。科研自由权作为宪法承认的基本权利,是自由的体现。科研自由具有源于消极自由的防御权功能,能够保障基本权利所保障的权益不受国家公权力侵犯,防止国家不当干涉,维护人的尊严和自由。这源于英国哲学家和政治思想史家以赛亚·伯林的消极自由观念,他认为,强调自由不可侵犯是消极自由的基本内涵,真正的自由是不受他人干涉的自由。

（3）人体基因编辑与人性尊严的近便关系

现代生命科技在改变世界的同时,也深刻影响了人类生活及人的主体性和人性尊严。基因是人类的生命密码,是控制人类生物性状的基本单位。基因存在于人体每个细胞所包含的染色体中,控制着人类生老病死的自然生长过程,维护人体进行协调有序的活动,同时控制着疾病的发生。基因通过环境和遗传的相互依赖和影响关系演绎着生命繁殖的微妙过程,将人类的遗传性状一代一代地传递下去。修改基因意味着人的生命性状的改变,这将直接导致人类生物性和主体性的改变。相较于其他生命科技,人体基因编辑技术,特别是人类生殖系细胞基因编辑技术与人性尊严具有最近便的关系和最直接的影响。无论是出于预防和治疗疾病目的的基因治疗,还是出于增加幸福快乐的基因改良,都是直接对人的身体密码进行编辑从而实现对人体生物性状的改变,这是人体基因编辑技术对人的主体性地位和生命尊严最直接的动摇和侵犯。

(4)保证科研自由不会侵犯人类尊严和生命权的需要

人的尊严和生命权作为人类享有的最基本、最根本的权利,构成现代宪法学视野中法治社会的理性和道德基础。人的尊严和生命权是宪法价值的基础。人与动物最本质的区别在于人的主体性,人是有尊严的、有价值的存在。人的尊严是必不可少的人的主体性要求。现实社会中,人是以价值和尊严的形式存在的,将人作为编辑对象的人体基因编辑技术必须在合理的限度内使用,否则就可能违背人的尊严和主体地位。从一定意义上讲,宪法是最富有伦理精神的法律,唯有以宪法的精神和价值作为判断科技产生和应用的目标,是否具有正当性的标准,才能保证科技发展的以人为本和科技向善的价值目标。正如我国宪法学者韩大元教授所言:"科技发展的目标首先要符合宪法,宪法的基本价值要求人不能被边缘化、工具化、个(客)体化。科学技术发展的目的是为人类造福,让人成为一个主体,而不能说因为某项科技的巨大发展使人变成了一个客体。"[1]制定人类基因保护的基本法,需要以人的尊严和平等的基本宪法权利和价值为基础,塑造一整套规制基因编辑的基本规则,为目前已经存在的各种部门规章提供上位法基础。宪法一方面保障公民的科研自由,另一方面保障人权、维护人的尊严。只有回归宪法层面,根据宪法思想和精神,基于宪法价值进行优位判断,才能够在人体基因科技的研发和应用领域解决当下所面临的伦理困境和价值冲突。只有通

---

[1] 韩大元:《科技发展要基于人的尊严和宪法共识》,载《北京日报》2018年12月3日,第14版。

过宪法对人体基因科技风险予以控制,才能够在人权和基本权利等宪法规范的指导下守住我们的伦理底线。①

现代科技发展给人类价值实现提供了更多的途径,也带来了许多潜在的负面影响。人类在享受生命科技带来的便利的同时,人的尊严和生命价值也遇到了前所未有的挑战。《宪法》规定科研自由权主要是为了保护科学研究的自由不受国家的任意侵犯。但任何一项权利都是有边界的,现代法治社会中的每一项权利都要具有正当性,都要有权利行使的边界,否则就可能导致权利的滥用,从而侵犯人的尊严、自由。

2. 构建宪法统领的保护人体基因编辑中人性尊严的法律体系

回顾人类历史不难发现,科技的发展必然伴随法律的出现与改变。面对科技发展带来的法律变革,宪法作为整个法律体系的核心应该作出及时有效的回应。从各国的宪法条文可以看出,把人类社会发展中最核心的理念,如民主、平等、公正、法治等写进宪法,正是人类尊严的价值体现。面对技术突破和一次次冲击社会伦理底线及宪法秩序的人体基因编辑事件,法律必须及时作出回应,并给予有效的防控和监管。学者们面临如何应对人体基因科技带来的一系列问题时,往往会选择通过行政法、民法、刑法等部门法的规制方式加以解决。行政法、民法、刑法等部门法的风险立法在运行层面呈现的"各自为政"状况无助于风险控制工具之间的协调与合作,需要打破部门法壁垒,超越风险控制的部门

---

① 参见石晶:《人体基因科技风险的国家预防义务》,吉林大学 2021 年博士学位论文,第 10 页。

法思路。① 在部门法规范的背后,仍会涉及超出部门法范围的价值判断和立场选择问题。在法律中最能涵盖及体现人类社会价值追求的根本便是宪法。宪法必须在人类追求的普遍的价值理念上对科技作出回应,在对基因科技的法律规制中发挥引领作用。构建以宪法为主的保护人体基因编辑中的人性尊严的法律体系,是顺应科技和人类社会发展的需要,也是我国法律体系完善的必然要求。

就人体基因科技风险的法律规制而言,宪法对部门法的统筹体现在价值统筹、规范统筹和制度统筹三方面。在价值方面,基于部门法立场进行的价值选择(如上述刑法规制中所持有的犯罪化与非犯罪化态度),必然需要在宪法价值统筹之下进行。如果在尚未达成人体基因科技的宪法价值共识的情况下,以部门法规范为依托径直进行价值选择,则难以确保这种基于部门法思路的价值判断与宪法价值立场选择相符。在规范方面,为了确保法制统一,人体基因科技的部门法规范需要依托作为上位法依据和渊源的宪法规范。在制度方面,部门法对于人体基因科技风险的规制仅限于司法归责层面,集中于事后追责,而宪法所具有的系统性的制度性保障功能对于人体基因风险的规制更为必要,更关注事前预防。②

人体基因科技并非仅关乎个人的权益,而且对国家和社会的公共利益具有重大影响。基因资源、基因安全、公民整体的生命

---

① 参见宋亚辉:《风险控制的部门法思路及其超越》,载《中国社会科学》2017年第10期。
② 参见石晶:《人体基因科技风险的国家预防义务》,吉林大学2021年博士学位论文,第25~26页。

健康等均与公共秩序、公共安全紧密相关。唯有立足于宪法对人体基因科技制订规制方案,通过公法控制风险,才能够超越个体主义桎梏,充分保障公共利益。同时,在宪法指导下有限度地界定公共利益,将其作为限制公民基本权利的正当理由,同样是对公民权益保护的体现。运用宪法规制手段预防人体基因科技风险具有优越性:既能够避免通过民法方式导致的对公共利益的忽略,又能够弥补通过行政法方式导致的对公民个体权益的保护不足。宪法预防科技风险的方式能够集部门法规制的优势于一身,并有效克服部门法规制手段的疏漏之处,既能够立足于个人权益的保障,又不忽略公共利益的维护。[1] 构建宪法统领的保护人体基因编辑中人性尊严的法律体系是生物科技应用领域凝聚宪法共识,保障人类的主体价值,维护人类的生物科技伦理观的需要。在现代风险社会中,探讨风险预防对国家权力产生的影响,有利于建立一套贯彻宪法精神、发挥宪法功能、实现宪法机制的风险预防体系,确保人体基因科技风险在宪治的层面得到有效预防。[2]

(1)将人类尊严的保护上升为宪法的法律意志

宪法之所以能够成为国家根本大法,是因为在国家治理中宪法能够形成社会共同意志,反映人们的需求,满足人们的共同利益。面对科学技术的飞速发展,宪法应该适应现代科技的发展,解决其与迅速发展的科技之间的激烈冲突。科研领域的每一次

---

[1] 参见石晶:《人体基因科技风险的国家预防义务》,吉林大学 2021 年博士学位论文,第 9~10 页。

[2] 参见石晶:《人体基因科技风险的国家预防义务》,吉林大学 2021 年博士学位论文,第 11 页。

技术突破都给宪法在知识性方面提供推陈出新的契机和局面。①科学技术的发展呼唤宪法在理念价值、具体规范和规制方法上的回应。科学技术发展的成果直接成为宪法的调整对象,或者影响宪法的研究方法、研究内容,以及宪法原则与规范的发展变化都是科技发展对宪法的影响。尽管每个国家对人体基因编辑技术的管控模式有所不同,但各国对人体基因编辑技术禁止的范围基本达成了一致。德国的《胚胎保护法》和英国的《人类受精和胚胎学法案》都绝对禁止对人类胚胎进行编辑并将其作为人体实验的对象,这体现了立法对人性尊严的保护。而德国《宪法》已把人类尊严上升为国家意志。德国《宪法》第一条规定了人类尊严是不可侵犯的,并将保护人类尊严上升为政府的义务。由此可见,德国重视人类尊严,正因如此才有了目前相对完善的约束人体基因编辑技术的法律出现。②

宪法所保护的公民基本权利既包括宪法条文明文规定的基本权利,也包括宪法尚未列举的但符合人类基本生存需要的基本权利。随着生物科技的飞速发展,结合如今的宪法制度来看,我国宪法也应明确人类尊严的概念,将对人类尊严的保护上升为一种法律意志。我国《宪法》第三十八条规定了公民的人格尊严不受侵犯,但此条更多的是对人格受侮辱的保护。可以说人格尊严权是人类尊严权的一部分,故在此条中更需要有针对人类尊严权保护的规定。同时在《宪法》第三十三条保障人权的规定中可对

---

① 参见韩大元:《生命权的宪法逻辑》,译林出版社 2012 年版。
② 参见[德]菲利普·布鲁诺奇:《人类尊严的道路》,包向飞译,载《社会科学战线》2013 年第 5 期。

人权的内涵进行拓展,将人类尊严的概念也纳入人权保护的范畴。作为一国法律体系中具有统领作用的根本法,建立健全宪法中关于人格尊严保护的规定无疑是对人类尊严价值共识的维护。宪法可以通过禁止和严格限制特定范围和内容的研究、控制科研的手段及对科研机构和设施进行规范,实现对科技发展给人类带来的负面效应的限制。

（2）制定"基因科技法"对人体基因编辑进行规范

①明确人体基因编辑的立法目的和理念原则

首先,将人类尊严保护作为人体基因编辑法律规制的基本理念和价值追求。人的尊严是人类享有的最基本、最根本的权利,也是法治社会的理性选择和道德基础。面对人体基因编辑技术发展带来的技术、伦理和法律风险,将维护人类尊严作为人体基因编辑技术风险法律规制的价值追求,是约束科研自由、防止技术滥用、尊重人性尊严的要求。

其次,明确人体基因编辑立法的理念原则。第一,公平公正原则。人体基因编辑技术应用的受益者或当事人应基于社会的公平公正原则,协调平衡各方不同的利益需求,以更好地处理人体基因编辑科技各参与方的权益纠纷。这是基因科技发展中公平公正原则在技术法律规制中的重要体现。第二,隐私保护原则。人体基因编辑技术的研究人员出于对人体基因权利保护的目的,需要对基因信息以及患者隐私进行严格保密,不可随意对外泄露,从而更好地保护患者的个人信息和人格权。第三,主体自主原则。在参与人体基因编辑的研究和应用中要确保双方参与者是自主自愿地参与其中并且确保其是知情且同意的,这样才能更好地维护基因上的人格尊严权。① 第四,国际协作原则。基于基因科技对人类社会的共同影响,各国对于人权以及基本人格尊严权的普遍尊重,需要将人类公共理性和共享价值作为考量标准,以全人类的幸福为宗旨,建立全球普遍适用的伦理观念和标准。

②明确人体基因编辑技术应用的边界

既灵活又谨慎地确定不同权利的边界是科研自由的本质,也是构建以宪法为首的维护人格尊严的法律规制体系的关键。科技是否符合维护人格尊严的需要,是否符合宪法的基础价值,是划定科研自由界限的基本标准。目前,我国还未有较完整的规范人体基因编辑的法律法规,科技发展呼唤完善的基因科技立法的出台。立法机关应参考我国目前已经制定的《人类辅助生殖技术规范》和《人胚胎干细胞研究伦理指导原则》等规范性法律文件,将其中的核心理念纳入"基因科技法"。我国应适时出台"基因科技法",考察世界各国关于基因编辑技术法律规范的有益经验,并充分考虑科技发展的现状和我国的具体国情。立法效益的实现才是立法的最终目的。

明确人体基因编辑应用的许可范围是实现法律规制实效的基础和关键。允许出于研究或治疗特别严重的遗传性疾病的目的的人体基因编辑技术的实践应用,允许以预防或研究尚未能治愈的疑难病症为目的的临床应用,允许针对现有的治疗方法进行人体基因编辑技术的应用研究,但需要进行伦理风险的安全性和

---

① 杨怀中、温帅凯:《基因编辑技术的伦理问题及其对策》,载《武汉理工大学学报(社会科学版)》2018年第3期。

有效性的评估。与此同时,对人体基因编辑技术应用的禁止界限应严格划分:禁止人体基因编辑技术用于以生育为前提的研究;禁止进行人体基因编辑的来源物质的非法交易;禁止人体基因编辑市场化应用的研究信息有偿共享;等等。同时,规定人体基因编辑技术的应用研究需要有严格的同行审查制度,切实提高行业自律性。

③形成与伦理治理相结合的人体基因编辑法律规制机制

不同国家有不同的人体基因编辑法律规制模式。根据我国社会现实及科技发展趋势,要设立与伦理治理相结合的基因科技技术研究和产品化应用的法律规制。

我国未来的"基因科技法"具体可以分为四个不同的法律规制方向。第一,基因编辑技术法。"基因科技法"应明确规定人体基因编辑技术的研究分类,明确各种生物技术规范,将人类体细胞、干细胞等基因编辑涉及的概念清楚划分,将临床研究和产品应用的法律伦理治理提升到更加严谨规范的高度。第二,基因材料管控法。"基因科技法"应明确规定对提供基因材料的来源进行严密监管,对基因材料提供者的个人信息严格保密,对处置基因资源信息的程序进行严密管控,同时不能对基因材料的信息进行任意的分享和非法的利益交易。第三,基因编辑权利法。"基因科技法"应确立基因编辑的主体和客体的范围,明确基因编辑的人类尊严权,对基因编辑相互关联的利益方的权益进行明确划分,保护基因编辑的自主权和平等权。第四,基因编辑伦理监管法。"基因科技法"应对基因编辑技术产生的伦理风险进行有效防控,并根据基础研究、临床实验以及技术应用的三种用途进行伦理、法律和社会风险的理论治理和立法规制。①

④部门法的协同规制

当一国宪法对人类尊严的重要性作出明文规定,其有关部门法也要围绕人类尊严保护进行相关规定和细化,形成自上而下有关联的、相互协调的法律体系。我国宪法将人类尊严的保护纳入其中,因此部门法中也应有所呼应。

第一,在行政法中专门规定人体基因编辑许可和专业监管制度。鉴于我国人体基因编辑技术实施过程中的问题,国家卫健委及县级以上卫生行政主管部门应该按照明确的伦理准则、技术标准和规范对全国和各地方的人体基因编辑实验及项目进行审查批准、许可和备案,未经许可的实验项目一律不准开展。

第二,在刑法中增设防控人体基因编辑风险和危害的"人体基因编辑危害公共安全罪""非法人类胚胎基因编辑罪""非法泄露基因信息罪"等罪名,并设定触犯这些罪名的具体刑罚措施及医疗机构的过错导致受试者(患者)损害,受害人可以申请国家赔偿的权利。我国《刑法修正案(十一)》第三十九条规定,"将基因编辑、克隆的人类胚胎植入人体或者动物体内,或者将基因编辑、克隆的动物胚胎植入人体内,情节严重的,处三年以下有期徒刑或者拘役,并处罚金;情节特别严重的,处三年以上七年以下有期徒刑,并处罚金"。《最高人民法院、最高人民检察院关于执行〈中华人民共和国刑法〉确定罪名的补充规定(七)》,将《刑法修正案(十一)》第三十九条的罪名确定为非法植入基因编辑、克隆胚

---

① 参见陶应时、罗成翼:《人类胚胎基因编辑的伦理悖论及其化解之道》,载《自然辩证法通讯》2018年第2期。

胎罪。

　　第三,在民法中创设人格尊严权和基因权。民法调整的是平等主体之间的人身关系和财产关系,其中的人身关系是基于身份权和人格权而形成的。民法调整的社会关系往往关涉自然人的人身、财产和人格权益,在民法中创设独立的人格尊严权是至关重要的。民法赋予自然人作为民事主体的权益。人体基因编辑技术是促进人类社会进步的工具。技术应用不能让技术凌驾于人的主体权益之上,更不能让人的人格尊严在法律调整中变得边缘化、客体化。在民法中创设人格尊严权能更好地保护宪法中人的价值功能,将人的价值体现在各个平等主体的人身关系中。在民法中明确人格尊严权的概念,明确其权利的主体和客体。人格尊严权不应只是针对人身诽谤、侮辱等的保护,还应包括伦理风险的防控和保护。① 民法中人格尊严权的含义与宪法中人格尊严权的含义有所不同,但二者应该是相辅相成、相互促进的。通过民法维护人类尊严的权利,在私法上明确人格的价值,更好地让人作为主体利用科技这一手段主宰社会的发展。由此,宪法与部门法相互协作共同维护了人类尊严的价值。

　　针对人体基因编辑引发的各种不确定性和风险,在民法中引入基因权是必要的,同时与宪法中人格尊严权的价值相互呼应,有利于进一步完善社会主义法律体系。② 具体来讲,民法中需要明确基因权的概念、主体、客体以及内容,明确基因编辑的人格利

---

　　① 参见张小罗、张鹏:《论基因权利——公民的基本权利》,载《政治与法律》2010年第5期。
　　② 参见王鹏:《论基因权的法律性质》,载《黑龙江省政法管理干部学院学报》2011年第3期。

益的划分,明确基因编辑的信息利用的划分,明确基因编辑中的隐私保护,同时需要阐明基因编辑中主体自主选择的理念。① 民法是私法,人类尊严的主体为自然人。在人体基因编辑技术的滥用对人类尊严造成侵害时,基因权的存在能更好地维护人类的价值共识。更重要的是,这将使人类尊严保护和科学技术发展在宪法法律的斡旋下达到和平共处、相互促进的良性互动关系。

科技发展的最终目的是造福人类,给人类提供舒适幸福的生活。人类基本权利的保护也是宪法的道德基础和价值追求。宪法通过约束公权力,保护人的尊严和权利,赋予人们舒适生活的权利。现代科学技术的发展与宪法的发展具有共同的价值理念和根本追求。人的尊严是人类文明的重要体现,只有宪法价值才能更好地体现人类尊严的重要性,只有宪法保护才能让人类尊严变成一种社会共识和价值追求。科技不应该颠覆人的主体地位,造成人类尊严的弱化甚至边缘化,而应该有利于基本自由和人格尊严的实现。只有通过构建以宪法为主导的社会主义法律体系以规制人体基因编辑技术的实施,才能抑制科技发展带来的不确定性和风险,在人类尊严与科学技术之间寻求良性互动和合理平衡,最终实现通过权利保障、维护人格尊严的宪法价值追求。

(二) 构建网格化的法律规制模式

我国既有的基因技术立法模式主要有"水平面立法模式"和"垂直性立法模式"两种。"水平面立法模式"主要是以程序为导

---

① 参见王康:《基因公开权:对人类基因的商业利用与利益分享》,载《安徽大学学报(哲学社会科学版)》2014年第2期。

向进行基因科技相关立法,将基因科技视为风险源,不过问应用技术的个别具体对象或产品,立足于跨越各个具体应用领域,形成独立的基因科技法律规范。"垂直性立法模式"不是以程序为导向,也不致力于形成独立的法律规范,而是着眼于个别产品领域或具体应用领域。我国既有的基因科技立法主要是以垂直性立法为主,水平面立法是我国基因科技立法的发展趋势。水平面立法立足于程序导向,方便进行协调和总体规划,确保一体化的监管手段和管制程序的确立,发挥避免立法重复或缺漏的优势,由此构建体系化的基因科技立法。垂直性立法立足于具体的技术研究和应用领域,由不同的政府主管机关制定具体的法规措施,能够针对具体问题灵活、快速作出反应,但容易出现重复立法和监管漏洞。随着基因科技的迅猛发展,基因科技对人类社会及人类生存环境的冲击是任何科技都不曾有的,它不仅能改变我们的生老病死,影响我们的日常生活,还能改变我们自身及后代。面对基因科技对人类全方位的影响,我们必须发挥水平面立法和垂直性立法的双重优势,适时出台专门的"基因科技法",并将其作为基因科技管制的基础,再辅以不同主管部门的垂直性立法,实现基因科技法律规制的理性适当。

人体基因编辑网格化的法律规制模式构建具体需要从三个层面着手:首先,从最宽泛的层面需要为人体基因编辑技术监管制定道德准则和伦理规范,为人体基因编辑技术的发展提供引导、支持,为具体法律规范的制定提供伦理辩护和指引。其次,人体基因编辑技术治理需要充分发挥宪法在人体基因编辑治理中的尊严保护和规范统领作用,做好人体基因编辑相关现行立法和立法规划中的相关立法在宪法、行政法、民法及刑法等主要规范性法律文件中规定的衔接和配套。最后,人体基因编辑技术的治理需要在道德规范伦理规则等一般性的治理原则和相关法律法规的具体规定下,制定单行法,将伦理原则和规范及法律法规进一步细化和具体化。

(三)设计内外平衡的法律监管制度

世界首例"基因编辑婴儿"事件带来广泛而持续的影响,我国在采取积极的技术促进政策的同时,应该注意兼顾技术发展和潜在风险之间的平衡。世界范围内,基因编辑技术的迅猛发展带来的多重技术、伦理和社会问题,冲击着既有的伦理规则和法律体系,需要将基因编辑技术纳入国家治理体系和治理能力现代化的框架内,根据具体技术的利益风险、监管框架、伦理问题和社会影响,在尊重国情和技术发展现状的基础上制定规制策略。同时,将社会价值观融入显著的临床和政策考量因素,平衡技术的规范运用和致害责任的承担,从内外两个方面对人体基因编辑技术进行法律规制。唯有明确人体基因编辑技术的正当性,从技术规范和致害责任内外两方面着手,将人体基因编辑技术纳入法治轨道,方可在实现新技术健康有序发展的同时趋利避害,实现风险可控,造福人类。

由于我国目前立法缺乏对基因编辑技术致害责任的规定,只是在行政规章中规定了部分行政责任,但没有涵盖科学家群体未经审批进行的非法试验行为,且处罚力度相对较轻,对违法实施的基因编辑行为起不到应有的威慑作用,我国未来应该在推进事前预防科技风险监测体系建设的同时,在基因编辑领域加快推进基因编辑技术致害责任的相关立法工作,形成完善的责任机制,尤其要明确私法上的请求权基础,适度增强公法上责任的刚性。

1. 基因编辑技术的内在规制

（1）区分基因编辑的动机和目的

有关治疗和预防疾病与失能的体细胞编辑临床试验应该被允许；对于出于医学目的的基因筛选和组织配型的"救命宝宝"，应该允许或放松监管；通过基因组编辑达到"增效"效果，以改变性状和增强能力的非医学的基因改良，应该被严格禁止；在广义的基因增强中应该适度放开非医学目的的基因编辑，严禁非医学目的的基因增强。

（2）区别干预的对象或细胞种类

CRISPR/Cas9 等方法可以被用来修改人类受精卵或早期胚胎，这种潜在的可能性比用于成年人甚至儿童的基因疗法更有争议，因为它代表着对生殖细胞的改变。生殖细胞指的是像人这样进行有性繁殖的多细胞生物中能够产生下一代的细胞，也就是精子和卵细胞，而我们体内所有其他细胞都被称为体细胞。

首先，体细胞基因编辑。体细胞是指存在于人体组织中的所有细胞，但不包括精子和卵细胞及其前体细胞。这意味着受体细胞基因组编辑影响的主体仅限于接受治疗的个体，不包括患者的后代。与之相关的是，体细胞基因疗法治疗或预防疾病和失能的相关主要科学、技术、伦理和监管问题主要涉及患者本身，而不会遗传给后代。体细胞基因编辑的科学和技术问题，可以通过持续改进技术的有效性和准确性进行解决。而技术的伦理和监管问题则应该在充分评估患者预期风险和利益平衡的基础上，对现有监管框架予以重新审视。

其次，生殖系细胞基因编辑。生殖系细胞基因编辑所带来的基因变化将会遗传给后代，且风险的出现具有不确定性，生殖系细胞基因编辑存在巨大争议。生殖系细胞基因编辑产生可遗传变化的可能性将人们的关注重点从个体层面转向更复杂的技术、宗教和社会问题,如干预程度的适当性及此类变化对先天残疾儿童接受度的潜在影响。该领域的政策需要仔细权衡文化规范、儿童的身心健康、父母的自主权及监管体系等。在严格限制的基础上开展生殖系细胞的研究实验,必须进行更多试验以满足授权临床试验的现有风险评估要求,同时指出令人信服的理由并接受严格的监管,关键在于以谨慎的态度对待生殖系细胞基因编辑,并且应该根据广泛的公众意见推进研究进程。这些标准意味着在谨慎注意和负责任的科学框架内促进福利承诺的实现。

人类表观遗传作用的存在可能意味着一代人的饮食习惯、压力程度、生活经历会对后面几代人产生深远的影响。不过,人们仍然强烈认为生殖细胞的基因组比较特殊,不应该被轻易篡改,特别是因为我们的下一代人没有任何办法表达他们的许可。所以,体细胞的基因疗法如果能安全、有效地用于遗传病治疗,一般会被视为可接受的,但生殖细胞的基因疗法即使能做到安全、有效,也会因为它的效果不会只被限制在一个人体内,而可能会影响以后很多代人的这一点而饱受争议。①

从伦理学的角度看,并不存在禁止生殖细胞系编辑的理由;父母有权利使用 CRISPR 生育更健康的孩子,只要这个过程是安全的,而且不偏袒少数群体。另外,为了让生殖细胞系编辑这项技术不断前进,我们还要做好两个方面的事情:一是我们必须积

---

① 参见[英]约翰·帕林顿:《重新设计生命:基因组编辑技术如何改变世界》,李雪莹译,中信出版集团 2018 年版,第 186 页。

极主动地支持父母选择生育方式的权利;二是我们必须确保社会中的所有人都得到尊重和公平对待,无论他们的遗传背景如何。只有同时做到不因禁止 CRISPR 而伤害个人,也不因滥用 CRISPR 而危及社会价值,我们才可能让新技术造福人类。[1]

随着技术和社会发展,人类对生殖细胞系基因编辑伦理困境的思考也在不断演变,但是似乎所有的思考最终都要回到人们的自由选择的问题上来。无论如何,我们必须尊重人们决定自己基因的命运的自由和权利,他们有权利追求更健康、更快乐的生活。人们如果有了这种自由的选择权,就会做自己最认可的决定——无论这个决定是什么。正如一位亨廷顿疾病患者查尔斯·撒拜恩所言:"那些身患遗传病并为此受苦的人,丝毫不觉得这里有任何的伦理困境。"我们中间谁有资格告诉他情况不是这样的?[2]

最后,特殊技术运用的规范标准。严格限定 PGD 技术的适应症。PGD 技术目前主要运用于医疗目的的性别选择、医疗目的的非整倍体、单基因疾病和染色体易位的基因检测。应严禁非医疗目的的性别选择和非医疗目的的基因改良。在有充分数据证明编辑可能对人类健康有利的条件下,允许进行生殖性目的的人类胚胎基因编辑的基础研究实验。严禁开展人类嵌合体胚胎试验研究;禁止克隆人。

---

[1] 参见[美]珍妮佛·杜德娜、[美]塞缪尔·斯滕伯格:《破天机:基因编辑的惊人力量》,傅贺译,湖南科学技术出版社 2020 年版,第 232~233 页。

[2] 参见[美]珍妮佛·杜德娜、[美]塞缪尔·斯滕伯格:《破天机:基因编辑的惊人力量》,傅贺译,湖南科学技术出版社 2020 年版,第 232~233 页。

2. 基因编辑技术的外在规制

（1）加强伦理审查

基因组编辑委员会是集科学、医学和伦理委员会为一体的具有综合性质的委员会，成员必须包括生物学、生物伦理学、医学、伦理学、法学、社会学等专业的专家。基因组编辑委员会的主要责任范围是，研究与基因编辑科学现状相关的因素，某项技术的临床应用潜力，潜在的风险和利益，是否可针对非预期效应制定量化标准，目前的监管框架的监管效果评估，制定指导人体基因组编辑的总体目标。

（2）注重公众参与

公众的投入和参与是众多科学和医学进步的重要组成部分。持续推进研究并开展公众讨论是全球基因编辑技术规范和监管的共同呼声。干细胞研究和以预防和治疗疾病为目的的基因编辑研究争议不大，生殖系细胞研究和以增强人的某一方面性能为目的的基因增强研究引发的争议较大，在后者的应用过程中，公众参与的重要性更加明显。决策者和利益相关团体可以通过公众信息宣传活动、正式征集公众意见及将民意纳入政策等多种方式实际参与讨论过程，这样有助于促进决策制定的透明度，提高决策水平。公正参与可以有效地了解风险。如何通过风险特征描述对待解决的问题和受影响各方的利益作出响应，公众在考虑自己的价值观和目标的同时根据科学信息作出决定，公众参与环境评估与决策，在增进各方之间信任和理解的基础上，提高决策质量。公众参与有利于通过客观的辩论以明确、透明的方式让所有利益相关群体了解该技术的研究和发展状态，并确保基于合理的科学依据作出决策。公众讨论将为患者、医疗服务提供方和社会提供争议性问题的讨论机会,以及基于日益增加的科学洞察力评估生殖领域的潜在应用风险、优势和条件,从而为进一步制定相关法规提供机会。

(3)实体法的协同规制

人体基因编辑技术风险的多重特征与多种类型决定了对该风险的预防是一项复杂的系统性工程。风险预防所依托的立法权与行政权、国家与公民的关系、国家公权力的配置,所涉及的价值、规范和制度,均已经超出了单个部门法的调整范围和预期功能,此时便需要超越部门法的宪法出场,来回应人体基因科技风险预防的现实问题,进而在保障科技风险预防实效性的同时避免过度限制公民的基本权利。[①]

其一,人体基因编辑的宪法规制。我国部门法文本中基本会开宗明义,"根据宪法,制定本法"。宪法作为国家根本大法,具有至高无上的法律效力。此举表明了部门法的立法依据与立法正当性,同时表明部门法对宪法精神和原则的体现,以及对宪法关于公民基本权利保护规定的细化与落实。《宪法》明确规定,"国家尊重和保障人权""中华人民共和国公民的人格尊严不受侵犯"。宪法作为国家根本大法,其他法律法规必须以宪法为依据,宪法对部门法具有引领作用。例如,我国《民法典》对宪法精神的宣示直接体现在总则编第五章民事权利第一百零九条的规定中,即"自然人的人身自由、人格尊严受法律保护"。这意味着一切民事活动,包括人体基因编辑活动,必须遵守人格尊严保护的基本

---

① 参见石晶:《人体基因科技风险的国家预防义务》,吉林大学 2021 年博士学位论文,第 213 页。

规范,确保人的优先性,以人为本。

人体基因编辑领域的宪法规制,除包括宪法对其他法律法规的引领推进作用外,还包括通过宪法保障受试者的生命尊严和基本人权,通过宪法保障人体基因编辑造成受试者(患者)权益损害时的国家赔偿的实现。由于人体基因编辑活动的潜在后果目前尚未得知,即便是法律所允许从事的活动,也可能引发负面后果。在此类情形下,尽管受害人因为人体基因编辑活动遭受了损害,但行为主体所从事的是国家所允许的活动,故而要求其承担责任似有不妥。更何况在损害效果显现之时,行为主体是否仍存在本身就是个问题。可以预见,尽管后续立法会明确禁止非法从事人体基因编辑的活动,但现实生活中必然会出现非法从事相关活动给特定主体造成严重损害的情形。在此种情形下,尽管直接给受害人造成损害的是非法从事人体基因编辑活动的机构或个人,但考虑到国家本身负有监管职责且存在疏忽失职的可能,故而至少在监管机构监管失职的情况下,国家违反了其对公民基本权利的保护义务,应承担相应的责任。可见,无论是在合法从事人体基因编辑活动的情形下,还是在非法从事此类活动的情况下,国家赔偿都是必要的。在未来,政府相关部门可考虑设立赔偿基金,并明确赔偿条件、程序和数额等问题。

其二,人体基因编辑的行政法规制。事实上,由于行政法不仅能通过行政处罚等方式进行事后制裁,而且能通过行政许可的方式进行事前审核,还能通过行政监管的方式进行事中监管,其在很多方面都颇具优势。强化对人体基因编辑活动的行政法规制需要设定行政许可、完善行政监管、强化行政处罚、重视行政指导。①

其三，人体基因编辑的民法规制。我国《民法典》第一千零九条规定："从事与人体基因、人体胚胎等有关的医学和科研活动，应当遵守法律、行政法规和国家有关规定，不得危害人体健康，不得违背伦理道德，不得损害公共利益。"作为民事权利的宣言书和保障书，《民法典》能够对生命科技进行专门规定，凸显了我国对现代生命科技法律规制的重视，也体现了《民法典》的实践精神和时代特色。同时《民法典》第九百九十条提及了人格权和尊严问题，"人格权是民事主体享有的生命权、身体权、健康权、姓名权、名称权、肖像权、名誉权、荣誉权、隐私权等权利"。第一千零二条提及了生命尊严，"自然人享有生命权。自然人的生命安全和生命尊严受法律保护。任何组织或者个人不得侵害他人的生命权"。第一千零八条规定了临床试验和知情同意原则，同时提及了伦理委员会，"为研制新药、医疗器械或者发展新的预防和治疗方法，需要进行临床试验的，应当依法经相关主管部门批准并经伦理委员会审查同意，向受试者或者受试者的监护人告知试验目的、用途和可能产生的风险等详细情况，并经其书面同意。进行临床试验的，不得向受试者收取试验费用"。《民法典》作为社会生活的"百科全书"，在一国法律体系中的地位仅次于宪法，甚至被认为在一定程度上发挥着宪法功能。②《民法典》是我国基本法律中对新兴科技及其伦理问题规定最为详尽的，为后续立法提供

---

① 参见石佳友、庞伟伟：《人体基因编辑活动的协同规制——以〈民法典〉第1009条为切入点》，载《法学论坛》2021年第4期。

② 参见谢鸿飞：《中国民法典的宪法功能：超越宪法施行法与民法帝国主义》，载《国家检察官学院学报》2016年第6期。

了最适当的推动、指引作用。我国在极力推进国家治理体系和治理能力现代化的进程中,将基因编辑相关医学和科研活动纳入《民法典》的调整范围,能够强化《民法典》的治理功能。此外,《民法典》相关条款中涉及的人格权和尊严、生命权和知情同意及伦理审查等问题,是将科技道德伦理和生命伦理规范进行"法律化"的典型,对于人体基因组编辑技术的发展和实践、相关现行法的完善、后续立法的制定均具有适当的指引、推进和借鉴作用。

《民法典》第八条规定,"民事主体从事民事活动,不得违反法律,不得违背公序良俗"。本条规定了民法的"公序良俗"原则,作为民法的基本原则和根本准则,公序良俗原则蕴含民法的精神价值,贯穿整个民法并统领民法的各项制度与规范。结合《民法典》第一百五十三条的规定,"违反法律、行政法规的强制性规定的民事法律行为无效。但是,该强制性规定不导致该民事法律行为无效的除外。违背公序良俗的民事法律行为无效",公序良俗原则作为民法的基本原则,在法律规则就某一事项没有明确规定时,弥补了法律规则的不足。除违背法律规则的规定外,若人体基因编辑活动违反公序良俗原则,则法律也将作出行为的否定性评价和违法性判断。《民法典》人格权编是针对人体基因编辑活动的核心规范。其第一章一般规定中第九百九十条明确了具体人格权的基本类型,并通过一般人格权的兜底性条款,为人格权益提供广泛的保护,为人体基因病例可能造成的其他人格尊严侵害预留了救济空间。第九百九十五条规定的人格权、请求权制度,第九百九十六条规定的精神损害赔偿制度和第九百九十七条的诉前禁令制度在规范人体基因编辑活动和损害救济层面具有重要的适用价值。第一千零八条的临床试验条款和第一千零九条的人体基因规范条款则构成对人体基因编辑活动的直接法律规制。《民法典》侵权责任编旨在调整因侵害民事权益产生的民事关系，为人体基因编辑行为提供了损害赔偿的救济路径，主要体现在第一千一百六十五条规定的过错责任一般条款和第七编第六章医疗损害责任的相关规范中。

具体来讲，民法应对人体基因编辑活动需要重点关注以下几个方面的问题：人格尊严原则的有效适用；受试者（患者）的隐私与个人信息保护问题；受试者（患者）本人的损害救济问题；受试者（患者）的父母的损害救济问题。① 虽然民法典无法对这些具体问题作出详细的规定，但随着社会和技术的发展，其在施行过程中需要对这些问题在未来的立法或司法解释、指导性案例中进行具体解释和进一步的细化。

其四，人体基因编辑的刑法规制。刑事立法主要涉及刑法、刑法修正案、最高人民法院的司法解释和最高人民检察院的相关规定等。2019年12月30日，"基因编辑婴儿"案在深圳市南山区人民法院一审公开宣判。② 这一判决显示，在刑法对基因编辑引

---

① 参见石佳友、庞伟伟：《人体基因编辑活动的协同规制——以〈民法典〉第1009条为切入点》，载《法学论坛》2021年第4期。
② 贺建奎、张仁礼、覃金洲3名被告人因共同非法实施以生殖为目的的人类胚胎基因编辑和生殖医疗活动，构成非法行医罪，分别被依法追究刑事责任。法院认为，3名被告人未取得医生执业资格，追名逐利，故意违反国家有关科研和医疗管理规定，逾越科研和医学伦理道德底线，贸然将基因编辑技术应用于人类辅助生殖医疗，扰乱医疗管理秩序，情节严重，其行为已构成非法行医罪。根据3名被告人的犯罪事实、性质、情节和对社会的危害程度，依法判处被告人贺建奎有期徒刑3年，并处罚金人民币300万元；判处张仁礼有期徒刑2年，并处罚金人民币100万元；判处覃金洲有期徒刑1年6个月，缓刑2年，并处罚金人民币50万元。参见《"基因编辑婴儿"案一审宣判 贺建奎等三被告人被追究刑事责任》，载微信公众号"央视新闻"2019年12月30日。

起的犯罪没有具体规定的背景下,法院只能以"非法行医罪"对贺建奎等人进行处罚。但非法行医罪很难对医疗机构中取得医生职业资格的人非法实施的人类胚胎基因编辑活动进行处罚。所以,我国必须在刑法中增设人体基因编辑的具体罪名,对相关活动进行刑法规制。[1] 事实上,即便单从人体基因编辑活动的自身特殊性来看,设立专门罪名也非常必要。[2]

值得注意的是,尽管《刑法》(2023 年修正)第三百三十六条之一确实能为相关案件的处理提供更有力的法律支撑,但很难说其完全解决了问题。因此,在后续立法中应进行有针对性的完善,以强化刑法对人体基因编辑活动的规制作用。从《刑法》(2023 年修正)第三百三十六条之一的行文措辞来看,该条处罚的主要是将基因编辑后的人类胚胎植入人体或动物体内的生殖行为,而并非对人体胚胎的基因编辑行为。显然,立法着眼的是行为的危害后果(生殖),而非行为本身,其规制逻辑类似于"结果犯"。但是,即便是出于研究目的,针对人体胚胎的基因编辑行为本身亦具有相当的伦理风险和社会危害性。更何况前期相关研究的不断试探极易引发"滑坡效应",这大大便利了后续的生殖行为。因此,刑法应考虑对人体胚胎的基因编辑行为本身施加一定程度的制裁。因非法基因编辑受到健康和精神损害的受害人,也可以申请相应的精神损害赔偿。因伦理审查机构的疏忽或过错

---

[1] 参见徐娟:《基因编辑婴儿技术的社会风险及其法律规制》,载《山东大学学报(哲学社会科学版)》2020 年第 2 期。

[2] 事实上,不少学者已经提出类似建议。参见邱明岸、谢雄伟:《论人体胚胎基因编辑行为的刑法规制——以基因编辑婴儿事件为视角》,载《中国卫生法制》2020 年第 4 期。

而受到损害的受害人,还可以申请国家赔偿。同时,正确适用该罪,须考量立法过程中的争议因素,确定该罪保护的法益是人类自然生殖利益,明确罪名中的"非法"对应"合法"的内涵,同时把握具体的三种行为类型的实质,对符合罪量要素的"情节严重"综合考察,实现司法的准确适用。①

其五,人体基因编辑的科技法规制。我国基本科技立法主要涉及《科学技术进步法》《促进科技成果转化法》《科学技术普及法》等。目前,这些基本科技立法条款较为政策化,缺乏可操作性。未来需要对这些法律以及相关的法律、法规规章和地方性法规等进行修订,具体可以包括:将新兴科技生命伦理治理原则进行法律化,以此作为基本科技立法的基本原则;规定明确的、可操作的责任承担机制,完善新兴技术人权保障。

其六,人体基因编辑的单行立法规制。全国人大立法层面的新兴科技相关立法主要是《生物安全法》(第十三届全国人大常委会第二十二次会议于2020年10月17日通过,自2021年4月15日起施行,于2024年4月26日修正)。该法第四章"生物技术研究、开发与应用安全"要求,"国家加强对生物技术研究、开发与应用活动的安全管理,禁止从事危及公众健康、损害生物资源、破坏生态系统和生物多样性等危害生物安全的生物技术研究、开发与应用活动。从事生物技术研究、开发与应用活动,应当符合伦理原则"(第三十四条)。"从事生物技术研究、开发与应用活动的单位应当对本单位生物技术研究、开发与应用的安全负责,采取

---

① 参见郑二威:《刑法介入基因编辑技术的限度——以〈刑法修正案(十一)〉为视域的考察》,载《科学与社会》2023年第3期。

生物安全风险防控措施,制定生物安全培训、跟踪检查、定期报告等工作制度,强化过程管理"(第三十五条)。"国家对生物技术研究、开发活动实行分类管理。根据对公众健康、工业农业、生态环境等造成危害的风险程度,将生物技术研究、开发活动分为高风险、中风险、低风险三类"(第三十六条第一款)。"从事生物医学新技术临床研究,应当通过伦理审查,并在具备相应条件的医疗机构内进行;进行人体临床研究操作的,应当由符合相应条件的卫生专业技术人员执行"(第四十条)。

国务院及其部门和地方立法层面的新兴科技单行立法主要是《人类遗传资源管理条例》(国务院第41次常务委员会议于2019年3月20日通过,自2019年7月1日起施行,于2024年3月10日修订,自2024年5月1日起施行)。该条例对科研开发活动以及成果的产业化(第十八条)、利用我国人类遗传资源开展生物技术研究开发活动或者开展临床试验的应该遵守的法律法规(第二十条)及"确需将我国人类遗传资源材料运送、邮寄、携带出境"(第二十七条)作出明确规定。在充分认识我国基因编辑技术发展状况及其外部性效应、不确定性和潜在风险的基础上,适时出台我国的基因编辑单行立法——"基因科技法"。"基因科技法"可将基因编辑相关的技术规范和监管制度从基本科技法中独立出来,具体规定基因科技法的立法原则、基因编辑技术的分类、生物样本和数据归属、基因信息和相关人权保护、伦理审查及法律责任等内容。

作为最具争议和影响力的新兴生物科技,人体基因编辑能够产生巨大的外部性效应,带来一系列复杂的不确定性和潜在风险。为了应对人体基因编辑技术发展,我国相关决策部门高度重视生物安全立法、推进多维度治理的法律体系建设。但基因编辑技术的迅猛发展及目前相关法律体系存在的不足促使相关部门对人体基因编辑技术法律法规进行修改和完善,加强相关立法,逐步形成层次分明、协同性强、逻辑严谨且具备前瞻性的人体基因编辑监管法律规范体系。

人体基因编辑技术发展需要新型生物科技或生命伦理原则的指引和辩护,这就需要在充分把握人体基因编辑技术的技术基础和外部性效应及其潜在风险的基础上,将部分符合人类共识的伦理原则和规范法律化,增强或赋予其强制执行的效力。通过将法律体系和单行立法相结合,构建横向立法和纵向立法相协同的软硬兼具的法律规范体系,注重人体基因编辑技术监管中的自决权、隐私权、身体健康权等人权保障。同时,注重程序和结果兼顾的监管模式及合作监管,通过在整个监管系统中吸引更广泛的参与者参与国家和国际监管,就立法征求公众意见,吸取各方智慧,让立法更加具有包容性。①

(4)建立完善的责任机制

首先,责任的类型化研究。第一,基因编辑技术类型化下的责任。不同类型的基因编辑技术(体细胞基因编辑和生殖系细胞基因编辑)会带来不同的责任承担。因为体细胞基因编辑行为只影响受试者有生之年,不会遗传给后代,相较于生殖系基因编辑会遗传给以后的世代的后果,其致害责任承担一般会轻于生殖系细胞基因编辑。第二,侵权行为类型化下的责任。一是技术

---

① 参见石佳友、贾平等:《人类胚胎基因编辑立法研究》,法律出版社2022年版,第76页。

致害类型。在基因编辑技术实施的过程中,科研机构或者医疗机构的过失造成患者损害的,致害主体应该承担相应的责任。二是人格权侵权类型。对于引起社会极大关注的基因编辑事件,对受试者或者人体基因编辑(胎儿)的个人信息安全构成新的威胁,违反保密原则造成相关人员信息泄露和传播的主体应该承担法律责任。

其次,责任的归责路径选择。第一,民事责任方面,科研机构或者医疗机构的过失导致受试者损害的,技术的缺陷、过错行为、因果关系、举证责任、风险抗辩和经济损失等问题均需要进行深入探讨。第二,刑事责任方面,对违法使用基因编辑技术造成损害胎儿身体健康或人类未来发展的行为应该进行专门的归罪化处理,根据研发机构或医疗机构的注意义务与因果关系,进行相应的刑事责任承担方式的设计。第三,需要从解释论和立法论的角度进行有机沟通,避免在民法或者刑法各自领域内探讨技术致害的归责路径选择问题。

(5)注重基因权利的保护

目前,我国人体基因编辑技术立法主要集中在伦理指导原则和技术规范。① 这些规范性文件存在效力层次低、规范事项不

---

① 2003年12月24日,科技部和原卫生部联合下发了《人胚胎干细胞研究伦理指导原则》,对人胚胎干细胞的范围、取得方式及进行相关研究应该遵循的行为准则和应该禁止的行为进行了规定。该指导原则第六条规定进行人胚胎干细胞研究必须遵守的行为规范:所用的胚胎囊胚发育不能超过14天,不能用于体内移植;不得将用于研究的人囊胚植入人或任何其他动物的生殖系统。2007年原卫生部印发《涉及人的生物医学研究伦理审查办法(试行)》主要规定了涉及人的生物医学研究的伦理审查原则、伦理委员会、审查程序、监督管理等。科技部2017年印发的《生物技术研究开发安全管理办法》将人体基因编辑等基因工程的研究开发活动划分为高风险等级、较高风险等级和一般风险等级,这也体现了我国在人类胚胎基因编辑领域监管的不断完善。

明、缺乏可操作性的惩罚措施等缺陷。同时,这些法规没有顾及基因编辑的特殊性,忽视患者利益保障和公众参与。在世界各国以权益保障为依归,将人体基因编辑各参与方权益保障作为立法宗旨的背景下,我国的人体基因编辑技术法规没有充分重视受试者(患者)权益保障,而是更突出和强调人体基因编辑技术自身的规范使用和安全发展。将人体基因编辑技术立法作为权益保障法是世界各国立法的趋势,我国的人体基因编辑技术立法也应该加强对人体基因编辑受试者(患者)及人类整体的权益保障。

在技术研究方面,人体基因编辑技术应该既恪守科研自由精神,保证人们享受基因科技带来的福祉,又避免技术可能引发的伦理及法律风险,以维护参与者的基因权益。在技术运用方面,主要目的应该是预防和治疗疾病,技术开展过程中应该严格遵守尊重人格尊严和对受试者(患者)影响最小的原则、风险防控原则、增进未来人类福祉原则、知情同意原则、伦理责任原则和公平正义原则,将受试者(患者)人身安全、健康权益放在优先保护的地位。在尊重受试者(患者)隐私前提下,允许公众广泛参与、尽量保持公开透明,反复论证研究的社会效益及风险。

随着人体基因编辑技术的发展,我们需要关注人体基因编辑科技对人权法的影响。人权框架的普遍性可以为人体基因编辑科技发展中人类意志的完整性和对自由的保护提供坚实的基础。基因权利是当今应对现有条约无法提供人体基因编辑技术所需的强有力和全面的人权保护困境的一种新颖的保护框架。基因科技是开启人类生命之门的钥匙。生命科技的发展引发新兴权利的出现,基因科技的迅速发展引发基因权利的产生。国内学者将基因权利作为一项基本人权,认为基因权利是一个权利束,具体包括基因平等权、基因隐私权、基因知情权及基因人格权和财产权等。① 在以受试者(患者)权益保障为价值目标的背景下,我国应该在诉讼法中明确受试者(患者)权益受到侵害能够获得立法保障的具体情形,对应增加受试者(患者)权利受到侵害的具体情形及受害者可以提起民事诉讼和刑事诉讼的具体救济规定。

(四)建立多元规范相结合的法律规范体系

1. 多元规范相结合的法律规范体系的构建原则

健全的多重规范相结合的法律规范体系的建立,总体上需要把握以下原则。

第一,坚持以选择自由与适当引导为限度的基本法律规制理念。鉴于人性尊严作为所有其他权利基础的地位,关注和消弭伦理法律对生命自由权的注重及其以人体基因编辑技术影响基因数据和生命自由为终极目标之间的张力,应该构成人体基因编辑技术法律规制的核心理念。为了避免人体基因编辑技术滥用的风险,需要在综合考量技术种类、试验阶段及其可能造成的技术、伦理和法律风险的基础上,以自由选择、适当引导作为法律规制的基本理念,通过立法设定人体基因编辑技术的适用范围及其对生命自由影响的限度。

第二,坚持以风险等级划分为基础的差异化法律规制政策。

---

① 参见张小罗:《基因权利研究》,武汉大学2010年博士学位论文。

一方面，人体基因编辑技术的应用能够治疗疾病、改善生活质量；另一方面，人体基因编辑也可能给个人权利带来诸多侵害。人体基因编辑技术风险法律规制需要在坚持自由选择、适当引导的规制理念的基础上，构建以风险分类为基础，以比例原则为分析框架的法律规制体系，"引入以科技风险等级为基础进行的技术分类管理模式"，即以人体基因编辑技术应用可能产生的风险种类的强度动态调整法律规制的限度和内容，①也就是以对多种类的生物体进行基因编辑可能带来的风险为立法依据。通过对基因编辑伦理、风险的探讨，再通过法治手段进行平衡与限制，人们期待既能实现对现存社会结构的尊重，又能保障可主张的"开放性未来之权利"。具体操作中需要综合考虑人体基因编辑技术的技术风险及对权利和伦理的影响与强度来确定风险等级，再按照风险等级差异对触碰伦理底线和人性价值尊严底线的技术应用进行严格禁止；对于严格影响意志自由和侵犯个人权利的技术应用，需要在坚持原则禁止的基础上实施全流程监管；对于中度影响自由意志和个人权利的技术应用，应该采取全流程监管；对于未影响意志自由和侵犯个人权利的技术，应采用行业自律、全流程监管和最低限度的伦理法律义务的监管方式。风险等级差异化法律规范包括从技术实施的角度和风险等级的角度进行划分的法律规范。技术实施角度的分类规范，主要体现为针对人体基因编辑不同技术种类和不同试验阶段及可能造成的风险，进行不同的规范和监管。以风险等级划分为基础的差

---

① 参见石佳友、刘忠炫：《基因编辑技术的风险应对：伦理治理与法律规制》，载《法治研究》2023 年第 1 期。

异化法律规制主要体现为《生物安全法》第三十六条第一款规定的"国家对生物技术研究、开发活动实行分类管理。根据对公众健康、工业农业、生态环境等造成危害的风险程度,将生物技术研究、开发活动分为高风险、中风险、低风险三类"。现实操作中需要根据具体技术种类、试验阶段或临床运用的情况对人体基因编辑技术进行风险等级的认定,并相应进行监管措施的设计实施。

技术合理应用的风险评估是坚持以风险等级划分为基础的差异化法律规制政策的重要内容。《纽伦堡公约》第二条规定:实验的危险性,不能超过实验所解决问题的人道主义的重要性。在生殖系细胞基因编辑的应用中,风险评估原则是指由专门机构结合个案中技术、伦理风险进行评估、分级,进而确定技术应用的风险受益比。适用风险评估原则,可以再次确定是否继续实施技术。其一,风险评估原则应借助专门评估机构的审慎评估。2019年国家卫健委发布的《生物医学新技术临床应用管理条例(征求意见稿)》第八条规定:"开展生物医学新技术临床研究应当通过学术审查和伦理审查,转化应用应当通过技术评估和伦理审查。"基于此,风险评估机构应该分为对技术应用的安全性与风险性评估及伦理道德性评估两种。其二,对于个案中所评估的风险,应该结合可能受损的法益类型、风险与损害发生概率进行分级与分层评估。技术应用牵涉生物安全、家族、个人生命健康等多重法益,评估者应结合个案,甄别技术应用对法益可能造成损害的概率以及严重程度。其三,评估技术应用后的风险收益比。技术应用产生的收益应该是大于其可能产生的损害,如此才能进一步确保技术应用的正当性。①

第三,坚持基本法和专门法相结合的立法体系。在人类胚胎基因编辑行为方面呼吁构建全方位、全领域、全过程的风险规制的法律体系,以应对针对人类基因进行编辑所导致的不确定性、伦理性、公平性以及合法性风险。以《生物安全法》为基本法,未来适时颁布的基因编辑科技领域的法律法规为专门法,形成技术规制的基本制度和法律监管体系。以《生物安全法》为基本法,以"基因科技法"为专门法,并与技术规则、伦理守则等规范相互配合构建横竖交叉的网格化治理模式,进一步完善与人体基因编辑技术相关的多元法律法规体系。

第四,实现对人体基因编辑技术实施的全流程监管。区分实施的对象和用途,明确划定人体基因编辑技术的应用边界,分类、分阶段制定健全有效的监管框架,对增强型人体基因编辑技术试验设立备案审批和注册制度,加强监管程序的严格性、有效性。增强型人体基因编辑技术的相关基础研究和临床前试验的审批应该收归国家伦理审查机构,以防止增强型人体基因编辑技术的滥用。同时,设计严密的具体规则,加强对《民法典》第一千零九条创设的人体基因保护的私法规范的执行。

2. 多元规范相结合的法律规范体系的构成

(1)行政指导

基因科技的迅速发展,使行政指导相较于具有滞后性和明确法条规定的法律规制更具弹性、更符合科技发展日新月异的特

---

① 参见王丽洁:《人类生殖系基因编辑技术合理应用的证成逻辑与制度调适》,载《甘肃政法大学学报》2023年第5期。

征。作为现代行政管理方式不断发展的产物,行政指导是"行政机关在其职责范围内为实现一定行政目的而采取的符合法律精神、原则、规则或政策的指导、劝告、建议等不具有国家强制力的行为"。[1] 行政指导不具有国家强制力的特征,相较于具有较强拘束力的法律手段,既不会过于限制基因科技的发展,又能有效地监管基因科技的发展,这符合保障科技健康发展和风险可控的基因科技监管目标。世界各国政府对基因科技管制的方式一致存在较大争议,最典型的是针对克隆技术研究活动的规范手段,一直存在是以强制力的"法律"还是具有弹性的"指导方针"进行规范更为恰当的争议。一般情况下,法学界大多认为,基因科技给个人和整个人类社会都会带来巨大影响,一旦有人违反规范,将会造成严重后果,所以应该使用具有强制力和时效性的规范,并要求制定具有相关罚则规定的"法律"进行全面细致的规范。科学界人士会认为,基因编辑技术及其相关研究对其他科学领域及人类具有相当的启发意义和重大影响,若一律通过法律加以监管则可能影响基础研究,因此不宜以具有明确规范和国家强制力的法律进行监管,这将影响科研进步。争论之下,折中的方案就是采用行政指导这一具有弹性的规范,其既能保障科研的健康有序发展,又能将风险控制在能够接受的范围内,同时应该注重学术共同体的"自我规范"。[2]

除此之外,行政指导没有拘束性的条文,甚至没有法律依据,

---

[1] 参见刘忠发、李燕华:《行政指导带有共性的几个问题》,载《人民法院报》2019年10月10日,第6版。

[2] 参见邱格屏:《基因经济与法制创新》,中国社会科学出版社2010年版,第364~365页。

具有缺乏透明度、明确的责任归属、救济难以获得等方面的缺陷。但是对于基因科技突飞猛进发展的现阶段,如果所有技术均以强硬性的法律进行管制,则将束缚和限制本国基因科技的基础研究和应用。行政指导则能够严谨审查技术的安全性,并积极推动基因科技的发展,这符合兼顾科技发展和风险可控的基因科技监管原则。所以,世界很多国家纷纷将既不会过于限制基因科技发展又能够有效预防基因科技风险的行政指导作为基因科技重要的监管手段之一。

(2)行政规范

世界典型国家基因科技监管模式多遵循以下发展规律。科技发展早期为了更好地保障技术的健康发展,以学术共同体自律及行政性指导等自我规范和具有弹性的指导性方针作为主要规范手段的监管模式;技术发展过程中,为了避免基因科技的滥用,国家会组建特定专业委员会和伦理咨询委员会,将研究和实验活动纳入政府行政管制程序;随着基因科技的发展,基因治疗病例的增多及基因治疗中出现的风险和损害的增加,通过正式出台的法律法规对基因科技进行法律监管成为各国监管模式的发展趋势。即便如此,行政干预始终处于基因科技多层次监管的体系中,如有些国家通过对研究项目、研究经费及其他赞助的管理对基因科技的研究和应用进行行政干预。

行政规范以国家公权力作为后盾,相比法律规范具有效率高的特点,但"行政规范带来的公平和效率只有在健全的实施机制下才可能达到"。我国的基因科技尚处于发展阶段,无论是技术层面还是法律层面向来由政府主导,到目前为止,我国对基因科技进行立法多数以行政法规、部门规章和伦理指导规范的形式进行。行政规范的方式具有追求国家利益的特性,有时会忽略对公众利益的保护。而在现代文明法治社会,政府要保证的必须是绝大多数人的利益,而不是个别的、特殊的利益群体。现阶段,基于我国基因科技的发展现状,基因科技发展的资金支持多来自政府,通过政府加强对基因技术的管制,通过行政规范避免科技发展可能产生的风险,这种应该是效率更高的科技监管模式。

(3)技术规范

技术规范在人体基因编辑治理中发挥良好的内生性规范效力。生命科技时代的"技术规范"区别于传统意义上仅仅适用于人与自然之间关系的法则,"是一种具有现代知识和智能性的遵守自然与技术规律的规范"。其既包括尊重自然规律、科学规则等人与自然之间的关系,也包括社会组织运行、逻辑思维规则、心理学规律等人与社会之间的关系,具有价值中立性。[①] 技术规范不涉及人与人之间利益关系的特征,将技术规范与作为调整人与人之间关系的社会规范的法律规范区分开来,将技术规范仅仅限定在"调整人类利用各类科学技术时应当遵守的技术行为准则"。但随着智能技术的发展,社会规范和技术规范之间会出现融合,在生物技术时代法律规范可能兼具社会规范的特征和技术规范的特征。由此,随着基因编辑科技的深度发展,人类也许需要将技术规范和法律规范共同作为运用基因编辑技术行为调整的基本准则。

以法规形式出现的技术标准,即法律体系中调整人与自然关

[①] 参见李晓明:《论人工智能刑法规制中的技术规范》,载《东方法学》2021年第2期。

系的技术规范。我国目前调整基因编辑技术的规范性文件是以技术规范为主的。毋庸置疑,技术规范能够明确技术实施的边界,在技术治理中具有不可替代的作用。但鉴于人体基因编辑技术的复杂性及其给人类整体带来的巨大冲击,单纯的技术规范还不能解决人体基因编辑技术引发的伦理和法律问题,技术规范只有与社会文化、伦理道德、价值观念相配合才能对人体基因编辑技术风险作出有效回应。

(4)法律法规

人体基因编辑技术是将人本身作为科学研究的对象,势必对现行法律制度构成巨大冲击。事实上,科技的发展往往引发法律的变迁。加强人体基因编辑技术的法治化主要原因在于:一是人体基因编辑技术本身关联的内容要求法治化;二是技术在现实中存在的问题要求通过法治手段来解决。从技术本身来讲,技术的不成熟和技术滥用是人体基因编辑技术带来的主要问题。世界各国关于人体基因编辑技术风险治理的讨论从最初的宗教、伦理、道德领域,延续到目前的法律领域。人体基因编辑技术不仅涉及受试者(患者)的自主权、健康权及知情同意权等法律问题,还涉及人类基因多样性、基因安全和人类未来。由此可见,人体基因编辑技术风险治理不仅是一个伦理道德问题,更是一个法律问题。技术发展的缺陷及人类对生物科技的滥用,引发人体基因编辑一系列伦理、法律问题,甚至危及人类的未来发展。[①]

我国关于人体基因编辑技术的学术研究与立法状况总体尚

---

① 参见徐娟:《基因编辑婴儿技术的社会风险及其法律规制》,载《山东大学学报(哲学社会科学版)》2020年第2期。

处于发展之中,理论不成熟,立法滞后于实践。人体基因编辑技术实施本身的技术滥用、伦理困境及法律监管方面的滞后,是加强人体基因编辑技术法治化的主要原因。

行政指导是基于既得利益的考量,行政规范是一种软性行政手段,技术规范是维护技术健康发展的保证,法律规范则是平衡潜在风险与技术发展,保障技术造福人类的外在强制性力量。基因科技对人类及人类生存环境的影响是前所未有的,科技发展的技术、伦理及法律风险都是行业自律、行政指导及行政规范无法控制的。除技术风险外,基因科技还会引发平等保障、隐私保护、自主权、优生主义及基因安全风险等社会问题,这些都必须依凭硬性的法律监管才能够解决。

四、注重立法、行政与司法的协同

在国家的法治化进程中,我们应当将人体基因编辑技术风险治理建构作为人体基因编辑技术风险的国家治理义务。人体基因科技风险国家治理义务的主体是国家机关,民主集中制原则和效能原则之下的义务主体应为立法机关、行政机关和司法机关。根据国家治理义务的义务主体和义务属性,治理义务内容包括立法治理义务、行政治理义务和司法治理义务三个方面。效能原则从横向上对国家治理义务主体进行了权力分工,该原则强调国家机构的治理能力与实际效果,结合国家机构的职能与功能将立法机关作为治理制度设定的义务主体,将行政机关作为治理措施执行以及进行风险规制的义务主体,将司法机关作为保障个体化的公民权益、落实风险归责制度的合法性监督义务主体,由此形成确保科技风险治理效果的义务主体构造。在逻辑上,实现国家人体基因编辑技术风险治理义务的路径包括以下三类:第一,立法路径,即通过不断制定新法或修订旧法回应人体基因科技风险的制度空白和立法事实的变化;第二,行政路径,即不断完善行政执法部门对人体基因科技风险的评估与管理;第三,司法路径,即通过司法裁判的方式保护个案中当事人的权益。[①]

在生命科技时代,人体基因编辑技术风险国家治理义务的实现需要立法、行政与司法以受试者(患者)权益保障作为其行为指南和价值基础,且需要各方的努力配合。人体基因编辑技术治理中的功能性分权导致治理碎片化,未能有效防控人体基因编辑技术引发的复杂的技术、伦理与法律风险和挑战。协同治理能够很好地契合人体基因编辑技术国家监管义务的整合作用,能够解决当前人体基因编辑技术治理的理念、机制和手段的碎片化问题。为了消解功能性分权导致的碎片化治理负效应,积极推进人体基因编辑技术协同治理,需要在人体基因编辑技术治理中秉持风险预防的理念,搭建正式的和非正式的沟通协调网络,制定和完善人体基因编辑技术多元化的法律规范体系,促进行政监管与第三方监管的协同,健全人体基因编辑技术运用中受试者(患者)权益保护的司法救济机制,增强人体基因编辑技术治理机制的系统性和稳定性,进而强化人体基因编辑技术风险防控的法治化保障。

人体基因编辑技术的突破性发展在给人类带来颠覆性改变

[①] 参见石晶:《人体基因科技风险的国家预防义务》,吉林大学 2021 年博士学位论文,第 110 页。

潜能的同时,也不断对传统伦理体系、法律法规带来冲击和挑战。自世界首例"基因编辑婴儿"事件后,我国积极颁布与基因编辑相关的政策文件,特别是在《民法典》和《刑法修正案(十一)》中专门对人体基因编辑技术进行了规定。但当前人体基因编辑技术治理中功能性分权导致的治理碎片化,未能很好地防控人体基因编辑技术引发的复杂的社会风险。人体基因编辑不仅与个人权利和自由密切相关,还关涉国家义务、社会正义。在我国积极实施生物安全国家战略背景下,实现人体基因编辑技术监管的法治化、现代化、体系化较重要和紧迫。

有关人体基因编辑技术监管的必要性,学界已经达成共识,但就应当通过何种法律路径实现人体基因编辑技术的治理这一问题,学界已有研究总体体现为一种规范主义立场。然而,人体基因编辑技术所处的生物科技环境复杂多变,人体基因编辑技术本身关涉主体多元、利益复杂,法律关系多样,风险多维,兼具技术性、伦理性和法律性,导致规范主义模式下的治理路径难以应对实践中存在的人体基因编辑技术治理碎片化困境。为弥补规范主义模式的不足,本书拟采取功能主义立场,从立法、行政与司法协同的视角,将人体基因编辑技术治理纳入国家治理体系和治理能力的广泛框架,强调国家保障义务的整合功能,对人体基因编辑技术应用风险的协同治理展开探讨。

(一)人体基因编辑技术风险国家治理义务及其两个维度

人体基因编辑技术风险的国家治理应从个体层面的受试者(患者)权益保护出发,以维护受试者(患者)尊严和社会层面的追求社会公益为目标,构建宪法规范、部门法规范及技术标准和规范为主体的生物科技法规体系。由此,人体基因编辑技术风险的国家治理义务体现为从个体层面维护受试者(患者)尊严及从社会层面追求社会公益两个面向。

1. 人体基因编辑技术风险属于国家治理的重要领域

在生命科技时代,随着基因科技的迅猛发展,人体基因编辑无疑属于国家社会治理的重要领域。增进人类福祉和受试者(患者)权益保障是人体基因编辑立法的价值追求和目标。这些法律法规在个体层面,保障受试者(患者)的自主、自由和权利,保障基因编辑维护受试者(患者)尊严的价值目标;在社会公益层面,国家承担保障受试者(患者)健康权、发展权和未来福祉的义务。

维护人的尊严和平等是宪法价值的基础和核心,也是宪法的历史使命。生命科技对宪法保障公民尊严、自由和人权提出了新的挑战,在科技发展与宪法价值之间寻找良性互动和合理平衡的基础上,将基因科技发展纳入宪法和法律调整的轨道,这是生命科技时代人体基因编辑技术风险治理的理性选择,也是保障技术健康发展、保护受试者(患者)权益的必然要求。

从宪法规范基础的角度看,宪法的发展科技条款、人权保护条款及人格尊严条款为基因编辑技术发展和受试者(患者)权益保护提供了基本的宪法依据。宪法的发展科技条款及宪法的人权保障条款(第三十三条第三款)构成了基因科技发展的规范基础及以法治方式推进人体基因编辑技术健康发展的价值准绳和规范依据。同时,具体到部门法领域,民法典、刑法修正案中均彰显了对人体基因编辑技术健康发展和受试者(患者)权益保护的重视。通过宪法保护人体基因编辑中的人性尊严,需要将对人类尊严的保护上升为宪法的法律意志,未来有条件的情况下制定基因科技专门法,同时配合部门法中的配套规定,构建宪法统领的保护人体基因编辑中人性尊严的符合中国国情的社会主义法律体系。诚然,法律的生命在于实施。立法、行政及司法机关具有最大限度地实现人体基因编辑技术实施中受试者(患者)权益的规范意图,为人体基因编辑技术风险提供协同治理的职责。

2. 人体基因编辑技术风险国家治理义务的两个维度

相较于以往的技术,除对政治、经济产生巨大影响外,生命科技一方面会给社会系统带来前所未有的影响,另一方面会对社会系统中的个体产生影响。人体基因编辑技术风险治理需要在个体层面维护个体尊严、自由和权利,在社会层面维护社会公共利益及社会系统的良好运转。由此,作为生命科技的重要领域,人体基因编辑技术国家治理应该秉持在个体层面维护个体尊严和在社会层面保护公共利益,维护社会系统良好发展的两个价值面向,以确保人体基因编辑技术治理手段、治理目标的正当性、伦理性与法律性。

(1)维护个体尊严和自由。相较于社会,作为社会组织细胞的个体更容易受到新兴科技的影响,无论是新兴科技带来的个体生活的便捷,还是新兴科技发展的系统性红利。目前对人体基因编辑技术进行规范的相关国际公约主要有:《世界人权宣言》(1948年)、《欧洲人权与生物医学公约》(1997年)、《世界人体基因组与人权宣言》(1997年)、《世界生物伦理与人权宣言》(2005年)和《赫尔辛基宣言》(2013年),这些均体现了个体受益和共享利益、共享繁荣的原则。归根结底,生物科技法律治理需要始终秉持以人为本的理念和价值目标。

相较于数字时代,信息和通信技术领域的伦理以及生命科学技术领域,特别是涉及人类遗传学上的运用,更需要在原有的诉诸功利主义和人权理论的伦理向度之外,将人类尊严纳入构建生命科技语境下道德多元的生命伦理框架。为了防止人体基因编辑技术的滥用,避免类似"基因编辑婴儿"事件的再次发生,需要在生命科技领域,特别是在人体基因编辑技术等涉及人类遗传学的技术应用时,重视人类尊严价值的作用,并保证其作为生命科技伦理价值的统领地位,由此才能在人体基因编辑技术风险治理中保护技术健康发展的同时,防控风险,保护人的主体性价值、维系生命的本质和人权保障。[①]

现代尊严理论将人的需求和发展作为人之尊严的核心意涵。作为"人的权利的合法性来源和逻辑前提",并且"为人权理论提供了合法性证明"的人的尊严在生命科技伦理中理应居于主导地位。在人的尊严价值的统领下,结合人体基因编辑技术的具体运用场景,技术实施过程中需要审慎对待基于人的尊严产生的个人自我决定权、身体权、健康权、隐私权和保证不被歧视的权利,同时,需要为人体基因编辑中人权保护设定相应的权利保护原则和规则。

我国宪法和部门法中均体现了人的尊严保护的规范基础。我国《宪法》第三十三条的人权保障条款和第三十八条的人格尊严维护条款就充分体现了人权保障和尊严维护之间的关系,

---

① 参见吴梓源、游钟豪:《缺失的一角:"生命伦理三角"中的尊严之维——兼议世界首例免疫艾滋病基因编辑婴儿事件》,载《福建师范大学学报(哲学社会科学版)》2019年第4期。

人权保障是实现人的尊严的基本途径,人的尊严是人权保障的价值目标。[1] 学界普遍认可人的尊严保障是宪法的题中应有之义的观点。人权保障条款构成了人的尊严维护的规范基础,也使人权和人的尊严由价值落实为实定的宪法原则。[2] "规范细密而与生活事实丝丝入扣的部门法,会更迅捷地映射出各类社会文化观念的变迁,更显著地展露出其他社会子系统对法律系统的新期待。在宪法至上、法秩序融贯的意义上,这种规范系统内出现的新情势和新学理争议会要求宪法层面的回应。"[3]我国《民法典》第一百零九条和第九百九十条均延续《宪法》中"人格尊严"的表述,并于第一千零二条提出了"生命尊严"的概念。我们可以认为"生命尊严"实际上是人格尊严的下位概念,特别强调人的生命形式所应享有的尊重和保护,对应生命权、身体权和健康权。在消极意义上免于酷刑和非人道待遇,免于对生命的威胁;在积极意义上有维持最低尊严生活的物质和医疗保障,有人身自由和安全保障。[4]

(2)追求社会公益和秩序。如前所述,人体基因编辑技术以其实施对象的特殊性成为最具争议性的生物科技,从人体基因编辑技术引发的风险来看,其不仅存在侵犯个体人格尊严、自由权利及身体健康的风险,而且存在损害伦理道德和公共利益的风

---

[1] 参见韩跃红:《国家尊严与人的尊严》,载《昆明理工大学学报(社会科学版)》2014年第1期。

[2] 参见王晖:《人之尊严的理念与制度化》,载《中国法学》2014年第4期。

[3] 张翔:《宪法人格尊严的类型化——以民法人格权、个人信息保护为素材》,载《中国法律评论》2023年第1期。

[4] 参见韩跃红:《生命伦理学视域中人的尊严》,云南教育出版社2017年版,第69页。

险,甚至威胁国家安全、基因多样性及人类未来。这就需要在人体基因编辑技术风险治理中秉持公共利益、社会安定和国际合作原则。在我国立法中除各类技术标准和规范外,还在《宪法》、《刑法》、《民法典》和《生物安全法》等多项法律法规中对人体基因编辑技术进行了规定。有学者建议,我国应根据技术和社会发展的状况,适时出台专门的基因科技领域的相关立法,通过以《生物安全法》作为基本法和基因科技法作为专门法相结合的模式,对人体基因编辑技术进行立法规制。这些都反映了我国对人体基因编辑等生物科技监管的重视。

人体基因编辑作为一项对人类及人类未来具有巨大影响潜力的新兴生物科技,在技术运用中涉及个体权益和公共利益,其技术风险国家治理义务必然涉及维护个体尊严和自由、追求社会公益和秩序两个面向,国家也必然需要从私法和公法两个领域对人体基因编辑技术风险进行监管和治理。

(二)人体基因编辑技术治理中功能性分权导致的治理碎片化

按照不同的标准将国家权力分配给不同的国家机关,这种带有功能性色彩的横向权力划分,是我国国家权力横向配置的特点。[①] 在此语境下,负责基因科技监管的不同国家机关遵循"权力分工协调"理念,坚持分工明确、权责一致,履行人体基因编辑技术监管的职责,促进人体基因编辑技术治理国家保障义务的最大限度的实现,这就要求对人体基因编辑技术进行协同治理。目

---

① 参见陈明辉:《论我国国家机构的权力分工:概念、方式及结构》,载《法商研究》2020年第2期。

前,我国人体基因编辑技术治理中功能性权力分工导致碎片化治理负效应,未达到人体基因编辑技术治理中国家保障义务要求的综合、协调治理的目标。人体基因编辑技术治理的碎片化主要体现为治理理念的碎片化、治理机制的碎片化和治理手段的碎片化三个方面。

1. 风险预防与损害补偿的张力导致治理理念滞后

有效的治理机制和手段取决于科学的治理理念。在治理理念层面,当前我国人体基因编辑技术治理中各国家机关并未就以国家保障义务的实现作为指南达成基本共识。这就不可避免地导致人体基因编辑技术治理中理念的分散,主要体现为实践中未能将风险预防理念一以贯之。

当科技发展与工业生产所引起的潜在风险成为公共问题,风险成为当代社会亟待解决的安全问题,人类便进入了"风险社会"。① 在此背景下,不同科技领域普遍主张"风险预控"的监管和治理理念,实现由事后损害补偿到事前风险预防的治理理念转变。乌尔里希·贝克和安东尼·吉登斯都曾对现代风险社会进行精彩论述,指出与传统风险社会的局部性、自然性特质明显不同,当代风险社会更具全球性和人为性的特质,且往往与科学技术的发展密切相关,科技发展及现代化程度越高,风险就越多、越明显。②

---

① 参见薛晓源、周战超主编:《全球化与风险社会》,社会科学文献出版社 2005 年版,第 1~2 页。
② 参见[德]乌尔里希·贝克:《风险社会:新的现代性之路》,张文杰、何博闻译,译林出版社 2018 年版,第 3~48 页;[英]安东尼·吉登斯:《现代性的后果》,田禾译,译林出版社 2011 年版,第 88~97 页。

相较于传统社会技术进步仅仅在某个单向领域的突破,现代风险社会新兴科技以其全方位的革新为人类带来质的飞跃的同时,也将人类置于多重风险和不确定性中。学界也逐渐转入以"风险本位"为基础进行研究的理论时代,这在人体基因编辑技术领域体现得尤为突出。理论研究和立法强调"事前风险预防"的转变,而实践中的理念转变还没有跟上理论研究和立法的步伐。受传统法律理念的影响,当前人体基因编辑技术治理和司法实践中仍然存在侧重"事后损害补偿"的情况。在人体基因编辑技术行政监管和司法裁判中未形成事前风险预防的基本共识,仍存在注重事后责任追究和损害填补的理念偏差,治理理念呈现分散化的态势,治理理念的分散化会直接导致治理机制和治理手段的碎片化,进而影响人体基因编辑技术治理体系的稳定性和体系性。

2. 缺乏协调沟通的治理机制

功能主义权力分工的基础是不同专业和职能的国家机关各司其职、各尽其能,但过度的分工也可能导致功能发挥的碎片化,需要有效的协同运作才能创造整体效益,带来治理效果的稳定性和体系性。人体基因编辑技术是一个涉及主体多元、利益冲突复杂、法律关系多样,法律性、伦理性和技术性兼具的特殊社会领域,需要治理主体之间有效的沟通协调才能避免治理的碎片化。现实操作中,由于缺乏有效的沟通,人体基因编辑立法中确立的制度机制很难落地,一些引起社会广泛关注和富有争议的领域无法得到立法调整,这就造成制度设计和制度实施的断裂。唯有加强不同治理主体之间的协同运作,构建"多元协同、多方共赢"的治理模式,使不同主体达成利益均衡共识,共同致力于人体基因编辑技术治理的善治之道,以此破解人体基因编辑技术治理中缺乏协调沟通的现状,才能实现人体基因编辑技术治理的稳定性、体系性和整体协同的目的。

3. 治理手段的不均衡发展

国家保障义务的整体性保护特征要求各个参与治理的国家机关以受试者(患者)权益保障作为行为的基本理念和价值基础,不同的保护手段各施所长,各尽其职,平衡协调地发挥作用,充分发挥和实现人体基因编辑技术风险国家治理义务的整合作用。然而,在当前人体基因编辑技术治理模式中,不同的治理手段之间并未达到人体基因编辑技术国家治理义务的整合保护要求,存在沟通不畅和治理碎片化的问题。

(1)立法方面,管理政策的碎片化。从管理政策碎片化角度进行反思,人体基因编辑技术领域立法供给不足,政策法规碎片化是制约人体基因编辑技术发展的重要因素。世界首例"基因编辑婴儿"事件发生前,国内相关研究并不多,"基因编辑婴儿"事件使人类胚胎基因编辑技术成为学界研究的热点。社会热点事件推动理论研究,理论研究推动立法机关关注基因编辑领域相关立法的制定、修改和完善。新兴的基因科技领域的相关立法除了原有的以技术标准和规范为主体的行政规章类的立法之外,还在《民法典》《刑法修正案(十一)》《生物安全法》等基本法律中进行了相关规范,内容涉及基因科技运用的原则、技术实施的边界和规范、受试者(患者)权益保护及相关致害责任的设立和承担等内容。

目前,我国人体基因编辑技术治理规范仍以技术标准和规范文件为主导,凸显了人体基因编辑技术治理中法律的缺失和技术文件的碎片化问题。① 相较于稳定、明确的法律规定,技术规范文件更多的是提出建设性的意见和使用倡导性的语言,虽具有时代性和灵活性的特征,但也不可避免地存在难以指导实践、政府职责不明确等弊端。

人体基因编辑领域立法供给不足,主要体现在人体基因编辑技术治理领域缺乏法律和较高层面的政策文件的规范。技术规范文件内容较为原则性,不具有可操作性,文件制定主体多元导致各方主体责任边界模糊等问题突出。技术文件和法律法规的衔接性不强、基因编辑技术领域制度供给滞后,导致文件沉积。在市场驱动下,法律法规制定潜藏着偏离技术发展的公益性等风险,不利于受试者(患者)权益保障。同时,人体基因编辑技术发展之初,技术运用成本的高昂必然带来患者权益享有的不平等,影响社会公平正义的实现。随着人体基因编辑技术的不断发展,提高技术实施的法治化程度需要适时吸纳政策和技术文件中稳定有效的内容,并积极转变为更具权威性、刚性和稳定性的法律法规,进而在有效规范人体基因编辑主体行为的同时,畅通权利救济渠道,有效维护基因编辑技术相关案件司法裁判中的公平正义。

(2)行政方面,监管部门职责划分和行使的碎片化。第一,人体基因编辑领域监管部门职责划分不明确。我国目前涉及人体基因编辑技术监管的规范性法律文件除《宪法》《民法典》《刑法》

---

① 参见粟丹:《我国智慧养老模式的法律特征及其制度需求——以智慧养老政策为中心的考察》,载《江汉学术》2018 年第 6 期。

《生物安全法》这些法律外,还涉及2019年国务院发布、2024年修正的《人类遗传资源管理条例》,2003年原卫生部发布的《人类辅助生殖技术规范》,2003年科技部和原卫生部联合下发的《人胚胎干细胞研究伦理指导原则》,2015年原国家卫生计生委、原国家食品药品监管总局印发的《干细胞临床研究管理办法(试行)》,2016年原国家卫生计生委发布的《涉及人的生物医学研究伦理审查办法》,2019年国家卫健委起草的旨在规范生物医学新技术临床应用和转化的《生物医学新技术临床应用管理条例(征求意见稿)》等行政法规和部门规章。从基因编辑技术监管文件出台的部门可以看出,科技部、国家卫健委、国家市场监督监管总局等相关职能部门在基因编辑技术监管的很多方面均以单独或协同的方式贯彻落实基因编辑监管的政策要求。跨部门的横向和纵向合作均容易产生交叉管理和管理真空。在地方层面,职责的不明确、责任边界的模糊更容易引发部门间相互推诿、扯皮、协同不力的问题。基因编辑技术治理的法治化需要在现行框架内进一步明确细化政府各部门职责,划清各部门权限,解决交叉管理、管理真空、相互推诿、追责对象不明带来的执行成本上升等问题。这就需要基因编辑技术监管立法由政策向法律法规进行转变,减少倡导性、教育性、政策化的措辞表达,以严谨、专业、明确的法律法规的形式增强规范的明确性和可操作性。同时,明确处罚措施的匹配,强化对政府履责的约束和规范。第二,现有的行政监管手段与国家保护义务的协同治理的要求不相匹配。这主要体现为现有的监管手段的单一性和监管手段的使用规则不明确,由此带来行政机关自由裁量权的扩大,立法的可预期性弱化等弊端。①

（3）司法方面，权利救济机制的碎片化。在生命科技时代，人体基因编辑技术风险治理还需要落脚于有关人体基因编辑权利救济司法正义的实现，这依赖于低成本、及时和高效的权利救济机制的设计。人体基因编辑技术在给人类赋权的同时，也因人体基因编辑的技术、伦理和法律风险给受试者（患者）带来权利实现的困境，这是生命科技时代权利实现的悖论。

首先，立法供应不足导致司法裁判缺乏标准。世界首例"基因编辑婴儿"事件中，在刑法对基因编辑引起的犯罪没有具体规定的背景下，法院只能以非法行医罪对贺建奎等人进行定罪处罚。这一判决充分凸显了我国目前人体基因编辑领域立法供应的不足，导致司法裁判缺乏统一的标准及在刑法中增设体现人体基因编辑自身特殊性的专门罪名的必要性。

在域外，一些国家的刑法中就人体基因编辑有特殊的专门罪名的规定。例如，依照法国《刑法》第214-2条的规定，利用人体胚胎基因编辑技术实施优生、生殖性克隆等行为可能触犯反人类罪，最高可判处30年监禁及75万欧元罚金。从相关资料来看，有些国家和地区还出台了单行法。② 鉴于此，我国《刑法》专门增加了第三百三十六条之一。《刑法》第三百三十六条之一规定："将基因编辑、克隆的人类胚胎植入人体或者动物体内，或者将基因编辑、克隆的动物胚胎植入人体内，情节严重的，处三年以下有期

---

① 参见张涛：《个人信息保护的整体性治理：立法、行政与司法的协同》，载《电子政务》2023年第6期。

② 参见于慧玲：《人类辅助生殖基因医疗技术滥用的风险与刑法规制——以"基因编辑婴儿事件"为例》，载《东岳论丛》2019年第12期。

徒刑或者拘役,并处罚金;情节特别严重的,处三年以上七年以下有期徒刑,并处罚金。"从配套的司法解释即2021年2月《最高人民法院、最高人民检察院关于执行〈中华人民共和国刑法〉确定罪名的补充规定(七)》的相关规定可知,与之对应的罪名为非法植入基因编辑、克隆胚胎罪。确立权利的可诉性是实现权利救济的关键。

其次,侵权的隐蔽性及举证责任困难使诉求难以得到支持。人体基因编辑科技的介入导致了基因编辑侵权行为过程的隐蔽性、结果的无形性和潜伏性。同时,由于技术垄断企业与受试者(患者)之间的诉讼地位天然的不对等,很多时候适用现有的举证规则使受害人的权利诉求很难得到支持。

最后,司法救济尚未广泛引入风险预防理念。现代社会兼具数字社会和风险社会的双重性质,风险预防理念成为世界各国社会治理和技术监管中普遍秉持的价值理念和基本原则。人体基因编辑技术因其以人为技术实施对象,技术实施涉及人类个体的切身利益、社会公益及人类未来,更需要在人体基因编辑技术实施的各个环节坚持风险预防的价值理念。目前,司法救济依然侧重责任追究和损害救济,尚未广泛引入风险预防的价值理念。而基因编辑相关案件裁判中司法理念的错位导致权利救济不及时、不高效,影响基因编辑侵权案件中公平正义的实现。

(三)通过协同治理实现国家治理义务

协同治理是为了抵消权力分工过度导致的治理碎片化困境而产生的新的极具价值的治理理论。协同治理可以很好地因应国家运用综合机制实现整体性治理的内在逻辑,消解功能性分权导致的碎片化治理负效应。国外网络安全治理中一直有"整体国家"的理念,为了实现风险预控,需要发挥国家综合机制的整合功能,网络世界治理模式的构建需要号召所有的利益相关者积极参与,共同分配资源和责任,并建立相应的问责机制。[①]

由此,面对人体基因编辑技术风险监管领域权力分工导致的碎片化治理负效应,结合协同治理的基本理论,强化国家在人体基因编辑技术风险治理中的整合作用,构建系统、稳定、安全、多方积极融贯协作的治理模式是人体基因编辑技术风险治理的必然选择。协同治理的重要特征之一是治理主体的多元化,因此构建持续发展的人体基因编辑技术治理体系需要政府、企业、科研机构、标准化组织、行业组织等在内的多方合作,他们各司其职,各尽所能,相互协调和协同共治,以人体基因编辑技术伦理准则为指导,开发可靠、稳定、可信、安全和可协作的人体基因编辑技术监管系统,加速打造多方协同的治理模式。

随着治理碎片化、利益部门化等问题的日益凸显,我国人体基因编辑技术风险治理领域的改革也刻不容缓。事实上,通过完善公共服务政策的内容来解决治理难题往往事倍功半。人体基因编辑技术治理决策权力的部门化,是当前人体基因编辑技术风险治理碎片化的主要诱因。同时,一味地采取简单合并相关政策的处置方式,亦无法保证公共服务政策导向总体的一致性。在此背景下,强调整合跨领域、跨部门、跨功能的不同主体优势的协同治理理论应运而生。由于重视公共管理领域中所呈现的整体性特征,协同治理妥善解决了人体基因编辑技术风险治理领域决策

[①] Garcia M., Forscey D. & Blute T., *Beyond the Network: A Holistic Perspective on State Cybersecurity Governance*, Nebraska Law Review, Vol. 96:2, p. 252 – 280(2017).

权力的部门化导致的治理碎片化与人体基因编辑技术风险治理整体性之间的矛盾。

1. 协同治理能够维护人体基因编辑技术风险治理中利益的协调与平衡

法律通过对利益的调控实现对社会的调整。一定意义上讲,立法的背后是利益,是多方利益相关主体参与事项过程中利益的博弈与平衡。通过对不同场景和事项中的不同种类的利益相关方的利益诉求和主张进行承认、放弃、协调或重整,法律实现了对社会的规范和调整功能。人体基因编辑技术作为新兴生命科技运用的重要领域,其参与主体多元、法律关系多样、涉及的利益诉求更是复杂且相互冲突。例如,基因信息的处理、基因数据安全及受试者(患者)隐私权保护之间的矛盾就是最为典型的人体基因编辑技术运用中的利益冲突。受试者(患者)为了保护自己的人格利益和隐私权要求法律严格限制基因信息的流通和处理;国家则出于安全的考虑要求严格限制基因信息的流动和处理,保障基因数据安全;基因信息处理者则出于经济利益,可能希望基因信息的大规模流通和使用。

对不同利益诉求或主张进行协调,最终达至各方平衡是协同治理的目标和特点。人体基因编辑技术风险治理需要注重在多元主体之间开展开放性、包容性的协商和沟通,促使人体基因编辑各利益相关方在相互冲突的利益中作出妥协和让步,保持和维护人体基因编辑技术运用中利益的动态平衡。

2. 协同治理能够增强人体基因编辑技术风险治理机制的系统性和稳定性

功能性分权视野下,不同的国家机关会出于不同的治理理念和驱动因素采取不同的治理机制。现实中,一般会出现如下情形:针对生命科技时代人体基因编辑技术的潜在风险及其对人类社会全方位的影响,立法会采取比较审慎的态度,世界各国普遍将风险预防原则贯彻到人体基因编辑技术立法中;行政执法的过程中,行政机关一般会侧重对损害结果的考量,而放松或忽略对风险预防理念的执行;司法过程中,司法机关一般会审慎地秉持谦抑的原则,在人体基因编辑损害纠纷中使用传统侵权损害的责任认定标准。而协同治理注重国家机关及其机构内部的协同运作,有利于消解传统分割式治理的弊病,增强人体基因编辑技术风险治理机制的系统性与稳定性。协同治理以满足受试者(患者)需求为价值追求,同时秉持风险预防理念,强调技术标准的引领作用及生命技术在治理中的积极作用。

(四)人体基因编辑技术风险协同治理的实施路径

鉴于人体基因编辑所处的科技环境的复杂性,加之人体基因编辑本身涉及技术、伦理、法律、社会及人类未来等多面向的技术领域,需要在发挥国家综合治理作用的基础上,与社会多方力量在多维度合作互动的基础上,从治理理念、治理机制及治理手段等方面全面推进人体基因编辑技术风险协同治理。

1. 树立风险预防的理念和原则

人体基因编辑技术语境下的风险预防,在国家的法治化进程中应当被建构为人体基因编辑技术风险的国家预防义务。人体基因编辑技术风险的国家预防义务在国家制度层面的落实只有通过风险预防原则由学理向规范转变,并辅以国家风险预防义务的法定化实现的方式才能最终实现。

(1)由学理转向规范的风险预防原则

风险预防原则源于由现代"工业社会"的早期范式向"风险社会"的晚期范式转换,风险分配逻辑取代财富分配逻辑而成为社会话语主宰的社会背景下。从词源上来看,"风险预防原则"一词的由来通常归因于德国风险预防(Vorsorgeprinzip)的概念或者"提前关注原则"(fore-caring principle)。[1] 风险预防原则在20世纪80年代中期进入欧洲政策制定者的公共讨论中。尽管联合国大会的《世界自然宪章》(1982年)第一次引入了风险预防原则的理念,但在1984年德国不来梅举行的第一次保护北海国际会议上,它首次作为一个法律概念被提出。该原则最早运用于国际环境立法中,随着科学进入后常规阶段,承认不确定性在科学研究过程和实践中的重要性成为全球共识,该原则的运用扩展到很多新兴科技领域,指导相关科学政策的制定,同时被纳入很多国际国内法规。在新兴科技快速发展,特别是人工智能技术将人类推入风险社会的背景下,学界推动风险预防原则由理念原则向规范转变。这意味着随着技术发展的不断成熟,风险预防原则不应该仅仅停留在笼统的政策、原则和软法的层面,而应该以具有强制力的规范形式存在。[2] 人体基因编辑技术治理中风险预防原则的规范转变,需要具体体现在从学理和立法层面将我国立法中确立的"预防原则"进行扩大化解释,"预防原则"既包括损害预防,也包括风险预防。为了避免人体基因编辑技术应用中安全

---

[1] 参见[美]克劳斯·博塞尔曼等主编:《可持续发展的法律和政治》,王曦等译,上海交通大学出版社2017年版,第407页。

[2] 参见吴贤静:《环境质量法律规制研究》,上海三联书店2021年版,第185页。

和权益损害的发生,风险预防作为公权力进行社会治理的原则,体现为人体基因编辑技术立法中需要对风险进行识别、控制,在损害可能发生前发出预警,并通过合适的手段或方式制定针对不同类型、不同运行阶段,规范人体基因编辑技术的应用及相关主体的规则,进而维护人体基因编辑技术风险治理的稳定性和法治化。

(2)人体基因编辑技术治理领域国家风险预防义务的现实依据

生物科技对人类社会的影响是全方位的,这些进步对未来社会的影响将是巨大的。人类正在经历的生物技术革命,以其发展速度之快、范围之广、程度之深,正在颠覆我们的认知能力、生活方式和行为规则。技术创新是为了更好地保护权利和提升生活水平,而不是以牺牲既有权利为代价,形成"技术规训人类"这种主客体颠倒的局面。[1] 生物科技需要正确的法律,如何将人类或者绝大多数人认为正确的法律或价值观嵌入生物科技,通过建立生物科技的行为规则和标准,享受生物科技福利的同时,实现风险可控,切实保障人类的权利与地位,[2] 这是生物科技时代亟须解决的世界难题。社会公平的实现有赖于技术公平规范体系的构建。鉴于生物科技对人类全方位的影响及其潜在的不确定风险,需要在生物科技治理中引入风险预防理念。我国很多生物科技领域的立

---

[1] 参见[英]瑞恩·艾伯特:《理性机器人:人工智能未来法治图景》,张金平、周睿隽译,上海人民出版社2021年版,第2页。

[2] 参见[英]瑞恩·艾伯特:《理性机器人:人工智能未来法治图景》,张金平、周睿隽译,上海人民出版社2021年版,第2~4页。

法也体现了风险预防的理念。① 作为最具争议的生物科技,确立风险预防原则是人体基因编辑技术风险治理的必然选择,也是人体基因编辑技术风险治理中受试者(患者)权益保障的需要。

(3)人体基因编辑技术协同治理中国家风险预防义务的法治化实现

人体基因编辑技术协同治理需要将风险预防理念嵌入人体基因编辑技术运用的每一个环节。①立法方面,为了构建预防性人体基因编辑技术法律规范体系,需要将风险预防理念全面融入人体基因编辑技术立法的全过程及其法律体系。为了保证风险预防理念的具体落实,需要在立法中设计预防性的保护制度和机制。以风险预防原则为基础,在制度设置层面强调风险管控者的风险应对义务,风险管控者不得以风险的不确定性为理由而延迟采取风险应对措施。风险预防原则的规范价值具体表现在一些单行法中,这些法律针对人体基因编辑技术运用风险设置了一些预防性和惩罚性的条款;同时需要在一些单行法中规定注意性的、选择性的或者告知性的条款,以提醒行为人关注人体基因编辑技术运用的风险。② ②行政方面,在人体基因编辑行政监管全过程、全生命周期均需要树立风险预防的理念。行政机关需要通过技术标准的设立、伦理审查、行为调整等完善人体基因编辑技

---

① 参见张涛:《探寻个人信息保护的风险控制路径之维》,载《法学》2022 年第 6 期。

② 参见刘刚编译:《风险规制:德国的理论与实践》,法律出版社 2012 年版,第 260 页。转引自吴贤静:《环境质量法律规制研究》,上海三联书店 2021 年版,第 185 页。

术风险预防监管体系。③司法方面,司法机关可以通过设立人体基因编辑技术风险损害的第三方识别和评估机制,探索将预防性司法救济机制和预防性责任承担方式融入人体基因编辑技术相关案件的司法裁判中。

2. 搭建人体基因编辑技术风险治理的部门协调网络机制

人体基因编辑技术所涉主体多元、技术环境复杂多变、利益诉求迥异,这就必然导致不同国家机构在人体基因编辑技术风险治理中治理机制的不协调、不顺畅。由此,为了实现人体基因编辑技术风险协同治理,不仅需要各国家机关在治理理念上达成一致,也需要通过建立有效的正式和非正式的协调沟通机制来调和治理方法的差异。人体基因编辑技术风险协同治理中需要构建贯通多维度的合作机制和数据流通机制,保证信息设计通畅,解决伦理治理问题互通不及时造成的滞后性。①

(1)完善非正式的沟通协调网络

相较于通过正式规章制度和组织程序进行的正式沟通,非正式沟通以其信息传递速度更快、范围更广、形式灵活等特点在正式沟通不畅时发挥非常重要的作用。

人体基因编辑技术风险协同治理中可采用的非正式沟通协调机制主要有:不同社会角色参与治理的协调机制;为重大决策提供支撑证据的决策咨询机制和政府、专家之外的利益相关者和公众参与决策与管理的参与和对话机制。具体采用的形式主要有各种形式的会议机制和专家委员会机制。随着社会分工的精

---

① 参见国家人工智能标准化总体组、全国信标委人工智能分委会:《人工智能伦理治理标准化指南(2023版)》,第69页。

细化和社会运行系统的复杂化,普通公众无法全面掌握各种专业技能和知识,从而更加依赖以政府和专家(包括科学家)为代表的制度性系统。[①] 跨部门、跨学科的专项工作小组有利于积极吸纳学界前沿观点,完善人体基因编辑技术监管制度设计,同时增加人体基因编辑技术风险各治理机关之间的沟通协作。

(2)建立正式的沟通协调网络

相较于非正式沟通的临时性,正式沟通更有利于将协调沟通机制予以制度化,具有稳定性和持久性的特点。人体基因编辑技术风险治理领域的正式沟通可以建立把握政策实施的方向、进展,并提出改进和调整的意见的监测评估与动态调整机制,通过可实施的审查规范落实相关政策法规并持续对市场进行监控。人体基因编辑技术风险治理中正式沟通机制的具体形式主要有常态化的联席会议或委员会制度、固定的联络员机制和便捷的信息共享机制等。

3.立法、行政与司法的协同发力

人体基因编辑技术风险协同治理的推进,除了需要相关国家机关就治理理念达成基本共识,并通过正式和非正式的沟通协调机制搭建部门之间的协调沟通网络以外,更需要积极发挥各国家机关的职责作用,共同推进人体基因编辑技术协同治理。

(1)立法层面:构建多元化的法律规范体系

为了应对人体基因编辑技术风险治理的复杂性和特殊性,"技术+制度"的治理体系要求人体基因编辑技术风险治理在充

[①] 参见[英]安东尼·吉登斯:《现代性的后果》,田禾译,译林出版社2011年版,第88~97页。

分发挥技术手段的基础上,注重伦理与制度的结合,逐步形成"标准引领+技术防范+法律规制"的综合规制体系,尤其关注立法、行政和司法的协同。围绕国家和社会层面对人体基因编辑技术领域立法的需求,在人体基因编辑技术发展相对成熟的领域,适时开展相关的规范立法,形成有效的归因机制,解决人体基因编辑技术新场景下的责任划分问题。同时,需要推动建立细分领域的法律法规体系,形成行之有效的监管和治理机制,用法律手段守护人体基因编辑技术实施的边界和底线。

第一,聚焦特定的技术。人体基因编辑技术所处的生命科技环境复杂,涉及的技术领域复杂多样,不断涌现的新兴技术会对人体基因编辑技术风险治理提出新的挑战,如基因增强、CRISPR/Cas9基因编辑系统等新兴技术领域。人体基因编辑语境下,基因信息安全、人体基因编辑损害责任承担问题,都是人体基因编辑技术法律监管尚未解决的难题。

第二,聚焦特定的场景。"技术本身从来都不是法律的规制对象,社会对于技术安全风险的种种担忧,归根结底还是集中于具体的应用场景。"[1]在个人信息保护领域,有学者提出"场景一致性理论",[2]其认为人体基因编辑技术治理中也需要针对具体的场景制定专门的技术标准和法律规范。划分人体基因编辑技术运用的具体场景,将引导和促使人体基因编辑技术为科研和医疗机构提供更精准和更专业的服务,也有利于立法机关区分应用场

---

[1] [美]尼尔·理查兹:《隐私为什么很重要》,朱悦、嵇天枢译,上海人民出版社2023年版,第1页。

[2] 参见[美]海伦·尼森鲍姆:《场景中的隐私——技术、政治和社会生活中的和谐》,王苑等译,法律出版社2022年版。

景,有针对性地构建人体基因编辑不同技术场景的法律规范体系。

第三,聚焦特定的主体。人体基因编辑技术的发展需要特别关注预防囊肿性纤维化患者、地中海贫血患者、为组织配型设计的"救命宝宝"等特殊受试者(患者)群体的人体基因编辑。

(2)行政层面:完善行政监管和第三方监管

第一,条件成熟时设立独立的监管机构。为了避免当前人体基因编辑技术治理中各司其职、监管边界不明或监管权限交叉的治理碎片化情况的出现,时机成熟时可以设立人体基因编辑技术独立的监管机构,负责人体基因编辑技术实施科研和医疗机构准入的审批、人体基因编辑技术的监管及相关法律法规的执行。独立、统一的人体基因编辑技术监管机构的设立是发挥人体基因编辑技术国家监管的整合作用、促进统一监管和部门协调的重要举措。

第二,完善行政监管措施。随着我国公共行政管理模式逐渐建立,我国国家治理、社会治理以及公共行政等领域从"政府管理"向"公共治理"转变。随着行政理念逐渐从管理转向治理,本着协商合作、追逐善治的目标,立足以人为本、风险预防的理念,公共行政管理的行政手段也由原来的以行政处罚、行政强制等"刚性行政"为主,向鼓励各方参与,兼采行政指导、行政教育、行政约谈等"柔性行政"手段转变。① 同时,在人体基因编辑技术监管过程中,我们需要进一步完善相关监管措施的适用要件和处罚

---

① 参见江国华:《法治政府要论——行为法治》,武汉大学出版社2021年版,第21页。

标准。

第三,建立第三方评估机制。区别于政府部门的自我评价以及其上级机关评价,第三方评估是一种由利害关系方以外的组织机构(具有专业评价资格的社会组织)依据一定的标准和程序,运用科学、系统、规范的评估方法,对有关政策措施所做的外部评价,形成评估报告供政策制定机关决策参考的活动。因其专业而且独立,故具有更高的可信赖度,其结论更容易为社会公众所接受。人体基因编辑技术实施第三方评估的有效开展,首要的就是选择具有足够专业能力的第三方评估机构。另外,人体基因编辑技术实施第三方评估的有效开展也需要政策制定机关的积极配合。只有在掌握大量且有效的数据的基础上,第三方评估机构才能得出有价值的评估结果。[1]

第四,辅以风险沟通和风险管理机制。行政机关的风险沟通义务对于弥补风险评估局限、保障公众知晓风险信息、弥合专家与公众的风险认知具有必要性。风险沟通义务的履行需要符合透明性和非损益性的特征。风险沟通的组织与程序保障体现为建构与风险评估组织相互独立的专门行政机关,建立风险信息公开、公告和听证制度。履行风险管理义务是通过行政手段规制人体基因科技风险的最后环节,我国目前的风险管理遵循着单一的行政主体模式、依托传统的行政手段,需要在合法性和实效性的要求下建立多个行政部门和社会主体的协调联动机制,并进一步完善多维度的权衡义务和风险预防措施的解释与举证义务。行

---

[1] 参见李胜利:《政府采购领域中垄断行为的法律规制研究》,武汉大学出版社2021年版,第272~273页。

政义务的履行有利于预防人体基因科技风险中的异化风险。[①]

(3)司法层面:完善人体基因编辑中受试者(患者)权益的司法救济

人体基因编辑技术协同治理的良好推进除了需要在立法层面制定和完善多元的法律规范体系、在行政层面完善行政监管和第三方监管之外,更需要在司法层面完善受试者(患者)权益司法救济,以化解基本权利之间的冲突,保证基本权利与公共利益的平衡,对侵犯公民基本权利的行为进行追责,保障人体基因编辑相关案件司法裁判的公平正义。

第一,在人体基因编辑相关案件裁判中注入人权保障的价值理念。加强人体基因编辑技术运用中受试者(患者)的权益保障,需要在人体基因编辑技术实施全过程注入人权保障的价值理念。人体基因编辑受试者(患者)人权保障价值是加强隐私保护、增进受试者(患者)知情权、保护受试者(患者)生命权和健康权等各种人权问题的一道重要屏障。同时,加强人体基因编辑技术监管中新兴权利的保护,如对基因自主权、基因遗传权、基因隐私权等权利的保护。

第二,细化完善人体基因编辑医疗安全事件报告数据库。为建立健全医疗质量安全事件报告和预警制度,指导医疗机构妥善处置医疗质量安全事件,持续推动医疗质量改进,切实保障医疗安全,我国原卫生部于2011年印发了《医疗质量安全事件报告暂行规定》(已失效)。该规定要求"各级各类医疗机构应当按照本

[①] 参见石晶:《人体基因科技风险的国家预防义务》,吉林大学2021年博士学位论文,第2页。

规定报告医疗质量安全事件信息"。该规定第五条明确,"医疗质量安全事件实行网络在线直报。卫生部建立全国统一的医疗质量安全事件信息报告系统(以下简称信息系统),信息系统为各级卫生行政部门分别设立相应权限的数据库"。但该规定未建立基因编辑技术安全事件的专项报告机制。所以,需要在现有规定的基础上对我国目前的医疗质量安全事件报告数据库进行完善和细化,增加关于基因编辑技术质量安全事件的专项报告。同时,该规定仅仅赋予"各级各类医疗机构"报告义务,需要增加生产者和销售者的报告义务,并对报告的具体内容作出具体要求。①

第三,成立人体基因编辑医疗事故鉴定委员会。基因编辑技术介入医疗带来传统医疗模式和医生角色转变的同时,不可避免地形成了行业和技术壁垒。我国既有的产品质量鉴定机构、医疗鉴定机构和司法鉴定机构无法胜任人体基因编辑技术的鉴定工作。医疗事故的鉴定结果,特别是人体基因编辑医疗事故的鉴定结果对致害责任的判断起到举足轻重的作用,同时必然影响医疗事故受害者能够获得的赔偿结果。因此,成立由具有相关专业背景的专家组成的人体基因编辑医疗事故鉴定委员会对人体基因编辑医疗事故进行专业鉴定是保障清晰界定事故原因、保护受害者权益的重要措施。鉴定委员会的具体人员组成可以是在人体基因编辑科研领域工作3年以上且专业技能较强的技术专家、临床医学专家、法医学专家及伦理学专家等。②

---

① 参见王轶晗、乔欣悦、钟芷馨:《人工智能侵权责任法律问题研究——以医疗人工智能及自动驾驶汽车为例》,西南财经大学出版社2021年版,第94~95页。
② 参见王轶晗、乔欣悦、钟芷馨:《人工智能侵权责任法律问题研究——以医疗人工智能及自动驾驶汽车为例》,西南财经大学出版社2021年版,第95页。

第四,明确人体基因编辑侵权责任承担规则。鉴于目前我国人体基因编辑领域的立法供给不足,对违法行为起不到应有的威慑作用,未来应该在严格科技监管的同时,在人体基因编辑领域加快推进相关立法,形成完善的责任机制,探索在人体基因编辑相关案件司法裁判中设计预防性司法救济机制和预防性责任承担方式,尤其要明确私法上的请求权基础,适度增强公法上责任的刚性。人体基因编辑的受害人包括受试者和基因编辑所得的后代两类。依据目前立法,人体基因编辑的受试者(患者)可以依据《民法典》第一百五十七条主张基于合同无效的损失赔偿请求权,但不可以《民法典》第五百条主张缔约过失责任请求权。当试验能够纳入医疗之情形时,受试者也可以主张《民法典》第一千二百一十九条、第一千二百二十一条的侵权责任请求权,否则只能以《民法典》第一千一百六十五条为请求权基础并结合《民法典》第一百零九条提出"不当出生"之诉。人体基因编辑所得后代可以《民法典》第一千一百六十五条为请求权基础,并结合《民法典》第十六条和第一百零九条,对自己的"出生前损害"提出赔偿请求("不当生命"之诉)。以上请求权之间及两类受害人的赔偿范围可能发生竞合。从解释论来看,对受损害的法益、"不当的基因操作"、健康风险损害及因果关系等的评价面临一定困难。从立法论来看,应在民法上明确"人类基因权利图谱",并形成有关生物技术、人体试验的法律行为与损害救济的规范基础。①

第五,发挥司法案例在人体基因编辑司法裁判中的作用。根

---

① 参见王康:《基因编辑婴儿事件受害人的请求权》,载《法律科学(西北政法大学学报)》2020年第3期。

据最高人民法院的规定,指导性案例实质上是指最高人民法院依照审判管理和审判监督职能,就各级法院按照特定程序报送的以及最高人民法院审理的在法律适用等方面具有典型性、示范性、新颖性的案例,经审判委员会讨论确定后公布并对各级法院审判工作予以指导的案例。根据《最高人民法院关于案例指导工作的规定》,最高人民法院发布的指导性案例对下级法院裁判类似案件具有"应当参照"的拘束力。指导性案例不仅具有案例的示范和参考价值,而且被赋予了同类案件在事实和制度上的拘束力。[①]在充分借鉴其他领域已有经验的基础上,最高人民法院和最高人民检察院可以适时发布有关人体基因编辑技术侵权和人体基因编辑中受试者(患者)权益保障方面的指导性案例,充分发挥指导性案例在人体基因编辑法律规则适用中的示范和参考作用。

鉴于人体基因编辑涉及主体多元、法律关系多样、利益冲突复杂、风险挑战多维及功能性分权带来的人体基因编辑技术碎片化治理负效应,不应固守功能性权力分工治理的既有范式,应该从更宏观的视野出发,采取综合性方法,将人体基因编辑技术风险治理纳入国家治理体系和治理能力的广泛框架内,关注人体基因编辑技术风险治理中立法、行政与司法不同治理手段的协同与整合,这契合了人体基因编辑治理的协同趋势。人体基因编辑技术风险协同治理在发挥国家保障义务整合功能的同时,解决当前人体基因编辑技术风险治理中功能性分权导致的治理碎片化问题,促进人体基因编辑技术风险治理机制的稳定性和协调性。积

---

① 参见陈树森:《我国案例指导制度研究》,上海人民出版社2017年版,第10页。

极推进人体基因编辑技术风险协同治理,应当将"以患者为中心"作为人体基因编辑治理的行为指针和价值基础,立法、行政和司法机关在自身职责范围内作出合理的制度安排并沟通协作,多元主体积极参与配合,共同推进生命科技时代人体基因编辑技术风险治理的法治化和系统化。

第六节 全球治理的共识性协作效能

在社会进化论的语境下,较高生产率的科技所具有的竞争优势不可避免地会产生传播效应。科技创新的未知性,叠加全球化语境下极强的传播性,推动形成了跨越时间和空间限制的"全球性风险社会"。对基因编辑技术的认知不应仅仅局限于对该项技术的道德、伦理、法律、政治分野,更应当看到它作为新兴科技给人类社会带来的整体性利益与风险。[1] 基因编辑技术的创新带来了全世界范围的监管讨论,引发对其安全性、有效性、公平性等的思考。从全球治理视角来看,更应该用全人类的视野思考人体基因编辑技术的全球化治理,在尊重民族文化差异的基础上最大限度地寻求国际共识;从国内监管来看,政府机构需要采取更加积极的对策,推进稳健的立法,同时广纳民意,鼓励公众参与。这就需要思考监管这项新技术所需的法律框架,特别是政府组织和科学共同体在监管生殖细胞系基因编辑的过程中分别扮演怎样的角色。某些类型的生殖细胞系基因编辑(如为了预防孩子患上某

---

[1] 参见黄竹智:《基因编辑技术规范治理的普惠性进路》,载《南海学刊》2024 年第 1 期。

种遗传病)可能是可以的,而另外一些(如为了增强某些遗传特征)可能就需要禁止。若在这个议题上能够达成国际共识,则对技术监管起到良好的作用。① 以共享发展构建中国创新治理示范模式,强化人类命运共同体整体科技价值的运行,以期探索人体基因编辑技术规范治理的普惠性进路。② 2022 年,中共中央办公厅、国务院办公厅印发了《关于加强科技伦理治理的意见》,明确了增进人类福祉、尊重生命权利、坚持公平公正、合理控制风险、保持公开透明的科技伦理原则,指明了以伦理先行、依法依规、敏捷治理、立足国情、开放合作为要求的治理方向。面对科技风险,通过预防原则和成本效益分析比较,可以得出"成本效益分析本身的反事实论证的属性无法回应价值通约的问题以及科技风险的人为属性,预防原则应当成为政府以法律的手段因应科技风险的主要原则"的结论。③ 目前,需要重点关注人体基因编辑技术的最新进展及其风险,尤其关注其与活体胚胎研究、遗传研究等议题的关联探讨。为有效治理人体基因编辑技术带来的风险,需要加强全球对话交流,开展国际合作,充分交换伦理治理意见,凝聚全球智慧,积极探寻人体基因编辑技术的伦理共识,加快构建全球共用的伦理治理框架。④ 从广义层面讲,应积极促进人体基因

---

① 参见[美]珍妮佛·杜德娜、[美]塞缪尔·斯滕伯格:《破天机:基因编辑的惊人力量》,傅贺译,湖南科学技术出版社 2020 年版,第 218 页。
② 参见黄竹智:《基因编辑技术规范治理的普惠性进路》,载《南海学刊》2024 年第 1 期。
③ 参见陈景辉:《捍卫预防原则:科技风险的法律姿态》,载《华东政法大学学报》2018 年第 1 期。
④ 参见刘庭有、陈晓英:《基因编辑技术的伦理问题研究》,载《辽宁工业大学学报(社会科学版)》2023 年第 6 期。

编辑技术的国际法律治理,推动国际伦理规范达成,促进制定国际规范,明确国际管理规则,从而全面、系统地应对人类命运共同体语境下人体基因编辑技术引发的治理问题。①

一、寻求全球共识和标准

如何确定人体基因编辑技术的实施边界,在科研自由与风险防控之间寻求最佳平衡是全球范围内难以达成共识的一个难题。② 总体而言,公众对将基因编辑技术用于治疗或预防疾病和失能表现出极大的支持,特别是目前体细胞基因编辑能够极大提高正在使用或处于临床试验阶段的基因疗法的安全性和有效性。然而,尽管人体基因编辑技术正在不断得到优化,但其主要适用于治疗或预防疾病和失能,"而非其他紧迫性较低的目的"。③ 关于人类是否应当进行生殖细胞系基因编辑,甚至基因增强是一个难以抉择的问题。这需要研究者与立法者共同找到监管与自由的平衡。

值得一提的是,随着人体基因编辑技术的发展,特别是世界首例"基因编辑婴儿"事件发生后,国际组织和科学家共同体均发

---

① 参见蒋莉:《人类基因编辑国际法律治理研究》,载《生命科学》2023 年第 10 期。

② 2016 年皮尤研究中心做的调查显示,50% 的美国成人反对利用生殖细胞系编辑来治病,而 48% 的人支持[对于在胚胎中进行非必需的遗传改进,我们的态度更加一致:只有 15% 的受试者(患者)支持这种做法]。参见[美]珍妮佛·杜德娜、[美]塞缪尔·斯滕伯格:《破天机:基因编辑的惊人力量》,傅贺译,湖南科学技术出版社 2020 年版,第 224 页。虽然基于完全不同的考量,但此结果也足以凸显人们面对人体基因编辑,特别是生殖细胞系基因编辑的犹豫。

③ 参见美国国家科学院、美国国家医学院主编:《人类基因组编辑:科学、伦理和监管》,马慧等译,科学出版社 2019 年版,第 134 页。

布了共识。国际组织层面的共识主要包括:2017 年美国国家科学院、美国国家医学院发布的《人类基因组编辑:科学、伦理和监管》中规定,基因编辑的基础研究接受现有监管程序监督;限制部分临床试验或治疗;仅允许对治疗重大疾病开展生殖细胞基因编辑研究,且要在严格的监督系统和规定标准之内;禁止人体增强基因编辑;将公众参与纳入人体基因编辑的决策过程。2017 年美国人类遗传学协会、英国遗传学护士与咨询师协会、国际遗传流行病协会和亚洲遗传咨询师职业协会等发布了《人类生殖系基因组编辑》①,主张"谨慎而积极"地开展生殖细胞基因编辑,应该继续推进基础研究,反对用于生殖目的。2018 年,英国纳菲尔德生命伦理学理事会发布《基因编辑和人类生殖:社会伦理问题》强调,在现有的技术条件下,虽然对生殖细胞的编辑在伦理上可以接受,但必须保证未来出生婴儿的福祉符合公序良俗,不得造成歧视和分裂。2020 年,美国国家科学院、英国皇家学会、中国科学院等发布《可遗传人体基因组编辑》,指出人类生殖细胞的可遗传的基因编辑当前还远远达不到安全、有效的标准,不能用于临床,若技术安全性提高到一定程度,其应用必须被限定在预防囊肿性纤维化、地中海贫血等严重的单基因遗传病中,并且只能在没有其他选择时才考虑使用。世界卫生组织人类基因编辑治理与监督全球标准发展专家咨询委员会在 2021 年连续发布了《人类基因编辑管治框架》《人类基因编辑建议》两个共识性文件,主要针对"出生后体细胞人体基因组编辑""子宫内体细胞人体基因组编

---

① See K. E. Ormond et al. , *Human Germline Genome Editing* , The American Journal of Human Genetics , Vol. 101:2 , p. 167 – 176(2017).

辑""可遗传的人体基因组编辑""人类表观遗传编辑""增强某些性状的基因编辑"这五个领域,提出基因编辑应用应综合考虑的伦理问题。2019年,世界卫生组织也宣布将制定人类基因编辑国际治理框架,[1]并于2021年呼吁成立人类基因组编辑研究全球机构。[2]

全球的科学家共同体也相继发布了关于基因编辑技术临床应用的共识性文件。2018年"基因编辑婴儿"事件之后,中国科学院、美国国家医学院和美国国家科学院院长联合在权威期刊《科学》上呼吁全球各国科学院携手努力,就基因编辑研究及临床应用所应遵循的准则达成广泛的国际共识。[3] 2019年美国、英国、中国等7个国家的18位生命科学及生命伦理学专家在权威期刊《自然》上呼吁暂停所有人类生殖系基因编辑,设定一个初始期限,在此期间不允许任何临床使用生殖系编辑的行为,应建立一个国际共识框架。[4] 2019年,CRISPR/Cas9技术的先驱之一在《科学》上呼吁加强相关立法,仅暂停临床使用的措施可能已经不够,建议在不扼杀技术发展的前提下认真考虑法律法规的制定。[5] 2020年,全球管理学、法律、生物伦理学、遗传学等领域的25位科

---

[1] 参见刘曲:《世卫将制定人类基因编辑国际治理框架》,载新华网,https://news.sciencenet.cn/htmlnews/2019-3-424202.shtm。

[2] 参见张佳欣:《世卫呼吁建设人体基因组编辑研究全球机构》,载光明国际网,https://world.gmw.cn/2021-07-16/content_34997882.htm。

[3] See Dzau V. J., McNutt M. & Bai C. L., *Wake-up Call from Hong Kong*, Science, Vol. 362, p. 1215(2018).

[4] See Lander E. S., Baylis F., Zhang F. et al., *Adopt a Moratorium on Heritable Genome Editing*, Nature, Vol. 567, p. 165–168(2019).

[5] 参见王慧媛等:《基因编辑技术伦理治理探讨》,载《中国科学院院刊》2021年第11期。

学家在《科学》上号召建立全球公民大会,由至少100名来自世界各地的非专业人士组成,以评估基因编辑技术的伦理和社会影响。[1]

人体基因编辑技术可能如何被使用,应当如何被使用,需要更多的人参与到这个讨论中来,不仅是科研人员和生物伦理学者,也包括其他利益相关群体,即社会科学家、决策者、管理人员及普通民众。鉴于人体基因编辑科技的进展会影响全人类,在具体技术投入临床使用之前我们有必要在全球范围内达成基本共识,让社会各界都参与进来。[2] 当然,就是否使用以及如何使用生殖细胞系基因编辑,我们恐怕无法达成彻底的共识,但是政府应当竭尽全力让法律法规充分吸收民众的智慧,代表民众的意志。[3]

鉴于人体基因编辑技术的特殊性及其给人类带来的深远影响,加之各国的文化差异,人们不可避免地会"带着不同的眼光、历史包袱与文化价值来应对生殖细胞系编辑的挑战"。[4] 即便如此,基本的共识和技术实施边界是世界各国必须遵循的目标。在尊重各国在人体基因编辑技术研究方面的政策多样性的基础上,实现科学研究和治理的跨国合作,"合作方式主要包括数据共享、

---

[1] See Dryzek J. S., Nicol D., Niemeyer S. et al., *Global Citizen Deliberation on Genome Editing*, Science, Vol. 369, p. 1435 – 1437(2020).

[2] 参见[美]珍妮佛·杜德娜、[美]塞缪尔·斯滕伯格:《破天机:基因编辑的惊人力量》,傅贺译,湖南科学技术出版社2020年版,第8页。

[3] 参见[美]珍妮佛·杜德娜、[美]塞缪尔·斯滕伯格:《破天机:基因编辑的惊人力量》,傅贺译,湖南科学技术出版社2020年版,第236页。

[4] 参见[美]珍妮佛·杜德娜、[美]塞缪尔·斯滕伯格:《破天机:基因编辑的惊人力量》,傅贺译,湖南科学技术出版社2020年版,第236页。

监管机构之间的协作及在可能的情况下统一标准",①召开国际会议,邀请世界各地的科学家来回顾该领域的最新进展,交流应对潜在风险的心得体会。

2021 年,国际干细胞研究协会就尝试在该领域建立国际伦理规范,其发布的《干细胞研究和临床转化指南》(Guidelines for Clinical Translation of Stem Cells)为人类体细胞和生殖系细胞基因编辑提供了国际伦理规则。该指南列举了合乎伦理规范和违反伦理规范的基因编辑临床应用具体案例。例如,出于安全方面的考虑禁止生殖目的的可遗传基因编辑,允许线粒体基因编辑研究,但是不得将编辑后的细胞移入子宫。虽然线粒体基因编辑不是细胞核中基因组编辑,但是线粒体基因组也可以通过卵细胞传递,因而属于可遗传的基因编辑,应当严格限制其临床应用。任何国家或地区如允许该类编辑,则需要证明公众支持临床上的应用。而对在体外或动物模型中进行的体细胞基因组编辑的基础和临床前研究,则不需要专门的审查和监督。② 这些国际伦理规则促使全球范围内人体基因编辑的研究和应用更加严格和透明,确保人体基因编辑的研究符合科学和道德理性,在科研共同体内形成全球伦理约束机制。

---

① 参见美国国家科学院、美国国家医学院主编:《人类基因组编辑:科学、伦理和监管》,马慧等译,科学出版社 2019 年版,第 132 页。
② Badge R. L., Anthony E., Barker R. A. et al., *ISSCR Guidelines for Stem Cell Research and Clinical Translation*: *The 2021 Update*, Stem Cell Reports, Vol. 16, p. 1398 – 1408(2021).

二、尝试设立国际管理制度

基因编辑技术的国际管理迫在眉睫,尤其是涉及人类可遗传基因组编辑,亟须一种国际管制权限弥散化的新规范模型。国际管制的治理框架与传统的国家治理框架有着本质的不同,其表现在国际管制着重科学研究的禁区、临床研究的边界、环境释放的限度,强调治理的多维度、多层次、多主体问题。实际上,在人体基因编辑技术问题上,各国必须超越国家主义非此即彼的一元结构,基于保护人类共同利益的需要与他国共生、共存、共发展。因此,当事人个体利益和相应群体利益都必须进入人类共同利益衡量过程之中。更为重要的是,国际管制必须打破国内行政法中公私二分的原则,将全球治理的语境转变为公私交融协力,尤其是非政府的国际组织应获得广泛的管制权限。

世界卫生组织强调人类基因编辑国际管理的必要性并已经建立有关人类基因编辑国际管制平台,要求所有人类体细胞和生殖细胞基因编辑研究和临床试验在该平台登记注册,从而跟踪并规范人类基因组编辑研究进展,收集和分析有关基因编辑技术的重要信息。在该注册平台的基础上,世界卫生组织设立了专门针对基因编辑治理的机构。该机构主要起到双向沟通作用,一方面让社会公众参与有关基因编辑的科学和政策讨论,另一方面搭建科学家和政策制定者与社会公众沟通的平台。该机构对人类基因编辑开展以权利、尊严和生命完整性为基础的风险评估,从而实现基因编辑研究全球监管,指导科学实验符合社会价值观和需求,符合不同文化背景的道德观和理念。在风险评估之外,该机构还广泛关注安全性和有效性等基础问题,让社会公众普遍参与基因编辑治理讨论。①

三、注重全球公众参与

公众参与一直以来都应该是新技术监管工作的重要组成部分。而就人体基因编辑技术而言，公共讨论要远远落后于科学研究进展的速度。人体基因编辑技术可能如何被使用，应当如何被使用，需要更多的人参与这个讨论，不仅是科研人员和生物伦理学者，也包括其他利益相关群体，包括社会科学家、决策者、管理人员及普通民众。应该由社会整体——而不是几个或一群科学家——来决定技术该如何应用，应该让公众理解这些技术的意义以及如何使用它们。② 就 CRISPR 而言，公共讨论要远远落后于科学研究进展的速度。③

更加有效和广泛的公众参与能够确保公民在影响其生活的决策活动中拥有更多发言权，并且提高公民的参与度，从而建立更具公信力和责任感的政府。政府应当竭尽全力让法律法规充分吸纳民众的智慧，代表民众的意志。人体基因编辑已经引发并且将持续引发伦理、监管和社会治理问题，此类问题将远远超出生物学家确定的技术风险和利益的讨论范围，甚至超出社会学家和伦理学家提出的哲学和社会政治问题。由此，与人体基因组编辑相关的风险和利益不应该仅仅由科学界作出界定，还需要通过

---

① 参见蒋莉：《人类基因编辑国际法律治理研究》，载《生命科学》2023 年第 10 期。
② 参见[美]珍妮佛·杜德娜、[美]塞缪尔·斯滕伯格：《破天机：基因编辑的惊人力量》，傅贺译，湖南科学技术出版社 2020 年版，第 201 页。
③ 参见[美]珍妮佛·杜德娜、[美]塞缪尔·斯滕伯格：《破天机：基因编辑的惊人力量》，傅贺译，湖南科学技术出版社 2020 年版，第 196 页。

广泛的公众辩论实现对风险和利益的全面理解,此类辩论应具有高度的包容性和透明度。虽然不同国家的文化观念、舆论,甚至宗教信仰在公共政策形成过程中发挥的作用不同,但是公众参与将在全球范围内以各种形式成为公共政策形成过程的一部分这个事实已为各国普遍认可和接受。理想的状态应该是,在开发和部署任何技术之前,需要尊重公众的观点和关切,所有利益相关者均有机会就该技术的潜在风险、利益和影响展开讨论。一个健康的法治社会应该通过鼓励公众参与,激发人们对公共利益等重要问题的关注,并表达意见,从而在技术批准临床试验之前就利益和风险的个人与社会价值向监管机构和决策者提供参考信息。

具体到我国,扩大公众讨论的范围和质量需要做好如下几点:首先,探索设立国家生命科学道德咨询委员会。生命科学道德咨询委员会应由科学家、临床医师、伦理学家、生物安全专家和公众代表等专业人士在内的多元化成员组成,负责为基因疗法的公众讨论提供平台,关注全球范围内基因编辑的前沿技术和试验、技术规范和道德标准。国家生命科学道德咨询委员会旨在回应科学、政治领域对人体基因编辑技术的应用潜力和滥用问题及与之相关的已知和未知风险的担忧,以便审查特定方案,并向国家卫健委的伦理委员会提供基因编辑伦理规范标准的政策性建议及咨询意见。其次,开展具有透明度和包容性的公共政策辩论。就基因编辑技术而言,广泛的公众参与、对受试者(患者)健康和社会利益与风险的持续评估,是技术进入临床试验的重要条件,监管机构和专业学会均应积极征求公众意见。例如,英国基因与细胞疗法学会每年都会举办"公众参与日"活动,学生、患者、护理人员和科学家将汇聚一堂,展开讨论和辩论。① 最后,纳入一系列公众交流和咨询机制。公众参与需要公众和决策者最大限度地获得新技术及其监管的各项信息,同时保证所有决策相关信息和有价值的考量因素最大限度地在公众和决策者之间进行交流。在特定情况下,监管规则和指导文件只有在广泛征求公众和机构意见之后方可正式发布。各级卫健委应最大限度地为公众提供人体基因编辑技术方案监督工作的参与机会,负责促成公众讨论,明晰争论的焦点,提升公共讨论的针对性。

面对人体基因编辑技术带来的困境,国际社会需要通过跨越实际的和人为的界限,把思想汇聚在一起,解决人类社会共同面临的问题。基因编辑技术的治理应超越个体、国家、社会的有限范畴,倡导人类命运共同体意识,推动基因编辑技术的全球治理。良好的国际治理应是包容互动、循环上升的,促进创新的同时又能提高安全性和有效性。治理不仅仅限于正式国际公约,治理是平衡收益、风险、管理、伦理和社会问题的机制,是开放、互动、交流、联动和反馈的系统,将社会价值整合进临床和政策考虑之中,最终促进信任和理解的产生。在基因编辑技术大爆炸的时代,以人类命运共同体的视野谋划和发展基因编辑技术,克服科学家中心主义、国家中心主义、人类中心主义带来的局限性,坚持系统化思维,突破局部化思维的局限,寻求国际利益的公约数,在生物科技领域坚持创新话语互鉴,凝聚战略共识,避免基因编辑技术的滥用和错用导致全球性生态危机,为可持续发展提供空间。基因

---

① 参见美国国家科学院、美国国家医学院主编:《人类基因组编辑:科学、伦理和监管》,马慧等译,科学出版社 2019 年版,第 40 页。

编辑技术国际治理亟待推进,应从人类命运共同体的立法理念出发,在人权规范的指引下,达成国际伦理共识,设定基因编辑技术国际科研报告注册机制、国际管理机制和不良案件监督机制,防止基因编辑技术的误用、乱用、滥用。

四、构建人体基因编辑技术国际不良案件监督机制

为了避免人体基因编辑技术领域伦理倾销的风险,特别是鉴于全球首例"基因编辑婴儿"事件的发生及其不良影响,国际共治中需要积极构建人体基因编辑技术国际不良案件监督机制。在非强制性但具有说服性权威的人权规范的指引下,各国法院在涉及基因编辑技术的案件中,应构建平衡国际社会共同利益与国家利益的国际不良案件监督机制。各国司法机构通过提升司法互信制度化的规范体系、举办全球司法论坛以及确立蕴含监管功能的公共秩序规范等,推动构建人类命运共同体司法协作机制,使基因编辑技术不良案件可以在国际治理机制的构建中获得规制。客观而言,在国家间联系和交流日趋紧密的当下,司法体系如果僵化地固守本国利益,则不仅无助于私人利益保护,也会阻隔各国间的技术交往和全人类的科学技术进步。[①]

当然,无论是在国际还是在国内的司法实践中,当下基因编辑技术所涉的案件都相对较少,未来国际范围内会有越来越多的民事、刑事和行政案件,相关的司法交流和司法判决也会越来越多。应加强各国在刑事和民商事判决中的司法互信,尤其是加强

---

① 参见蒋莉:《人类基因编辑国际法律治理研究》,载《生命科学》2023年第10期。

民商法对人类基因编辑技术的引导和治理,强化国际私法与其他部门法的联系与合作,有效发挥不良案件报告、承认与执行的监管功能。① 在这种趋势下,国际不良案件监督机制的构建势必有利于基因编辑技术的全球治理。

---

① 参见黄志慧:《全球治理视域下民商事判决的承认与执行》,载《现代法学》2023 年第 2 期。

结　论

　　当代中国的社会治理,需要在传承个性化、多元化的基础上,通过互动和调和,沟通、对话、谈判、协商、妥协,整合各社会阶层、各社会群体能够接受的社会整体利益,最终形成各方都接受、遵守的社会契约。法治是治国理政的基本方略,法律是治国之重器,人体基因编辑技术风险治理同样要在法治的框架之下进行设计。在我国极力推进国家治理体系和治理能力现代化的大背景下,推进人体基因编辑技术的法治化进程需要在加强行业自律,注重伦理治理的基础上,完善人体基因编辑技术的法律规则体系,构建法律引领的多重规范相结合的人体基因编辑技术风险协同治理模式。

　　人体基因编辑技术因其能够修改生命的前景,而令人们兴奋不已的同时,也令人们惶恐不安。轰动一时的贺建奎团队世界首例"基因编辑婴儿"事件再次引发人们对人体胚胎基因编辑技术的极大争议。新型生物科技的发展推动人类进入生物科技时代。生物科技的形态与传统科技相比，存在重要差异，在治理方式方面也必然有所不同，同时在生物科技时代发展、培育、成长的不同阶段，包括不同的生物科技自身的治理方式也会有一些差异。一个国家、一个社会的治理需要依靠结构复杂的多种体系来完成，且需要多种体系各自在相互协作的基础上发挥作用。人体基因编辑技术有其存在的社会价值，也引发了巨大的技术、伦理、法律等社会风险。这就需要在科技发展和社会热点事件的刺激下不断探索，构建以法律规制为主导的多种治理手段协调监管的有效的治理体系。稳定、系统的治理体系是限定人体基因编辑技术实施的原则、边界和规范，是保证人体基因编辑技术尊重人性尊严，保障受试者（患者）权益，维护基因多样性及人类未来发展的基础和关键。

在现代法治国家，公权介入私域最科学、最权威的方式就是通过法律规范行为、调整关系，实现社会控制。来自社会不同群体的广泛参与和公共辩论是法律治理具有正当性的前提。法律必须对人体基因编辑技术实施中受试者（患者）个人权益与社会公共利益及各私权之间的冲突进行调整和规范。无论从技术发展的潜在影响，还是从科技发展的致害责任，抑或从技术引发的现实问题来看，对人体基因编辑技术进行法律规制都是非常必要的。在我国目前极力推进国家治理体系和治理能力现代化的大背景下，将人体基因编辑技术风险治理纳入法治轨道就成为生命科技时代的必然选择。在现行法基础上构建一套法理上逻辑自洽、各部门法之间相协调的制度本非易事，实施边界和致害责任属于人体基因编辑立法的核心问题，构建的难度在于其鲜明的时代特征,需要兼顾域外的先进规范和我国的具体国情及本土资源。在我国极力推进国家治理体系和治理能力现代化的大背景下,推进人体基因编辑技术风险治理的法治化进程需要综合运用行业自律、政策指引、伦理治理、法律规制及全球共治等多重手段对人体基因编辑技术进行多层次、全方位的多维监管,最终在平衡技术创新与风险可控的原则下,解决技术监管与责任承担的难题,实现人体基因编辑技术协同规制的理性正义。

其一,行业自律。行业自律作为一种科学家共同体的内在约束,具有行业软法的性质,受到社会文化、伦理道德,甚至一国科研环境的影响。行业自律本身虽有一定的局限性,但依然是基因编辑技术这一新型生物科技治理中不可或缺的一环,也是其他治理手段有效发挥的基础。从一定意义上讲,伦理治理和法律规制这些监管手段的有效发挥都要受到科技发展水平及科学家共同体素养和建议的影响。随着立法民主化进程的推进,我国在立法过程中越来越注重专业人员和普通民众的参与。强大的行业自律有利于科学家共同体利用自身的专业知识和行业共识在遵守技术规范的基础上,补充既有规范的不足,为完善立法建言献策。从一定意义上讲,行业自律是构建人体基因编辑技术风险多元协同治理的根基。

其二,政策指引。目前,基于生物科技发展尚未成熟,技术具有迭代性、偶然性和极大的不确定性,加之技术治理的全球化,以促进创新为导向的软法主导型规制模式,更能满足技术发展尚未成熟的生物科技风险治理的需要。目前,世界范围内关于生物科技风险的法律规范仍以软法为主。鉴于软法相较于强硬的法律规范,自身具有的笼统概括和更具灵活性的特征,有利于在技术发展不成熟阶段促进技术负责任创新的同时,防控生物科技领域技术创新的潜在风险。当一项科学技术处于发展尚不成熟的时候,首先需要的是科学可行的政策的指引和导向,而不是强硬的法律规范的约束。一项技术如何操作、如何运行、如何指导具体技术的发展,特别是如何应对和处理因此而发生的各种科技发展带来的社会影响,从产业发展、产业治理、社会治理乃至国家治理的层面来看,通常都是由政策先行进行引导,甚至主导的。生物科技产业及以生物科技为基础的各种产品和应用属于国家科技发展的组成部分,国家必须作出相应的布局,赋予它相应的力度,甚至指明它的发展方向,以及应用的边界和范围,进而保证生物科技发展符合科技规律,符合产业结构调整的需要。同时,政策指引能够保证科技发展符合稳定社会秩序和保障人民福祉的安排。在技术发展初期,政策指引往往发挥着不可替代的作用。

其三,伦理治理。伦理治理在预防和管控生物科技发展中潜在的安全风险具有不可替代的作用。伦理约束的目的就是从人类的道德文明、良知、善恶判断这个角度来为生物科技的发展确定边界和规范。生物科技的运行首先需要遵守生物科技行业、领域中被"一般理性且正当的"民众所接受的共同的伦理准则。为进一步加强科技伦理治理,有效防范科技创新可能带来的伦理风险,推动科技向善,2021年科技部发布了《关于加强科技伦理治理的指导意见(征求意见稿)》,2022年中共中央办公厅、国务院办公厅印发了《关于加强科技伦理治理的意见》,对科技伦理治理提出了伦理先行的要求,同时明确要坚持依法依规开展科技伦理治理工作,加快推进科技伦理治理法律制度建设,提高科技伦理治理法治化水平;"十四五"期间,重点加强生命科学、医学、人工智能等领域的科技伦理立法研究,及时推动将重要的科技伦理规范上升为国家法律法规的进程。对法律已有明确规定的,要坚持严格执法、违法必究。2023年,科技部、教育部、工业和信息化部等10部门联合印发的《科技伦理审查办法(试行)》于2023年12月1日起施行,确保科技活动符合道德和伦理原则。这些都是我国生物科技发展过程中伦理治理的基本依据。

伦理治理不仅仅是伦理规范的适用,更涉及价值引导和选择,生物科技领域主要包括以下六项基本伦理规范:一是增进人类福祉。坚持以人为本,遵循人类共同价值观,尊重人权和人类的根本的利益诉求,坚持公共利益优先,改善民生,共建人类命运共同体。二是促进公平公正。坚持普惠性和包容性,切实保护各相关主体的合法权益,促进社会公平正义和机会均等,同时尊重和保护弱势群体的权益。三是保护隐私安全。充分尊重个人的信息知情、同意权,依法正当地处理个人信息。四是确保可控可信。保障人类拥有充分的自主决策权,确保生物科技处在人类的控制之下。五是强化责任担当。坚持人类是生物科技发展的最终的责任主体。明确利益相关者的责任,全面增强责任意识。在生物科技发展的全周期和各个环节,人类要做到自省自律。六是提升伦理素养。积极学习普及生物科技伦理知识,客观认识生物科技的伦理问题。作为科技治理软法的重要组成部分,伦理约束能够保证科技向善,确保生物科技符合人性的发展目标。科技向善能够赋予个人与共同体更大的能动性。同时,科技赋能可以在实践中将科技向善转化为整个社会对善的追求。

其四,法律规制。相较于政策的引导和伦理的约束,法律规制具有强硬的规制效力,只有当人的行为触犯了人类共同的行为准则并产生法律上的后果应当承担法律责任的时候,法律规制才能真正发挥作用。我国目前需要构建以《生物安全法》为基本法,以"基因科技法"为专门法以及技术规则、伦理守则等规范相互配合,水平面立法和垂直性立法相互交叉的网格化法律规制模式,进一步完善与人体基因编辑技术相关的法律法规体系。不得不提的是,在生物科技立法中起到基础和关键作用的仍然是技术标准。不可否认,在生物科技时代国家的治理对象仍然是人与人之间的社会关系,但生物科技的发展让社会治理充满了更多的科学技术的要素。技术规范是科技法律规范的重要组成部分。生物科技时代各种要素相结合,从而形成一种技术产品,这种产品的存在是以技术标准为依托的,没有技术标准也就无法形成这种技术产品或者是一种技术形态。所以,技术标准对于技术产品和技术形态来说是一个基本的规范,是科学技术进入社会的立身之本。如果没有技术标准,一项技术进入社会之后,就没有评价的基础依据。只有以技术标准为基础的科技法律规范才能推动科技的发展。

法律治理中除了要强调立法的重要作用之外,还要强调司法审判的作用。在生物科技不断发展的过程中,我们在重视制定新的立法、研究新的规范的同时,还要特别关注司法制度的作用,关注司法制度的改革和完善。无论立法的状况如何,司法总是在不断地发挥作用。在不断完善生物科技相关司法制度的过程中,要培养法官在生物科技运用治理中适用法律的能力,要提高法官解释法律的包容度,把法治原则应用到生物科技时代的新环境中。司法是在生物科技发展中坚持公平正义的最后一道防线。

其五,全球共治。积极参与缔结、履行国际公约,寻求国际共识,加快在世界范围内形成引领性的人体基因编辑技术安全话语体系。在尊重各民族的宗教和社会传统的差异和本土资源的基础上,将社会价值观念纳入显著的临床和技术考量因素,保证技术监管策略和国家治理体系和治理能力现代化相适应,规制者应该认真考虑各种监管手段之间的交替配合,寻求各监管手段之间的平衡,从而收到良好的治理效果。

  以上五种治理体系并不是相互独立的,而是相互协同合作的。比如,在新兴科技领域,伦理与法律这两个相互平行的轨道大有相互融合趋势,现代伦理入法是科技治理的必然选择。不同的治理体系的最终目标是一致的,但它们在发挥作用的过程中分别侧重于不同的价值、不同的阶段,从而适应科技创新发展的需要,适应人类文明和产业发展的需要,适应秩序安宁和权利保护的需要。当然,伴随生物科技的不断发展,人类对生物科技社会属性的认识不断加深,我们一定能够全面地提升治理能力,完善各种治理体系,并创造出更多的、更有效的、符合我国国情并与国际接轨的治理方式和治理体系,进而保证我国的人体基因编辑技术风险治理体系能够为增进人类福祉、推动构建人类命运共同体提供智慧与制度贡献。

参考文献

一、中文类参考文献

(一) 中文专著

1. 石佳友、贾平等:《人类胚胎基因编辑立法研究》,法律出版社2022年版。
2. 代峰:《伦理学视野下人的尊严研究》,中国社会科学出版社2022年版。
3. 郭倩倩:《马克思关于人的尊严思想研究》,人民出版社2022年版。
4. 王立铭:《基因编辑婴儿:小丑与历史》,湖南科学技术出版社2020年版。
5. 程新宇:《人的尊严和生命伦理》,华中科技大学出版社2021年版。
6. 侯宇:《人的尊严之法学思辩》,法律出版社2018年版。
7. 王立铭:《上帝的手术刀:基因编辑简史》,

浙江人民出版社 2017 年版。

8. 梁成意:《中国公民基本权利》,中国政法大学出版社 2016 年版。

9. 徐明:《生命科技问题的法律规制研究》,武汉大学出版社 2016 年版。

10. 孙慕义:《后现代生命伦理学:关于敬畏生命的意志以及生命科学之善与恶的价值图式:生命伦理学的新原道、新原法与新原实》,中国社会科学出版社 2015 年版。

11. 周平:《生殖自由与公共利益的博弈——生殖医疗技术应用的法律规制》,中国社会科学出版社 2015 年版。

12. 谈大正:《生命法学论纲》,法律出版社 2014 年版。

13. 古津贤、李耀文主编:《生命科技法律与伦理》,天津人民出版社 2014 年版。

14. 湛中乐:《生育自由与人权保障》,中国法制出版社 2013 年版。

15. 张小罗:《基因权利法律保障研究》,知识产权出版社 2013 年版。

16. 罗秉祥、陈强立、张颖:《生命伦理学的中国哲学思考》,中国人民大学出版社 2013 年版。

17. 邹利琴:《化解法律与道德之争——以宪法性权利为原则》,社会科学文献出版社 2013 年版。

18. 韩大元:《生命权的宪法逻辑》,译林出版社 2012 年版。

19. 涂玲、卢光琇:《控制生命的按钮——生殖伦理》,上海科技教育出版社 2012 年版。

20. 张烁:《权利话语的生长与宪法变迁》,中国社会科学出版社 2011 年版。

21. 湛中乐：《公民生育权与社会抚养费制度研究》，法律出版社 2011 年版。

22. 沈东：《生育选择引论：辅助生殖技术的社会学视角》，辽宁人民出版社 2010 年版。

23. 王荣发、朱建婷：《新生命伦理学》，华东理工大学出版社 2011 年版。

24. 姚建宗等：《新兴权利研究》，中国人民大学出版社 2011 年版。

25. 樊名等：《生育行为与生育政策》，社会科学文献出版社 2010 年版。

26. 陈明立等：《中国人口法制论》，中国人口出版社 2010 年版。

27. 佟新：《人口社会学》（第 4 版），北京大学出版社 2010 年版。

28. 刘银良：《生物技术法》，北京交通大学出版社 2009 年版。

29. 邱格屏：《人类基因的权利研究》，法律出版社 2009 年版。

30. 周平：《生育与法律：生育权制度解读及冲突配置》，人民出版社 2009 年版。

31. 高桂云、郭琦主编：《生命与社会：生命技术的伦理和法律视角》，中国社会科学出版社 2009 年版。

32. 傅鹤鸣：《法律正义论——德沃金法伦理思想研究》，商务印书馆 2009 年版。

33. 张翔：《基本权利的规范结构》，高等教育出版社 2008 年版。

34. 沈铭贤:《科技哲学与生命伦理》,上海科学出版社 2008 年版。

35. 江国华:《宪法哲学导论》,商务印书馆 2007 年版。

36. 江国华:《立法:理想与变革》,山东人民出版社 2007 年版。

37. 戴剑波:《权利正义论:基于法哲学与法社会学立场的权利制度正义理论》,法律出版社 2007 年版。

38. 钱宁:《社会正义、公民权利和集体主义——论社会福利的政治与道德基础》,中国社会科学出版社 2007 年版。

39. 肖金明:《人权保障与权力制约》,山东大学出版社 2007 年版。

40. 郑贤君:《基本权利研究》,中国民主法制出版社 2007 年版。

41. 张军:《宪法隐私权研究》,中国社会科学出版社 2007 年版。

42. 黄丁全:《医疗法律与生命伦理》(2017 年修订版),法律出版社 2007 年版。

43. 刘银良:《生物技术的法律问题研究》,科学出版社 2007 年版。

44. 张爱燕、李燕:《生命科技的法律问题研究》,山东大学出版社 2007 年版。

45. 戴庆康:《权利秩序的伦理正当性》,中国社会科学出版社 2007 年版。

46. 齐晓安:《东西方生育文化比较研究》,中国人口出版社 2006 年版。

47. 姜玉梅:《中国生育权制度研究》,西南财经大学出版社 2006 年版。

48. 章波等编著:《人类基因研究报告:关于疾病、情智、形貌与行为的遗传学新发现》,重庆出版集团、重庆出版社 2006 年版。

49. 叶俊荣:《天平上的基因:民为贵、Gene 为轻》,台北,元照出版社 2006 年版。

50. 杨长贤等:《生物科技与法律:美国生技发明专利案例分析》,北京大学出版社 2006 年版。

51. 法治斌、董保城:《宪法新论》,台北,元照出版社 2006 年版。

52. 何建志:《基因歧视与法律对策之研究》,北京大学出版社 2006 年版。

53. 李振山:《多元、宽容与人权保障——以宪法未列举权之保障为中心》,台北,元照出版社 2005 年版。

54. 朱福惠:《宪法学原理》,中信出版社 2005 年版。

55. 杨立新:《人格权法专论》,高等教育出版社 2005 年版。

56. 罗玉中:《科技法学》,华中科技大学出版社 2005 年版。

57. 翟晓梅、邱仁宗:《生命伦理学导论》,清华大学出版社 2005 年版。

58. 徐向东:《自由主义、社会契约与政治辩护》,北京大学出版社 2005 年版。

59. 肖君华:《现代生育伦理问题研究》,湖南人民出版社 2005 年版。

60. 倪正茂、陆庆胜:《生命法学引论》,武汉大学出版社 2005 年版。

61. 倪正茂:《生命法学探析》,法律出版社 2005 年版。

62. 武秀英:《法理学视野中的权利——关于性·婚姻·生育·家庭的研究》,山东大学出版社 2005 年版。

63. 易继明:《技术理性、社会发展与自由——科技法学导论》,北京大学出版社 2005 年版。

64. 刘长秋、刘迎霜:《基因技术法研究》,法律出版社 2005 年版。

65. 张宝珠、刘鑫:《医疗告知与维权指南——知情同意权理论与实践》,人民军医出版社 2004 年版。

66. 黄丁全:《医疗、法律与生命伦理》,法律出版社 2004 年版。

67. 蔡定剑:《宪法精解》,法律出版社 2004 年版。

68. 莫纪宏:《宪法学》,社会科学文献出版社 2004 年版。

69. 杨海坤主编:《宪法基本权利新论》,北京大学出版社 2004 年版。

70. 万慧进:《生命伦理学与生命法学》,浙江大学出版社 2004 年版。

71. 任剑涛:《中国现代思想脉络中的自由主义》,北京大学出版社 2004 年版。

72. 杨成铭主编:《人权法学》,中国方正出版社 2004 年版。

73. 张纯元、陈胜利主编:《生育文化学》,中国人口出版社 2004 年版。

74. 刘爽:《全球人口管理:从理论到实践》,中国人口出版社 2004 年版。

75. 袁祖社:《权力与自由:市民社会的人学考察》,中国社会科学出版社2003年版。

76. 颜厥安:《法与实践理性》,中国政法大学出版社2003年版。

77. 吴汉东:《高科技发展与民法制度创新》,中国人民大学出版社2003年版。

78. 陈新民:《宪法基本权利之基本理论》(上、下),台北,元照出版社2002年版。

79. 邓正来:《市民社会理论的研究》,中国政法大学出版社2002年版。

80. 莫纪宏:《现代宪法的逻辑基础》,法律出版社2001年版。

81. 王泽鉴:《民法总则》(增订版),中国政法大学出版社2001年版。

82. 林来梵:《从宪法规范到规范宪法:规范宪法学的一种前言》,法律出版社2001年版。

83. 张田勘:《基因时代与基因经济》,民主与建设出版社2001年版。

84. 李振山:《人性尊严与人权保障》,台北,元照出版社2000年版。

85. 李鸿禧:《宪法与人权》,台北,元照出版社1999年版。

86. 张俊良:《生育行为研究》,西南财经大学出版社1999年版。

87. 陈昌曙:《技术哲学引论》,科学出版社1999年版。

88. 费孝通:《乡土中国 生育制度》,北京大学出版社1998年版。

89. 高国希:《走出伦理困境》,上海社会科学院出版社1996

年版。

90. 廖雅慈:《人工生育及其法律道德问题研究》,中国法制出版社 1995 年版。

91. 李秋洪:《人类生育心理与行为》,广西民族出版社 1995 年版。

92. 王利明:《人格权法新论》,吉林人民出版社 1994 年版。

93. 李泽厚:《回应桑德尔及其他》,牛津大学出版社 2014 年版。

(二) 中文译著

1. 美国科学院研究理事会编:《人类基因组编辑:科学·伦理·管理》,裴端卿等译,科学出版社 2021 年版。

2. [墨]胡安·恩里克斯、[墨]史蒂夫·古兰斯:《重写生命未来》,郝耀伟译,浙江教育出版社 2021 年版。

3. [英]马克·里德利:《孟德尔妖:基因简史》,唐诗语、吕中译,四川人民出版社 2020 年版。

4. [美]珍妮佛·杜德娜、[美]塞缪尔·斯滕伯格:《破天机:基因编辑的惊人力量》,傅贺译,湖南科学技术出版社 2020 年版。

5. 美国国家科学院、美国国家医学院主编:《人类基因组编辑:科学、伦理和监管》,马慧等译,科学出版社 2019 年版。

6. [英]约翰·帕林顿:《重新设计生命:基因组编辑技术如何改变世界》,李雪莹译,中信出版集团 2018 年版。

7. [美]珍妮佛·道纳、[美]山缪尔·史腾伯格:《基因编辑大革命:CRISPR 如何改写基因密码、掌控演化、影响生命的未来》,王惟芬译,台北,天下文化出版社 2018 年版。

8. [法]卢梭:《社会契约论》,何兆武译,商务印书馆 2017 年版。

9. [法]吕克·费希:《超人类革命:生物科技将如何改变我们的未来?》,周行译,湖南科学技术出版社 2017 年版。

10. [法]邦雅曼·贡斯当:《古代人的自由与现代人的自由》,阎克文等译,上海人民出版社 2017 年版。

11. [美]弗兰西斯·福山:《我们的后人类未来:生物技术革命的后果》,黄立志译,广西师范大学出版社 2017 年版。

12. 日本 NHK "基因组编辑" 采访组:《基因魔剪:改造生命的新技术》,谢严莉译,浙江大学出版社 2017 年版。

13. [英]帕特里克·德富林:《道德的法律强制》,马腾译,中国法制出版社 2016 年版。

14. [英]卡尔·皮尔逊:《自由思想的伦理》,李醒民译,商务印书馆 2016 年版。

15. [美]狄百瑞:《中国的自由传统》,李弘祺译,中华书局 2016 年版。

16. [美]史蒂文·门罗·利普金、[美]乔恩·R.洛马:《基因组时代:基因医学的技术革命》,许宗瑞、陈宏斌译,机械工业出版社 2016 年版。

17. [美]罗斯科·庞德:《法律与道德》,陈林林译,商务印书馆 2015 年版。

18. [法]卢梭:《论人类不平等的起源和基础》,李平沤译,商务印书馆 2015 年版。

19. [美]布鲁斯·N.沃勒:《优雅的辩论:关于 15 个社会热点问题的激辩》,杨悦译,中国人民大学出版社 2015 年版。

20.［美］萨拜因:《政治哲学史》,邓正来译,上海人民出版社2015年版。

21.［美］卡尔·威尔曼:《真正的权利》,刘振宇等译,商务印书馆2015年版。

22.［英］詹姆斯·格里芬:《论人权》,徐向东、刘明译,译林出版社2015年版。

23.［美］弗朗西斯·奥克利:《自然法、自然法则、自然权利——观念史中的连续与中断》,王涛译,商务印书馆2015年版。

24.［法］热拉尔·迪梅尼尔、［法］多米尼克·莱维:《新自由主义的危机》,魏怡译,商务印书馆2015年版。

25.［美］弗兰克·梯利:《伦理学导论》,何意译,北京师范大学出版社2015年版。

26.［美］哈罗德·J.伯尔曼:《法律与宗教》,梁治平译,商务印书馆2012年版。

27.［英］约翰·埃默里克·爱德华·达尔伯格-阿克顿:《自由与权力》,侯健、范亚峰译,译林出版社2014年版。

28.［美］艾伦·德肖维茨:《你的权利从哪里来?》,黄煜文译,北京大学出版社2014年版。

29.［美］罗纳德·M.德沃金:《生命的自主权——堕胎、安乐死与个人自由的论辩》,郭贞伶、陈雅汝译,中国政法大学出版社2013年版。

30.［美］迈克尔·桑德尔:《反对完美:科技与人性的正义之战》,黄慧慧译,中信出版社2013年版。

31.［美］迈克尔·桑德尔:《公共哲学:政治中的道德问题》,朱东华、陈文娟、朱慧玲译,中国人民大学出版社2013年版。

32. [德]阿克塞尔·霍耐特:《自由的权利》,王旭译,社会科学文献出版社 2013 年版。

33. [美]迈可·桑德尔:《钱买不到的东西:金钱与正义的攻防》,吴四明、姬健梅译,先觉出版股份有限公司 2012 年版。

34. [英]珍妮·斯蒂尔:《风险与法律理论》,韩永强译,中国政法大学出版社 2012 年版。

35. [英]理查德·贝拉米:《自由主义与现代社会:一项历史论证》,毛兴贵等译,江苏人民出版社 2012 年版。

36. [美]迈克尔·桑德尔:《正义:一场思辨之旅》,黄慧玲译,中信出版社 2012 年版。

37. [美]迈克尔·桑德尔:《自由主义与正义的局限》,万俊人等译,译林出版社 2011 年版。

38. [英]哈特:《法律的概念》,许家馨、李冠宜译,法律出版社 2011 年版。

39. [加]L. W. 萨姆纳:《权利的道德基础》,李茂森译,中国人民大学出版社 2011 年版。

40. [美]凯利·克拉克、[美]安妮·包腾格:《伦理观的故事:人性完善的探究》,陈星宇译,世界知识出版社 2010 年版。

41. [加]许志伟著、朱晓红编:《生命伦理:对当代生命科技的道德评估》,中国社会科学出版社 2006 年版。

42. [美]阿丽塔·L.艾伦、[美]理查德·C.托克音顿:《美国隐私法:学说、判例与立法》,冯建妹等译,中国民主法制出版社 2004 年版。

43. [英]让-弗朗西斯·马蒂编:《伦理观解读人类基因组》,申宗侯、瞿涤主译,复旦大学出版社 2004 年版。

44. [美]柯洛茨克:《复制人的迷思:生殖复制 VS. 医疗复制》,师明睿译,台北,天下文化出版社 2004 年版。

45. [美]列维·施特劳斯:《自然权利与历史》,彭刚译,生活·读书·新知三联书店 2006 年版。

46. [美]罗纳德·德沃金:《自由的法:对美国宪法的道德解读》,刘丽君译,林燕萍校,上海人民出版社 2001 年版。

47. [法]皮埃尔·费迪达:《科学与哲学的对话Ⅱ》,韩劲草等译,生活·读书·新知三联书店 2001 年版。

48. [德]库尔特·拜尔茨:《基因伦理学》,马怀琪译,华夏出版社 2001 年版。

49. [美]杰里米·里夫金:《生物技术世纪——用基因重塑世界》,付立杰、陈克勤、昌增益译,上海科技教育出版社 2000 年版。

50. [美]爱蒂丝·布朗·魏伊丝:《公平地对待未来人类:国际法、共同遗产与世代间衡平》,汪劲、于方、王鑫海译,法律出版社 2000 年版。

51. [美]罗纳德·德沃金:《认真对待权利》,信春鹰、吴玉章译,中国大百科全书出版社 1998 年版。

52. [德]马尔库塞:《单面人》,张伟译,载上海社会科学哲学研究所外国哲学研究室编:《法兰克福学派论著选辑》(上卷),商务印书馆 1998 年版。

53. [美]路易斯·亨金:《权利的时代》,信春鹰、吴玉章、李林译,知识出版社 1997 年版。

54. [斯里兰卡] C. G. 威拉曼特里编:《人权与科学技术发展》,张新宝等译,知识出版社 1997 年版。

55. [美]德沃金:《法律帝国》,李常青译,中国大百科全书出版社1996年版。

56. [美]马克·L.斯泰伯格、[美]莎朗·D.寇斯利:《生物技术暨遗传工程辞典》,严瑞鸿译,台北,猫头鹰出版社1995年版。

(三)期刊论文

1. 李雁飞:《非法植入基因编辑、克隆胚胎罪的解释学审视——对立法批判论的回应》,载《医学与哲学》2024年第3期。

2. 李阳阳:《危害生物安全犯罪刑法立法的理念转型与规范调整》,载《重庆理工大学学报(社会科学)》2024年第1期。

3. 黄竹智:《基因编辑技术规范治理的普惠性进路》,载《南海学刊》2024年第1期。

4. 李森:《滥用基因编辑技术的刑法应对与司法认定——以〈刑法〉第336条之一为视角》,载《武陵学刊》2024年第1期。

5. 宋浩、李振林:《人类基因编辑行为的刑法规制》,载《中国卫生法制》2024年第1期。

6. 孙那、王雅洁:《生殖系细胞基因编辑的法律规制进路》,载《中国医学伦理学》2023年第12期。

7. 张晓肖:《生殖系基因编辑视角下后代人的伦理与法律协同保障机制研究》,载《自然辩证法通讯》2023年第12期。

8. 蒋莉:《人类基因编辑国际法律治理研究》,载《生命科学》2023年第10期。

9. 石经海、林需需:《非法植入基因编辑罪中"情节严重"的司法认定研究》,载《医学与社会》2023年第8期。

10. 郑延谱、薛赛赛:《人类基因编辑行为的刑法规制及思考》,载《法律适用》2023年第7期。

11. 张小罗、黄思远、戴子若:《论我国基因安全风险规制困境及其法律对策》,载《湖南大学学报(社会科学版)》2023 年第 6 期。

12. 刘庭有、陈晓英:《基因编辑技术的伦理问题研究》,载《辽宁工业大学学报(社会科学版)》2023 年第 6 期。

13. 陈明益、黄若云:《运气平等主义视角下可遗传基因编辑技术的伦理审视》,载《山东科技大学学报(社会科学版)》2023 年第 6 期。

14. 毛新志、唐婷:《人类基因编辑滑坡论争议及伦理反思》,载《伦理学研究》2023 年第 6 期。

15. 王巍、唐师哲:《生物技术时代人的尊严何以为能——以基因编辑技术为例》,载《湖南行政学院学报》2023 年第 6 期。

16. 蒋莉:《基因编辑植物法律规制的困境及出路》,载《法学》2023 年第 5 期。

17. 汪潇:《族群发展权视角下的基因编辑技术法律规制》,载《暨南学报(哲学社会科学版)》2023 年第 5 期。

18. 周银珍:《人类胚胎基因编辑技术的伦理困境与规范路径》,载《昆明理工大学学报(社会科学版)》2023 年第 5 期。

19. 张小罗、黄思远:《论基因安全风险的类型及规制原则》,载《湖南警察学院学报》2023 年第 5 期。

20. 张荣钊、吴小帅:《非法植入基因编辑、克隆胚胎罪的教义学阐释》,载《中国卫生法制》2023 年第 5 期。

21. 梁恒瑜、邹淑蓉、李筱永:《非法植入基因编辑胚胎罪的理解与适用探究》,载《中国卫生法制》2023 年第 5 期。

22. 郑玉双:《基因科技伦理的法理划界:以人权为中心展

开》,载《当代法学》2023年第3期。

23. 解志勇、暴明玉:《人类基因增强的生命伦理法规制进路》,载《中国政法大学学报》2023年第3期。

24. 刘忠炫:《基因编辑伦理问题的类型化区分及其法律规制》,载《中国政法大学学报》2023年第3期。

25. 张明阳、杨逢柱:《刍议我国人类基因编辑伦理审查制度》,载《中国卫生法制》2023年第3期。

26. 王昱洲:《基因编辑与基因筛选对人影响的伦理差异研究》,载《自然辩证法研究》2023年第3期。

27. 闫瑞峰、张慧、邱惠丽:《基因编辑技术治理的三维伦理考量:问题、困境与求解》,载《自然辩证法研究》2023年第3期。

28. 郑二威:《刑法介入基因编辑技术的限度——以〈刑法修正案(十一)〉为视域的考察》,载《科学与社会》2023年第3期。

29. 唐伟华:《从基因编辑看欧美对新型基因修饰生物技术的监管及挑战》,载《科学与社会》2023年第3期。

30. 吕群蓉、陈梓铭:《论生殖系基因编辑的规范与监管——基于"基因编辑婴儿"事件的分析》,载《人权法学》2023年第2期。

31. 马天成:《非法植入基因编辑胚胎罪的类型判断——基于保护法益的思考》,载《中国人民公安大学(社会科学版)》2023年第1期。

32. 石佳友、刘忠炫:《基因编辑技术的风险应对:伦理治理与法律规制》,载《法治研究》2023年第1期。

33. 张宇:《基因编辑行为对宪法的挑战及宪法规制》,载《中州大学学报》2023年第1期。

34. 徐祥运、岳宗旭、成思延:《基因编辑技术的社会风险问题再探——以"设计婴儿"事件为例》,载《长沙理工大学学报(社会科学版)》2023 年第 1 期。

35. 林需需:《人类生殖系基因编辑的法律规制研究》,载《医学与哲学》2022 年第 16 期。

36. 范美云:《基因技术专利化的伦理性研究——民法典 1009 条基因人格权维度》,载《牡丹江大学学报》2022 年第 11 期。

37. 郑玉双、刘默:《风险沟通:人体基因编辑技术风险的法律制度构建》,载《学术交流》2022 年第 11 期。

38. 叶良芳:《非法植入基因编辑、克隆胚胎罪的保护法益:基于生命伦理的视角》,载《浙江大学学报(人文社会科学版)》2022 年第 7 期。

39. 刘霜、张雅玮:《非法植入基因编辑胚胎罪侵害法益的界定与论争》,载《贵州大学学报(社会科学版)》2022 年第 6 期。

40. 姚万勤:《基因编辑技术应用伦理审查机制的完善》,载《北京工业大学学报(社会科学版)》2022 年第 6 期。

41. 戴淑琳、姜萍:《人类基因增强技术应用的伦理问题研究综述》,载《昆明理工大学学报(社会科学版)》2022 年第 6 期。

42. 许嫚:《非法植入基因编辑、克隆胚胎罪的理解与判定》,载《锦州医科大学学报(社会科学版)》2022 年第 4 期。

43. 石佳友、刘忠炫:《科技伦理治理的法治化路径——以基因编辑技术的规制为例》,载《学海》2022 年第 5 期。

44. 石佳友、胡新平:《基因编辑中的人权保护》,载《人权》2022 年第 5 期。

45. 张晓肖:《论人类生殖细胞基因编辑中后代人权利的保

障》,载《人权》2022年第5期。

46. 靳雨露:《基因编辑的类型化分析与法律规制进路》,载《人权》2022年第5期。

47. 毛新志:《人类基因编辑的伦理治理框架探究》,载《伦理学研究》2022年第5期。

48. 邓燕虹:《非法植入基因编辑、克隆胚胎罪构成要件分析》,载《中国卫生法制》2022年第5期。

49. 周斌、王灵芝:《从传统伦理到境遇伦理:人类基因干预技术伦理的思维转向》,载《科学技术哲学研究》2022年第5期。

50. 罗霄:《〈中华人民共和国民法典〉视角下人体基因编辑的权利限制与救济》,载《宁夏大学学报(人文社会科学学版)》2022年第5期。

51. 王籍慧:《基因编辑对社会公平非侵害性的另一种证成》,载《自然辩证法通讯》2022年第5期。

52. 李健:《人类基因编辑技术的伦理风险及其社会规制研究》,载《锦州医科大学学报(社会科学版)》2022年第5期。

53. 权麟春:《人类基因编辑的伦理审视》,载《烟台大学学报(哲学社会科学版)》2022年第4期。

54. 陈超:《整体主义视角下非法基因编辑犯罪圈的审查与评价》,载《宜宾学院学报》2022年第4期。

55. 石晶:《人体基因科技风险规制路径的反思与完善——以宪法与部门法的协同规制为视角》,载《法制与社会发展》2022年第2期。

56. 李芬静:《人类胚胎基因犯罪刑法规制的检讨与探索——以〈刑法修正案(十一)〉为基础》,载《南京航空航天大学学报(社会科学版)》2022年第2期。

57. 黎宏:《〈刑法修正案(十一)〉若干要点解析——从预防刑法观的立场出发》,载《上海政法学院学报(法治论丛)》2022年第2期。

58. 黄鹏、于莹:《"基因编辑婴儿"事件中侵权责任的法律规制》,载《中国卫生法制》2022年第2期。

59. 牟瑞瑾、石佳佳、张尤佳:《人类生殖细胞基因编辑技术与宪法的冲突》,载《沈阳工业大学学报(社会科学版)》2022年第1期。

60. 胡新平、石佳友:《我国人类生殖系基因组编辑治理框架的问题及其完善》,载《经贸法律评论》2022年第1期。

61. 贾平:《人类可遗传基因组编辑的伦理和法律治理》,载《经贸法律评论》2022年第1期。

62. 盛豪杰:《非法植入基因编辑、克隆胚胎罪的解读》,载《医学与哲学》2021年第20期。

63. 王慧媛等:《基因编辑技术伦理治理探讨》,载《中国社会科学院院刊》2021年第11期。

64. 彭耀进、周琪:《应对生物技术变革与伦理新挑战的中国方略》,载《中国科学院院刊》2021年第11期。

65. 范月蕾等:《趋势观察:生命科学领域伦理治理现状与趋势》,载《中国科学院院刊》2021年第11期。

66. 陈龙:《法律介入人类基因编辑技术的正当性研究》,载《医学与社会》2021年第10期。

67. 刘静:《基因编辑与人的尊严——关于基因技术革命的伦理学思考》,载《学术月刊》2021年第9期。

68. 于柏华：《增强后代基因的权利基础及其界限》，载《浙江社会科学》2021年第8期。

69. 张海柱：《新兴科技风险、责任伦理与国家监管——以人类基因编辑风险为例》，载《人文杂志》2021年第8期。

70. 陈龙：《人类基因编辑技术的伦理风险之维》，载《自然辩证法通讯》2021年第8期。

71. 刘艳红：《化解积极刑法观正当性危机的有效立法——〈刑法修正案（十一）〉生物安全犯罪立法总置评》，载《政治与法律》2021年第7期。

72. 刘楚翘、刘海廷：《法学介入生物基因编辑技术的必要性思考——以人类基因编辑技术及其事件为例》，载《沈阳农业大学学报（社会科学版）》2021年第6期。

73. 魏汉涛：《人类基因编辑行为的刑法规制》，载《法商研究》2021年第5期。

74. 虞红平、叶斌宇：《非法植入基因编辑、克隆胚胎罪之法教义学检视》，载《医学与法学》2021年第5期。

75. 马永强：《基因科技犯罪的法益侵害与归责进路》，载《法制与社会发展》2021年第4期。

76. 石佳友、庞伟伟：《人体基因编辑活动的协同规制——以〈民法典〉第1009条为切入点》，载《法学论坛》2021年第4期。

77. 王文娟：《生殖系基因编辑技术风险的样态评价与刑事规制路径——基于中国首例"基因编辑婴儿"案刑事裁判的思考》，载《中国人民公安大学学报（社会科学版）》2021年第4期。

78. 余厚宏：《人类胚胎基因编辑中的权利冲突解析》，载《交大法学》2021年第4期。

79. 杨健、刘冠合:《人类胚胎基因编辑的多维风险与立法规制——〈民法典〉的人格权视阈关照》,载《科技与法律(中英文)》2021年第4期。

80. 陈龙:《人类基因编辑技术的立法价值和程序要求》,载《医学与社会》2021年第4期。

81. 唐伟华:《从刑法歉抑到个人自治:贺建奎案与人类种系基因修饰的法律规制》,载《青海民族研究》2021年第4期。

82. 陈哲璇:《基因编辑婴儿私法权利的保障》,载《中国卫生法制》2021年第4期。

83. 葛金芬:《基因编辑犯罪刑罚正当性根据的检视》,载《科技与法律(中英文)》2021年第3期。

84. 沈振甫:《论现代生物技术风险的刑法规制——兼评〈刑法修正案(十一)〉第38、39条》,载《科技与法律(中英文)》2021年第3期。

85. 阴建峰、冷枫:《非法植入基因编辑、克隆胚胎罪之检视与完善》,载《扬州大学学报(人文社会科学版)》2021年第3期。

86. 夏荣宇、张海波:《新兴风险的包容性治理——以"基因编辑婴儿事件"为例》,载《贵州社会科学》2021年第3期。

87. 俞伟:《宪法学视野中的人类基因编辑》,载《福建论坛(人文社会科学版)》2021年第3期。

88. 詹红星、叶梦燕:《生殖系基因编辑技术的刑法规制》,载《湖南工业大学学报(社会科学版)》2021年第3期。

89. 姜涛:《基因编辑之刑法规制及其限度》,载《东方法学》2021年第2期。

90. 郭春甫、李远志:《人类基因编辑技术风险的"监管缝隙"

及其全周期管理策略》,载《南京社会科学》2021 年第 2 期。

91. 姚万勤:《基因编辑技术应用的刑事风险与刑法应对——兼及〈刑法修正案(十一)〉第 39 条的规定》,载《大连理工大学学报(社会科学版)》2021 年第 2 期。

92. 吴梓源:《从个体走向共同体:当代基因权利立法模式的转型》,载《法制与社会发展》2021 年第 1 期。

93. 崔丽:《民法典第 1009 条:基因人格权的创设、证成与实现》,载《东方法学》2021 年第 1 期。

94. 刘洪佐:《基因编辑技术的伦理反思:复杂性、不确定性与理性的局限性》,载《东北大学学报(社会科学版)》2021 年第 1 期。

95. 杨丹:《生命科技时代的刑法规制——以基因编辑婴儿事件为中心》,载《法学杂志》2020 年第 12 期。

96. 阮凯:《人类基因技术的伦理合理性建构——哈贝马斯交往行动理论的视域》,载《自然辩证法通讯》2020 年第 7 期。

97. 唐魁玉、张旭:《基因编辑技术的伦理问题及其实践理性批判》,载《自然辩证法通讯》2020 年第 7 期。

98. 李思雯:《人体基因编辑的伦理问题及程序性出路》,载《自然辩证法通讯》2020 年第 7 期。

99. 石佳友、庞伟伟:《人体基因编辑活动的民法规制:以〈民法典〉第 1009 条的适用为例》,载《西北大学学报(哲学社会科学版)》2020 年第 6 期。

100. 何怀宏:《基因工程的伦理动机与消极后果预防》,载《武汉大学学报(哲学社会科学版)》2020 年第 5 期。

101. 章小杉:《人类胚胎基因编辑的宪法界限:一个基于尊严

的分析》,载《大连理工大学学报(社会科学版)》2020年第5期。

102. 孙道锐、王利民:《人类基因编辑技术社会风险的法律治理》,载《南通大学学报(社会科学版)》2020年第4期。

103. 王康:《基因编辑婴儿事件受害人的请求权》,载《法律科学(西北政法大学学报)》2020年第3期。

104. 陈姿含:《基因编辑法律规制实践研究:以民事诉讼目的为视角》,载《法学杂志》2020年第3期。

105. 郑玉双、刘默:《人类基因编辑的行政监管》,载《预防青少年犯罪研究》2020年第1期。

106. 侯宇:《基因编辑婴儿之法学省思》,载《甘肃政法学院学报》2020年第1期。

107. 张如、魏汉涛:《人类基因编辑技术发展的刑法应对——以现代风险治理为视角》,载《学术界》2020年第1期。

108. 朱振:《人类基因编辑的伦理与法律规制》,载《检察风云》2019年第24期。

109. 陈景辉:《有理由支持基因改进吗?》,载《华东政法大学学报》2019年第5期。

110. 韩大元等:《基因编辑的法律与伦理问题》,载《法律与伦理》2019年第1期。

111. 王福玲:《"人是目的"的限度——生命伦理学视域的考察》,载《中国人民大学学报》2017年第6期。

112. 徐海燕:《论体外早期人类胚胎的法律地位及处分权》,载《法学论坛》2014年第4期。

113. 姚国建:《宪法是如何介入家庭的?——判例法视角下的美国宪法对家庭法的影响及其争拗》,载《比较法研究》2011年第 6 期。

　　114. 申卫星：《从生到死的民法学思考——兼论中国卫生法学研究的重要性》，载《湖南社会科学》2011 年第 2 期。

　　115. 潘爱国：《论公权力的边界》，载《金陵法律评论》2011 年第 1 期。

　　116. 张正文、张先昌：《公法、私法的界分与私权保护——以权利为中心》，载《江汉论坛》2010 年第 7 期。

　　117. 万广军、杨遂全：《论基因遗传权的保护——以单身女性生育权和死刑犯父母人身权为视角》，载《上海政法学院学报（法治论丛）》2010 年第 6 期。

　　118. 杨帆：《辅助生殖技术对生育权的冲击及立法调整》，载《法学杂志》2010 年第 4 期。

　　119. 刘长秋：《生命法三论》，载《法学评论》2010 年第 3 期。

　　120. 韩缨：《利益的分配与平衡：人类基因权利问题浅议》，载《青海社会科学》2009 年第 3 期。

　　121. 邱格屏：《人类基因财产权分析》，载《学术论坛》2008 年第 6 期。

　　122. 赵西巨：《人体组织提供者法律保护模式之建构》，载《科技与法律》2008 年第 2 期。

　　123. 孟宪平：《科技法发展对人权的双重影响及解蔽思路》，载《江汉大学学报（社会科学版）》2008 年第 1 期。

　　124. 王少杰：《论基因权》，载《青岛科技大学学报（社会科学版）》2008 年第 1 期。

　　125. 李崇僖：《人体基因研究之伦理规范问题初探》，载《月旦法学杂志》2007 年第 2 期。

126. 刘宏恩:《试评日本基因资料库之相关伦理规范与制度设计——以其组织运作及告知后同意问题之处理为讨论核心》,载《月旦法学杂志》2007 年第 2 期。

127. 牛惠之:《跨国人体实验相关伦理与法律问题》,载《月旦法学杂志》2007 年第 2 期。

128. 尚志红:《论人类基因提供者利益的法律保护》,载《北方工业大学学报》2007 年第 2 期。

129. 曾淑瑜:《论基因歧视》,载《华网法粹》2007 年第 39 期。

130. 焦兴铠:《工作场所基因测试在美国所引起之就业歧视争议》,载《台湾大学法学论丛》2006 年第 6 期。

131. 王少杰:《论基因资源及其法律保护》,载《中共南京市委党校南京市行政学院学报》2005 年第 1 期。

132. 余信达:《从人性尊严与伦理道德之定位探索基因相关技术之可专利性》,载《月旦法学杂志》2005 年第 123 期。

133. 王少杰:《专利的神话——基于基因知识产权保护的思考》,载《甘肃社会科学》2005 年第 6 期。

134. 蔡维音:《人体基因科技研究所衍生智慧财产权之归宿原则》,载《成大法学》2003 年第 6 期。

135. 王少杰:《论基因时代知识产权的法理革命》,载《海南大学学报(人文社会科学版)》2003 年第 4 期。

136. 王迁:《论基因歧视现象引发的法学课题——"基因歧视"法律问题专题研究之一》,载《科技与法律》2003 年第 3 期。

137. 王少杰:《基因伦理道德探析》,载《学术论坛》2003 年第 1 期。

138. 胡瓷红:《法律与基因的对话——生命法学的现实问题

研究》,载《公法研究》2002年第1辑。

139. 姜萍、殷正坤:《人体研究中的知情同意问题研究综述》,载《哲学动态》2002年第12期。

140. 诸程骏、刘俊:《人类基因资源提取的跨国保护——基于哈佛大学在安徽的基因研究项目的个案分析》,载《法学》2002年第11期。

141. 孙皓琛:《基因研究中主要法律问题之探讨》,载《中国政法大学研究生法学》2002年第1期。

142. 黄玉烨:《人类基因提供者利益分享的法律思考》,载《法商研究》2002年第6期。

143. 杨秀仪:《病人、家属、社会:论基因年代病患自主权可能之发展》,载《台湾大学法学论丛》2002年第5期。

144. 李文、王坤:《基因隐私及基因隐私权的民事法律保护》,载《武汉理工大学学报(社会科学版)》2002年第4期。

145. 王少杰:《对我国基因保护的几点法律思考》,载《西北第二民族学院学报(哲学社会科学版)》2002年第3期。

146. 秦义龙:《基因专利浅谈》,载《当代法学研究》2002年第2期。

147. 吕建斌:《基因、伦理及其法律问题》,载《科技与法律》2002年第1期。

148. 孙东雅:《人体基因图谱与隐私权若干问题研究——保险公司是否应知晓投保人个人基因资料》,载《福建政法管理干部学院学报》2002年第1期。

149. 王德彦:《人类基因组计划与基因知情权》,载《科学技术与辩证法》2001年第5期。

150. 邱仁宗:《高新生物技术化伦理问题》,载《自然辩证法研究》2001年第5期。

151. 赵振江、刘银良:《人类基因组计划的法律问题研究》,载《中外法学》2001年第4期。

152. 王素娟:《由人类基因组图谱公布引发的对隐私权问题的思考》,载《法学杂志》2001年第2期。

153. 李卫文:《改变世界的科学计划——人类基因组计划》,载《生物学杂志》2001年第2期。

154. 王延光:《人类基因组研究及其伦理问题》,载《道德与文明》2001年第2期。

155. 祝学华、王鼎:《澳大利亚基因技术管理、立法及启示》,载《科技与法律》2001年第2期。

156. 贺更行:《"克隆人":无所适从的人生》,载《自然辩证法研究》2000年第3期。

157. 苏力:《法律与科技问题的法理学重构》,载《中国社会科学》1999年第5期。

158. 孔幼真:《论科学技术进步对人权发展的影响》,载《政治与法律》1995年第6期。

159. 牛惠之:《科技法律议题之研究》,载《月旦法学杂志》1994年第116期。

(四)学位论文

1. 石晶:《人体基因科技风险的国家预防义务》,吉林大学2021年博士学位论文。

2. 秦勤:《人类基因编辑技术的接受意愿和风险防范研究》,天津大学 2021 年博士学位论文。

3. 吴庆懿:《桑德尔基因伦理思想研究——基于唯物史观视域的分析》,武汉理工大学 2021 年博士学位论文。

4. 牛彬彬:《人体资源利用法律制度研究》,武汉大学 2020 年博士学位论文。

5. 汤晓江:《高新生命科技应用的法律规制研究》,华东政法大学 2017 年博士学位论文。

6. 杜珍媛:《科技发展之人类基因权利研究》,南京大学 2014 年博士学位论文。

7. 王康:《基因权的私法规范》,复旦大学 2012 年博士学位论文。

8. 张小罗:《基因权利研究》,武汉大学 2010 年博士学位论文。

(五)法律文件(现行有效)

1.《民法典》(2020 年 5 月 28 日第十三届全国人民代表大会第三次会议通过)

2.《刑法修正案(十一)》(2020 年 12 月 26 日第十三届全国人民代表大会常务委员会第二十四次会议通过)

3.《生物安全法》(2020 年 10 月 17 日第十三届全国人民代表大会常务委员会第二十二次会议通过)

4.《人类遗传资源管理条例》(国务院令第 777 号)

5.《医疗技术临床应用管理办法》(国家卫生健康委员会令第

1号)

6.《生物技术研究开发安全管理办法》(国科发社〔2017〕198号)

7.《干细胞临床研究管理办法(试行)》(国卫科教发〔2015〕48号)

8.《人类辅助生殖技术规范》(卫科教发〔2003〕176号)

9.《人胚胎干细胞研究伦理指导原则》(国科生字〔2003〕460号)

10.《人类精子库管理办法》(卫生部令第15号)

二、外文类参考文献

(一)外文专著

1. WHO Expert Advisory Committee on Developing Global Standards for Governance and Oversight of Human Genome Editing, *Human Genome Editing: A Framework for Governance*, World Health Organization, 2021.

2. WHO Expert Advisory Committee on Developing Global Standards for Governance and Oversight of Human Genome Editing, *Human Genome Editing: Position Paper*, World Health Organization, 2021.

3. World Health Organization, *Thirteenth General Programme of Work: Methods for Impact Measurement*, 2020.

4. E. Parens & J. Johnston eds., *Human Flourishing in an Age of Gene Editing*, Oxford University Press, 2019.

5. A. Buchanan et al. , *From Chance to Choice*: *Genetics and Justice*, Oxford University Press, 2019.

6. *Second International Summit on Human Genome Editing Continuing the Global Discussion*: *Proceedings of a Workshop in Brief*, The National Academies Press, 2019.

7. Anne-Marie Duguet et al. , *Ethical and Legal Frameworks for Embryonic Stem*, *Cell Based Research in France and in Europe*: *A Challenge for Biotechnology*, Biotechnology Medicine and Law, 2018.

8. Nuffield Council on Bioethics, *Genome Editing and Human Reproduction*: *Social and Ethical Issues*, 2018.

9. World Economic Forum, *Agile Governance*: *Reimagining Policy-making in the Fourth Industrial Revolution*, White paper, 2018.

10. National Academies of Sciences, Engineering and Medicine, *Human Genome Editing*: *Science*, *Ethics and Governance*, The National Academies Press, 2017.

11. Nuffield Council on Bioethics, *Genome Editing*: *An Ethical Review*, 2016.

12. S. Clarke et al. , *The Ethics of Human Enhancement*: *Understanding the Debate*, Oxford University Press, 2016.

13. G. Fletcher, *The Philosophy of Well-being*: *An Introduction*, Routledge, 2016.

14. Elsy Boglioli & Magali Richard, *Rewriting the Book of Life*: *A New Era of Precision Gene Editing*, The Boston Consulting Group, 2015.

15. Nuffield Council of Bioethics, *Ideas about Naturalness in*

Public and Political Debates about Science, Technology and Medicine, 2015.

16. Nuffield Council on Bioethics, *Novel Techniques for the Prevention of Mitochondrial DNA Disorders*, An Ethical Review, 2012.

17. S. Wilkinson, *Choosing Tomorrow's Children: The Ethics of Selective Reproduction*, Oxford University Press, 2010.

18. J. Harris, *Enhancing Evolution*, Princeton University Press, 2010.

19. E. F. Kittay & L. Carlson eds., *Cognitive Disability and its Challenge to Moral Philosophy*, John Wiley & Sons, 2010.

20. Charles P. Kindregan & Jr. Maureen Mcbrien, *Assisted Peproductive Technology, A Lawyer's Guide to Emerging Law and Science*, 2nd edition, American Bar Association, 2010.

21. K. Buse, W. Hein & N. Drager, *Making Sense of Global Health Governance: A Policy Perspecrive*, Palgrave Macmillan, 2009.

22. Matthew H. Kramer, *Objectivity and the Rule of Law*, Cambridge University Press, 2007.

23. Daar & Judth, *Reproductive Technologies and the Law*, Matthew Bender, 2006.

24. M. Powers & R. Faden, *Social Justice: The Moral Foundations of Public Health and Health Policy*, Oxford University Press, 2006.

25. Eryl McNally et al., *Ethical, Legal and Social Aspects of Genetic Testing: Research, Development and Clinical Applications*, Office for Official Publications of the European Communities, 2004.

26. Anne-Marie Slaughter, *A New World Order*, Princeton University Press, 2004.

27. David Hoffman et al., *Cryopreserved Embryos in the United States and Their Availability for Research*, Fertility & Sterlity, 2003.

28. Jürgen Habermas, *The Future of Human Nature*, Polity Press, 2003.

29. T. A. Brown, *The Human Genome*, 2nd edition, Wiley-Liss, 2002.

(二) 期刊论文

1. Elise Roumeau, *L'embryon comme objet d'expérimentation de retour devant lejuge consrinurionnel*, La Revue des droits de l'homme [En ligne], Actualités DroitsLibertés, mis en ligne le 25 octobre 2021, http://journals. openedition. org/revdh/13047.

2. JÃér'me Leborne, L'embryon et le fetus, *entre personne et chose, entre science eidroit: des protections d'intérÃts*, Revue générale du droit, 2020, numéro 51180.

3. E. D. Green et al., *Strategic Vision for Improving Human Health at the Forefront of Genomics*, 586 Nature 683 (2020).

4. Mike Broeders et al., *Sharpening the Molecular Scissors: Advances in Gene Editing Technology*, 23 Science 1 (2020).

5. Bon Ham Yip, *Recent Advances in CRISPR/Cas 9 Delivery Strategies*, 10 Biomolecules 839 (2020).

6. Misha Angrist & Kevin Davies, *Reactions to the National Academies/Roya! Society Report on Heritable Human Genome Editing*, 3 The CRISPR Journal 333 (2020).

7. Jennifer Kuzma & Khara Grieger, *Community-led Governance for Gene-edited Crops*, 370 Science 916 (2020).

8. Baylis P. et al., *Human Germline and Heritable Genome Editing: The Global Policy Landscape*, 4 The CRISPR Journal 4 (2020).

9. Dorota Krekora-Zajac, *Civil Liability for Damages Related to Germline and Embryo Editing Against the Legal Admissibility of Gene Editing*, 6 Palgrave Communications 1 (2020).

10. Roberto Andorno et al., *Geneva Statement on Heritable Human Genome Editing: the Need for Course Correction*, 38 Trends in Biotechnology 351 (2020).

11. David Archard, et al., *Human-Genome Editing: Ethics Councils Call to Governments Worldwide*, 579 Nature 29 (2020).

12. Rumiana Yotova, *Regulating Genome Editing under International Human Rights Law*, 69 International and Comparative Law Quarterly 653 (2020).

13. Carolyn Riley Chapman et al., *Genetic Discrimination: Emerging Ethical Challenges in the Context of Advancing Technology*, 7 Journal of Law and the Biosciences 16 (2020).

14. Rumiana Yotova, *Regulating Genome Editing under International Human Right Law*, 69 International and Comparative Law Quarterly 653 (2020).

15. Brita C. Van Beers, *Rewriting the Human Genome ,Rewriting Human Rights Law*? *Human Rights, Human Dignity, and Human Germline Modification in the CRISPR Era*,7 Journal of Law and the Biosciences 6 (2020).

16. Hikita Sharma et al. ,*Development of Mitochondrial Replacement Therapy: A. Review*,6 Heliyon E04643(2020).

17. C. Schickhardt, H. Fleischer & E. C. Winkler, *Do Patients and Research Subjects have a Right to Receive their Genomic Raw Data? An Ethical and Legal Analysis*,21 BMC Med Ethics 7 (2020).

18. Bénédicte Bévière-Boyev, *Réflexions éthiques et juridiques sur la modifcationgenétique constitutionnelle des cellules gerinales humaines*, Revaue générale de droitmēdicale,2020,77:229 – 244.

19. Mesnil & Marie, *Les recherches sur lembryon, lescellules souchesembryonnaires et les cellules pluripotentes induites: un encadrement en plein evolution*, Journal du Droit de la Sante et de lAssurance-Maladie,2020,1:77 – 83.

20. Anne Gilson-Maes, *a libéralisation de la recherche sur l'embryon humain et surles cellules souches issues du corps humain dans le projet de loi relatif à la bioéthique*, Médecine & Droit,2020, 162:58 – 67.

21. H. Bowman-Smart et al. , *Sex Selection and Non-invasive Prenatal Teaing: Review of Curren, Practices, Evidence, and Ethical Issues*,40 Prenatal Diagnosis 39(2020).

22. Yann Joly et al. ,*Looking Beyond Gina: Policy Approaches*

to Address Genetic Discrimination, 20 Review of Genomics and Human Genetics 491(2020).

23. Thomas Douglas & Katrien Devolder, *A Conception of Genetic Parenthood*, 33 Bioethics 54(2019).

24. Henry T. Greely, *CRlSPR'd Babies: Human Germline Genome Editing in the "He. Jiankui Affair"*, 6 Journal of Law and the Biosciences 111(2019).

25. Huang Ching-Ying et al., *Human Ipsc Banking: Barriers and Opportunities*, 26 Journal of Biomedical Science 1 (2019).

26. Lei Ruipeng et al., *Reboot Ethics Governance in China*, 569 Nature 184(2019).

27. C. Gyngell, H. Bowman-Smart & J. Savulescu, *Moral Reasons to Edit the Human Genome: Picking up from the Nufield Report*, 45 J Med Ethics 514(2019).

28. D. Bavelier et al., *Rethinking Human Enhancement as Colective Wefarim*, 3 Nature Human Behaviour 204 – 206(2019).

29. Fida Kamal Dankar, Andrey Ptitsyn & Samar Dankar, *The Development of Large-scale De-identified Biomedical Databases in the Age of Genomics-principles and Challenges*, 12 Human Genomics 1(2018).

30. Elisabeth Toulouse et al., *French Legal Approach to Clinical Research*, 37 Anaesthesia Critical Care and Pain Medicine 607(2018).

31. S. M. Capelouto et al., *Sex Selection for Non-medical Indications: A Survey of Current Pre-implantation Genetic Screening*

Practices Among U, S. ART Clinics, 35 Journal of Assisted Reproduction and Genetics 409 (2018).

32. R. Kippen, E. Gray & A. Evans, *High and Growing Disapproval of Sex-selection Technology in Australia*, 15 Reproductive Health 134(2018).

33. David Cyranosko & Heidi Ledford, *International Outcry over Genome-edited Baby Claim*, 563 Nature 607(2018).

34. L. Na et al., *Feasibility of Reidentifying Individuals in Large National Physical Activity Data Sets from Which Protected Health Information has been Removed with Use of Machine Learning*, 1 JAMA Netw Open E186040(2018).

35. P. Calvas, *Génétique médicale et loi de réforme de la biologie*, Droit, Sante et Societe, 2018(1):29-40.

36. M. Garnett, *Coercion: The Wrong and the Bad*, 128 Ethics 545(2018).

37. C. Brokowski, *Do Genome Ethics Statements Cut it?*, 1 The CRISPR Journal 115(2018).

38. G. Cavallere, *Genome Editing and Assisted Reproduction: Curing Embryos Sociery or Prospective Parents?*, 21 Medicine, Health Care and Philosophy 215-225(2018).

39. Kelly E. Ormond et al., *Human Germline Genome Editing*, 101 The American Journal of Human Genetics 167(2017).

40. Dana Carroll, *Genome Editing: Past, Present, and Future*, 90 Yale Journal of Biology and Medicine 653(2017).

41. H. Ma et al. , *Correction of a Pathogenic Gene Mutation in Human Embryos* ,548 Nature 413(2017).

42. Kelly E. Ormond et al. , *Human Germline Genome Editing*, 101 The American Journal of Human Genetics 167(2017).

43. Peter Sykora & Arthur Caplan, *Germline Gene Therapy in Compatible with Human Digniy*, 18 EMBO Reports 2086(2017).

44. Giulia Cavaliere, *A 14 - Day Limit for Bioethics: The Debate over Human Embryo Research*, 18 BMC Medical Ethics 38 (2017).

45. G. Owen Schaefer & Markus K. Labude, *Genetic Affinity and the Right to "Three-parent IVF"*, 34 Journal of Assisted Reproduction and Genetics 1577(2017).

46. Hervé Chneiweiss et al. , *Fostering Responsible Research with Genome Editing Technologies: A European Perspecrive*, 26 Transgenic Research 709 (2017).

47. Daniel Gregorowius, Nikola Biller-Andorno & Anna Deplazes-Zemp, *The Role of Scientific Selfregulation for the Control of Genome Editing in the Human Germline: The Lessons from the Asilomar and the Napa Meetings Show how Self-regulation and Public Deliberation can Lead to Regulation of New Biotechnologies*, 18 EMBO Reports 355 (2017).

48. Tina Rulli, *The Mitochondrial Replacement "therapy" Myth*, 31 Bioethics 368(2017).

49. C. Gyngell, T. Douglas & J. Savulescu, *The Ethics of Gene*

Editing, 34 Journal of Applied Philosophy 498 – 513 (2017).

50. C. Herbrand, *Mitochondrial Replacement Techniques: Who are the Potential Users and Will They Benefit?*, 31 Bioethics 46 (2017).

51. E. A. Partridge et al., *An Extra-uterine System to Physiologically Support the Extreme Premature Lamb*, 8 Nature Communications 15112 (2017).

52. Thomas Klopstock, Barbara Klopstock & Holger Prokisch, *Mitochondrial Replacement Approaches: Challenges for Clinical Implementation*, 8 Genome medicine 1 (2016).

53. C. E. Smith et al., *Using Genetic Technologies to Reduce, Rather Than Widen Health Disparities*, 35 Health Aff 1367 (2016).

54. Glenn Cohen & Eli Y. Adashi, *The FDA is Prohibited from Going Gerline*, 353 Science 545 (2016).

55. Jane Kaye et al., *Dynamic Consent: A Patient Interface for Twenty-first Century Research Networks*, 23 European Journal of Human Genetics 141 (2015).

56. Daniel B. Thiel et al., *Testing an Online, Dynamic Consent Portal for Large Population Biobank Research*, 18 Public Health Genomics 26 (2015).

57. Jonathan Pugh, *Autonomy, Natality and Freedom: A Liberal Re-examination of Habermas in the Enhancement Debate*, 29 Bioethics 145 (2015).

58. D. Cyranoski & S. Reardon, *Embryo Editing Sparks Epic*

Debate,520 Namure S93(2015).

59. P. Liang et al. , *CRISPR/Cas 9-Mediated Gene Editing in Human Tripronuclear Zygotes*,6 Protein Cell 363(2015).

60. Samvel Varva Stian, *UK's Legalisation of Mitochondrial Donation in IVF Treatment：A Challenge to the International Community or a Promotion of Life-saving Medical Innovation to be Followed by Others?*,22 European Journal of Health Law 40s(2015).

61. Neil Gemmell & Jonci N. Wolff, *Mitochondrial Replacement Therapy：Cautious by Replace the Master Manipulator*,37 BioEssays 584 (2015).

62. Sparrow R. , *Imposing Genetic Diversity*, 15 The American Journal of Bioethics 2(2015).

63. Jie Qiao et al. ,*The Root of Reduced Fertility in Aged Women and Possible Therapentic Options：Current Status and Future Perspects*, 38 Molecular Aspects Medicine 54(2014).

64. Doron Shulztiner & Guy E. Carmi,*Human Dignity in National Constitutions：Functions, Promises and Dangers*, 62 The American Journal of Comparative Law 461(2014).

65. C. A. Easley, C. R. Simerly & G. Schatten, *Gamete Derivation from Embryonic Stem Cells, Induced Pluripotent Stem Cells or Somatic Cell Nuclear Transfer-derived Embryonic Stem Cells：Siate of the Art*,27 Reproduction,Fertility and Development 89(2014).

66. Feng Zhang et al. , *Multiplex Genome Engineering Using CRISPR/Cas Systems*,339 Science 819(2013).

67. George M. Church et al. , *RNA-Guided Human Genome Engineering Via Cas* 9 ,339 Science 823(2013).

68. Practice Committees of American Society for Reproductive Medicine, *Society for Assisted Reproductive Technology: Mature Oocyte Cryopreservation: A Guideline*, 99 Fertility and Sterility 37 (2013).

69. William Mc Connell, *Human Embryonic Stem Cell Research and the Constitutionality of the Dickey-Wicker Amendment*, 389 Law School Student Scholarship 1(2013).

70. Jean-Paul Costa, *Human Dignity in the Jurisprudence of the European Court of Human Rights*, in Christopher Mc Crudden ed. , 192 Understanding Human Dignity-Proceedings of the British Academy 393(2013).

71. Zubin Master & David B. Resnik, *Incorporating Exclusion Clauses into Informed Consent for Biobanking*, 22 Quarterly of Healthcare Ethics 203 (2013).

72. Eline M. Bunnik et al. , *A Tiered-layered-staged Model for Informed Consent in Personal Genome Testing*, 21 European Journal of Human Genetics 596(2012).

73. R. Garland-Thomson, *The Case for Conserving Disability*, 9 Journal of Bioethical Inquiry 339 – 355(2012).

74. Els Geelen et al. , *Unravelling Fears of Genetic Discrimination: An Explorator Study of Dutch HCM Families in an Era of Genetic Non-discrimination Acts*, 20 European Journal of Human Genetics

1018(2012).

75. M. Jinek et al. ,*A Programmable Dual-RNA-Guided DNA Endonuclease in Adaptive Bacterial Immunity*, 337 Science 816 (2012).

76. Aaron Levine, *Policy Uncertainty and the Conduct of Stem Cell Research*, 8 CellStem Cell 132(2011).

77. Middelburg K. J. , Van Der Heide M. , Houtzager B. et al. , *Mental , Psychomotor , Neurologic , and Behavior Outcomes of 2 – Year-Old Children Born After Preimplantation Genetic Screening: Follow-up of a Randomized Controlled Trial*, 96 Fertility & Sterility 1(2011).

78. George Annas, *Resurrection of a Stem-Cell Funding Barrier-Dickey-Wicker in Court*, 363 New England Journal of Medicine 1687 (2010).

79. Varnee Murugan, *Embryonic Stem Cell Research: A Decade of Debate from Bushto Obama*, 82 The Yale Journal of Biology and Medicine 101(2009).

80. J. Wolff, *Disability, Status Enhancement, Personal Enhancement and Resource Allocation*, 25 Economics Philosophy 49 –68(2009).

81. Steven Pinker, *The Stupidity of Dignity: Conservative Bioethics' Latest, Most Dangerous Ploy*, 238 The New Republic 28 (2008).

82. Hristopher McCrudden, *Human Dignity and Judicial Interpretation of Human Rights*, 19 The European Journal of

International Law 655 (2008).

83. P. Carinci & Y. Hayashizaki, *Non-coding RNA Transcription beyond Annotated Genes*, 17 Current Opinion in Genetics & Development 139(2007).

84. D. Sprumont,G. Roduit & A. Pea,*L'apport du droit comparé jurisprudentiel àl'élaboration d'une coutume internationale en sciences de la vie: l'exemple du statut del'embryon*, Journal International de Bioéthique,2006,17(1 -2):69 -94.

85. Herbert Gottweis & Barbara Prainsack,*Emotion in Political Discourse: Contrasting Approaches to Stem Cell Governance in the USA, UK*,Israel and Germany,1 Regenerative Medicine 823(2006).

86. E. J. Emanuel,*Undue Inducement: Nonsense on Stilts?*,5 The American Journal of Bioethics 9(2005).

87. Roberto Andomo, *The Oviedo Convention: A European Legal Framework at Intersection of Human Rights and Health,Law*, 2 Fournal of International Biotechnology Law 133(2005).

88. F. M. Kamm,*Is There a Problem with Enhancement?*,5 The American Bioethics 5(2005).

89. C. M. Mazzoni,*La protection réel de l'embryon*,Droit et société,2005,1 (60):499 -512.

90. Deckers J. ,*Why Current UK Legislation On Embryo Research is Immoral,How the Argument from Lack of Qualities and the Argument from Potentiality have been Applied and Why They Should be Rejected*, 19 Bioethics 251(2005).

91. Yury Verlinsky et al., *Over a Decade of Experience With Preimplantation Genetic Diagnosis: A Multicenter Report*, 82 Fertility & Sterility 292(2004).

92. Sally Sheldom & Stephen Wilkinson, *Savior Siblings: Hashimi and Whitaker, An Unjustifiable and Misguided Distinction*, 12 Med, Rev. 137(2004).

93. *Stem-CellResearch: Chicago Labs Help Create Five Babies to Become Future Donors*, Law & Health Weekly 742(2004).

94. Lindsay Fortado, *Born Into Legal Limbo: Kids Conceived Posthumously Are Winning In Court*, 2 Nat'l. L. J. 1(2004).

95. Kristine S. Knaplund, *Postmortem Conception and a Father's Last Will*, 46 Ariz. L, Rev. 91, 92(2004) (citing a report in the Sydney Morning Herald, July 12, 1977).

96. Lawrence Werlin, et al., *Preimplantation Genetic Diagnosis as both a Therapeutic and Diagnostic Tool in Assisted Reproductive Technology*, 80 Fertility & Sterility 467(2003).

97. Susan M. Wolf et al., *Using Preimplantation Genetic Diagnosis to Create a Stem Cell Donor: Issues, Guidelines & Limits*, 31 J. L. Med. & Ethics(2003).

98. Leon Kass, *Ageless Bodies, Happy Souls: Biotechnology and the Pursuit of Perfection*, The New Atlantis 24(2003).

99. J. A. Robertson, *Extending Preimplantation Genetic Diagnosis: Medicate and Non-medical Uses*, 29 Journal of Medical Ethics 213 (2003).

100. Béatrice Godard et al. , *Genetic Information and Testing in Insurance and Employment: Technical, Social and Ethical Issues*, 11 European Journal of Human Genetics S123(2003).

101. Anne Mainsbridge, *Employers and Genetic Information: A New Frontier for Discrimination*, 2 Macquarie Law Journal 61 (2002).

102. *Gender Selection in China: Its Meanings and Implication*, 19 Journal of Assisted Reproduction and Genetics 426(2002).

103. Caroline Graff, The-Hung Bui & Nils-Göran Larsson, *Mitochondrial Diseases*, 16 Best Practice & Research Clinical Obstetrics & Gynaecology 715(2002).

104. Jhon A. Robertson, *Precommitment Strategies for Disposition of Frozen Embryos*, 50 Emory L. J. 989,1027(2001).

105. Michael J. Smith, *Population-based Genetic Studies Informed Consent and Confidentiality*, 18 Computer & high Tech L. J/57, 62 (2001).

106. Rebecca Dresser, *Cosmetic Reproductive Services and Professional Integrity*, J. Bioethics 11(2001).

107. Rosamond Rhodes, *Acceptable Sex Selection*, J. Bioethics 31(2001).

108. *International Human Genome Sequencing Consortium, Initial Sequencing and Analysis of the Human Genome*, 409 Nature 860 (2001).

109. Christophe Hillion, *Tobacco Advertising: If You Must, You May*, 60 The Cambridge Law Journal 441(2001).

110. N. Daniels, *Normal Functioning and the Treatment-enhancement Distinction*, 9 Cambridge Quarterly of Healthcare Ethics, 309 (2000).

111. Thomas G. Weiss & Governance, *Good Governance and Global Governance: Conceptual and Actual Challenges*, 21 Third World Quarterly 795 (2000).

112. Emily Marden & Dorothy Nelkirr, *Displaced Agendas: Current Regulatory Strategies for Germline Gene Therapy*, 45 McGill Law Joural 473 (2000).

113. M. Naveed et al. , *Privacy in the Genomic Era*, 48 ACM Comput Sury CSUR 6.

后 记

本书是在我的博士后出站报告的基础上修改完善而成的,从选题到成文都是在华东政法大学马长山教授耐心细致的支持、指导、关爱下完成的。本书选题源于我博士论文的一章,"基因选择的风险及其法律规制"。随着基因科技的迅猛发展,特别是发生于2018年的世界首例"基因编辑婴儿"事件在引发全世界科学界广泛关注和一致谴责的同时,也使人体基因编辑技术监管成为学界关注的热点。随着关注的深入,我发现国内学界关于人体基因编辑技术监管的研究缺乏全局视野和系统性,多是关于基因编辑某项具体技术和某一监管方式的研究。特别是我国《民法典》第一千零九条对"与人体基因、人体胚胎等有关的医学和科研活动"进行了规范,这体现了《民法典》的时代特色和实践精神,也为人体基因编辑技术风险的立法规制指明了方向。由此,《民法典》也确定了对于与人体基因有关的医学和科研活动采取协同治理的基本立场。鉴于人体基因编辑技术实施对象的特殊性、潜在风险的复杂性、社会影响的全局性等，构建以法律规制为基础，综合运用行业自律、伦理治理及全球治理多种手段相结合的协同治理体系，是实现人体基因编辑技术治理法治化的必然选择。

值得开心的是，在选题研究过程中，我有幸受到中国博士后基金面上项目、司法部法治建设与法学理论研究项目及中国法学会部级法学研究课题的资助。做博士后期间，在老师和众多师友的支持帮助下，经过努力我也顺利获评了副教授职称。感恩所有美好的遇见和生活的馈赠。

在这段宝贵的人生历程即将结束的时候，特别感谢我的博士后合作导师马长山教授。在我博士毕业后，马老师不嫌弃我的愚钝，欣然接受我的博士后入站申请，并在此过程中给我提供了巨大的支持和帮助，令我特别感动。

感谢我的授业恩师——西南政法大学付子堂教授。付老师不仅在我硕士阶段给予我学业的指导、慷慨的资助和生活中无微不至的照顾和关爱，让我能够安然、顺利地度过那段艰难却温暖的岁月。我的博士后生涯也是源于博士刚刚毕业时付老师的鼓励。老师在收我为学生的时候对我说，"师生关系是一辈子的"。老师没有食言，他一直都在关心着我的成长。如果没有老师在漫长的人生道路中持续不断的支持、鼓励和帮助，我想我可能不会如此执着和坚持。

感谢我的博士生导师——西南政法大学周祖成教授，周老师严谨低调、谦和友善、踏实治学，在我读博期间给予了我巨大的支持、鼓励和关爱。感谢西南政法大学法学理论学科导师组的张永和教授、宋玉波教授、周尚君教授、赵树坤教授、陆幸福教授及西南政法大学法理学科导师组的每一位老师,老师们在我于西南政法大学读书期间给我的学术上的指导,生活中的关爱,潜移默化中影响着我,令我终生感念。老师们还在我毕业后一直给我提供回母校学习交流的机会,待我如亲人一般,这份难得的宝贵情谊是我人生最珍贵的财富。

特别感谢在这段旅程中给予我无私支持、鼓励和关爱的家人们。感谢给予我巨大支持、指导和帮助的同门兄弟姐妹们。同时,感谢一直以来真心支持、帮助过我的每一个人。这些无比珍贵的情谊都将激励我继续勇敢前行。当然,由于时间仓促,自身水平有限,本书中还存在很多问题,期待在师友们的指导下继续修改完善。

人生是春去秋来的一场告别,哪怕事与愿违,哪怕各奔东西,也愿我们做精神明亮的人,身历万苦,心中留甜。博士后出站不是结束,恰恰是新的开始。虽然学术之路艰难枯燥,充满迷茫,但我还是想在老师们的指导、鼓励和众多师友们的关心爱护下,不忘初心、不断坚持,努力追逐自己的学术梦想。